Heinz Jenuwein
Tropische Nutzpflanzen

Heinz Jenuwein

Tropische Nutzpflanzen

für Wintergarten und Terrasse

43 Farbfotos
24 Zeichnungen

VERLAG
EUGEN
ULMER

Die Deutsche Bibliothek – CIP-Einheitsaufnahme

Jenuwein, Heinz:
Tropische Nutzpflanzen für Wintergarten und Terrasse / Heinz
Jenuwein. – Stuttgart : Ulmer, 1992
ISBN 3-8001-6449-3

© 1992 Eugen Ulmer GmbH & Co.
Wollgrasweg 41, 7000 Stuttgart 70 (Hohenheim)
Printed in Germany
Lektorat: Agnes Pahler/Sabine Reh
Herstellung: Steffen Meier
Einbandgestaltung: Alfred Krugmann, Freiberg am Neckar
Mit einem Foto von Wolfgang Kawollek, Kassel
Satz: Steffen Hahn FotoSatzEtc., Kornwestheim
Druck und Bindung: Friedrich Pustet, Regensburg

Vorwort

In der heutigen Zeit haben viele Hausbesitzer ihre Planungen von Anfang an so gestaltet, daß ein beheizbarer Wintergarten, ein überdachter Freisitz oder eine Terrasse von vorneherein in den Bau einbezogen wurde.

Aber auch die Planer haben umgelernt und statt der reizlosen und teilweise unbrauchbaren, vorgehängten Balkone immer mehr zu neuen Ideen gegriffen. Heute werden im Mietwohnungsbau in aller Regel bereits in den Neubau integrierte, zum Teil vollverglaste Balkone als kleine Wintergärten und auch als Beitrag zur Energieersparnis vom Architekten geplant. Das gibt wiederum uns, den Liebhabern tropischer und subtropischer Nutzpflanzen die Möglichkeit, Pflanzen, die wir im Urlaub oder in botanischen Gärten bewundert haben, zu uns ins Haus zu holen und uns an ihnen zu erfreuen.

Ausgehend von meinem jahrzehntelangen Umgang mit diesen Pflanzen möchte ich dem Liebhaber die Möglichkeit geben, sich umfassend über die Gegebenheiten der Kübelkultur zu informieren. Die hier beschriebenen Anleitungen und Tips beruhen ausschließlich auf langen Erfahrungen mit diesen Pflanzen, die ich alle selbst pflege und gepflegt habe.

Heinz Jenuwein
Aystetten, Frühjahr 1992

Inhaltsverzeichnis

Einführung

Bereits seit Hunderten von Jahren war es die Sehnsucht vieler Menschen, Pflanzen aus anderen Klimabereichen, vorwiegend aus den warmen Zonen, zu besitzen und zu pflegen. Bereits Hildegard von Bingen kannte Zitronenbäume und deren Früchte. Schon kurz nach 1500 n. Chr. wurden in Deutschland Zitronenbäume gezogen und auch zum Blühen und Fruchten gebracht. Ihren Höhepunkt erreichte die Kübelpflanzenkultur im 17. und in der ersten Hälte des 18. Jahrhunderts. Gezogen wurden in erster Linie Zitronen, Orangen und Zedratzitronen. Diese wurden vor allem aus dem Mittelmeergebiet importiert. Reiche Fürsten und Handelshäuser ließen es sich Unsummen kosten, die begehrten Pflanzen auf mühseligen Wagen- und Maultiertransporten über die Alpen zu verfrachten.

Um die empfindlichen Pflanzen über den kalten deutschen Winter zu bringen, errichtete man im 17. und 18. Jahrhundert im Herbst über den Pflanzen Holzgebäude, die im Frühjahr wieder abgebrochen wurden. Bei den damals sehr billigen Arbeitskräften fiel der Aufwand dieser Überwinterungsmethode nicht ins Gewicht, viel wichtiger war es, die seltenen und kostbaren Pflanzen gesund zu erhalten. Denn eine umfangreiche Sammlung von seltenen Pflanzen hob deren Besitzer weit über seinesgleichen hinaus. Große Sammlungen entstanden am Hof der französischen Könige, und die Zitrussammlung Friedrichs II. wird mit 700 bis 800 Pflanzen angegeben.

Mit dem zunehmenden Selbstbewußtsein und der Machtfülle der europäischen Dynastien entstanden neben prunkvollen Schloßbauten die Orangerien, massiv gemauerte, flache Bauten mit großen Fensterflächen. Fast gleichzeitig entwickelte sich das vollverglaste Gewächshaus, dessen Dachfläche ebenfalls aus Glas bestand. In den im 19. Jahrhundert entstandenen, nunmehr zum Teil auch der Öffentlichkeit zugänglichen Gewächshäusern wurden teilweise prachtvolle Palmensammlungen gezeigt, so wie zum Beispiel heute noch im Frankfurter Palmengarten. Wegen der zunächst noch fehlenden Technik einer großflächigen Glasherstellung wurden die Gewächshäuser mit kleinen Glasscheiben gedeckt, die wie Schindeln aufeinandergelegt waren, wodurch ein für die Pflanzen nützlicher Luftaustausch erfolgte, da viele kleine Undichtigkeiten nicht zu vermeiden waren. Ein hervorragendes Beispiel für diese Art der Verglasung stellt das große Palmenhaus im Park von Schloß Schönbrunn in Wien dar.

Das Problem der Heizung wurde in den Anfängen der Gewächshauskultur so gelöst, daß man je nach der Außentemperatur mehrmals am Tage und in der Nacht eiserne Wagen, beladen mit glühenden Kohlen, durch die Gebäude schob. So konnte man immerhin erreichen, daß die Umgebungstemperatur der Pflanzen nicht unter die Null-Grad-Marke fiel und die wertvollen Pflanzen nicht geschädigt wurden. Allerdings konnten bei dieser Heizungsmethode nur *Citrus*-Arten und andere Pflanzen aus dem Mittelmeerraum gehalten werden, Gewächse aus dem tropischen Klimabereich erforderten höhere Temperaturen. Diese wurden dann immer mehr und öfter gepflegt, je weiter die Heiztechnik voranschritt. Dabei wurden die Pflanzensammlungen immer artenreicher und wertvoller.

In unserer Zeit werden immer mehr Terrassen gebaut, später verglast, oder man legt gleich klimatisierte Wintergärten an; der Wunsch nach Entspannung im Grünen, in unmittelbarer Nähe zum Wohnraum, wächst.

Sowohl der Zimmergärtner als auch der Besitzer eines klimatisierten Wintergartens hat heute die Möglichkeit, tropische und subtropische Pflanzen in reicher Zahl im Kübel zu halten und zu pflegen. Der Liebhaber tropischer und subtropischer Nutzpflanzen hat darüber hinaus den Genuß, daß eine ganze Reihe seiner Pflanzen Früchte trägt und er diese als Obst regelmäßig ernten kann. Außerdem liefern gerade die Obstarten Früchte, die der Handelsware in Geschmack und Aroma weit überlegen sind. Erwerbsmäßig angebaute Früchte werden aus Transport- und Lagerungsgründen in der Regel vor der Vollreife geerntet, was dem Zuckergehalt der Früchte und damit dem Aroma sehr schadet. Schon allein aus diesem Grund hat die eigene Aufzucht tropischer Nutzpflanzen ihren besonderen Reiz.

Die Pflege von tropischen und subtropischen Nutzpflanzen als Kübelpflanzen

Kakao mit Blüten und Früchten an Stamm und Zweigen

Bei der Kultur der hier beschriebenen Pflanzen liegt die Betonung auf dem Nutzen, den sie zusätzlich zu ihrer Schönheit erbringen sollen. Der Pfleger dieser Pflanzenarten möchte etwas von ihnen ernten, seien es nun Früchte, wie bei den verschiedenen Obstarten, seien es Knollen, Fasern oder Gewürze.

Platzbedarf

Aufgrund dieser Forderungen ist es klar, daß besonders die mehrjährigen Pflanzen, zum Beispiel die Bäume und Sträucher, erst einmal eine bestimmte Größe erreichen müssen, ehe sie überhaupt in der Lage sind, Blüten und Früchte zu produzieren. In aller Regel sind uns nur Samen oder Jungpflanzen zugänglich, die allerdings, wie bei den Zitrusgewächsen, bereits als kleine Pflanzen blühen und fruchten. Aber unser Ziel sollte es doch sein, eine größere Pflanze heranzuziehen, die dann mit Früchten behangen, einen prachtvollen Anblick bietet. Außerdem müssen bei bestimmten Pflanzen je ein männliches und ein weibliches Exemplar derselben Art vorhanden sein, um die Befruchtung sicherzustellen, im Text wird jeweils darauf hingewiesen. Aber auch hier hat der Teufel noch seine Hand im Spiel, bestimmte *Citrus*-Arten brauchen sogar Blütenstaub einer anderen Art, um Früchte bilden zu können.

Es muß von vornherein darauf geachtet werden, daß die Pflanzen im Hinblick auf ihre Endgröße den nötigen Platz zur Verfügung haben, auch wenn sie im Augenblick des Erwerbs noch sehr viel kleiner sind. Manche Arten lassen sich sehr gut auf die gewünschte Größe zurückschneiden, bei anderen geht diese Maßnahme auf Kosten des Blüten- oder Fruchtan-

satzes, andere Arten wie Palmen lassen sich überhaupt nicht schneiden. Hier beschränkt sich der ganze Schnitt auf die Entfernung abgestorbener Blätter. Zu groß gewordene Palmen können nur noch weggegeben werden. Lassen Sie sich nicht dazu verführen, mehr Pflanzen zu erwerben, als eigentlich Platz vorhanden ist. Wenn die Pfleglinge dann größer werden und zu eng stehen, treiben sie sich in ihrem Lichthunger gegenseitig in die Höhe. Abgesehen davon, daß die Pflanzen dann einen vollkommen unnatürlichen Eindruck machen, leidet der Blütenansatz darunter, die Früchte werden weniger gut ausgebildet, und durch das fehlende Licht fehlt es auch merklich an Süße und Aroma. Wegen der fehlenden Durchlüftung kommt es auch vermehrt zu Pilzkrankheiten.

Lichtansprüche

Ein wichtiger Faktor bei der Pflege subtropischer und tropischer Pflanzen ist das Licht. In den Heimatgebieten unserer Pfleglinge ist die Lichtintensität zu jeder Jahreszeit teilweise weit höher als bei uns. Allenfalls in unseren Sommermonaten entspricht die Lichtstärke den Anforderungen. Tropische und subtropische Pflanzen sind jedoch meist sehr anpassungsfähig: Im Herbst und im Winter, wenn das natürliche Tageslicht und auch die Tageslänge für ein normales Wachstum nicht mehr genügen, können wir unsere Pflanzen durch Absenkung der Temperatur und sehr eingeschränkte Wassergaben dazu veranlassen, ihr Wachstum einzustellen. Bei besonders empfindlichen Pfleglingen läßt sich mit Hilfe einer künstlichen Lichtquelle die heikelste Zeit überbrücken, und seien es nur ein paar Wochen von Ende

Dezember bis Ende Januar. Dabei sollte man jedoch keine normalen Glühlampen verwenden, sondern die auf die eigentlichen Pflanzenbedürfnisse abgestellten Spezialleuchten, die der Fachhandel anbietet.

Die Pflanzen sollen in der dunklen Jahreszeit auf keinen Fall durch höhere Wärme, Wassergaben und Dünger zu neuem Wachstum angeregt werden. Die Pflanzen würden vergeilen, das heißt, die Triebe werden lang, dünn, sie können sich selbst nicht mehr tragen, bei fruchttragenden Arten kann es dann im Frühjahr zum Totalausfall der Blüte kommen.

Man sollte nie vergessen, wo unsere Pflanzen beheimatet sind. Wenn es heißt, sie würden dort im lichten Schatten wachsen, so kann man ihnen in unseren Breiten ruhig das volle Licht anbieten, solange die Pflanzen im Freien kultiviert werden. Unter Glas ist wegen der Brennwirkung des Glases leichte Beschattung in den heißesten Mittagsstunden angebracht.

Ebenfalls sollte keine Pflanze nach der langen lichtarmen Zeit übergangslos an einen sonnigen Platz im Freien gebracht werden. Durch die Dunkelheit der vergangenen Monate sind die Blätter der Pflanze weich geworden, sie müssen sich erst allmählich an die stärkere Belichtung wieder gewöhnen. Das Blattwerk kann tatsächlich einen Sonnenbrand bekommen, wobei mitunter ein großer Teil der Blätter abstirbt. Durch eine Gewöhnungszeit von vierzehn Tagen in hellerem Schatten wird diese Gefahr vermieden. Unter Glas gehaltene Pflanzen bekommen bei Sonnenschein ab Februar ohne Schatten Blattschäden, bis September muß schattiert werden, dann kann der Schatten abgenommen werden. Allerdings kann in Gebieten, in denen Föhn auftritt, auch im Herbst die Sonne an manchen Tagen noch sehr heiß sein; das ist des öfteren im Voralpengebiet der Fall.

Man sieht es den Pflanzen in der Regel an, ob sie viel oder weniger Licht benötigen. Hier ist der Pfleger gefordert, durch eine geschickte Anordnung von Pflanzen, die volles Licht erfordern, eine leichte Beschattung derjenigen Pflanzen zu erreichen, die im Halbschatten oder – mit ganz wenigen Ausnahmen – im Schatten gedeihen.

Soweit unsere Pfleglinge Obstgehölze sind oder generell Pflanzen, die Früchte liefern, ist viel Sonne zur Ausbildung des vollen Aromas nötig. Sowohl die Ausbildung der Schalenfarbe, als auch der Zuckergehalt steigern sich mit der Summe der Lichtausbeute, wobei zu berücksichtigen ist, daß die Abdeckung eines Wintergartens mit Glas bereits einen Teil des Lichtes verschluckt. Früchte werden selbst noch bei wenig Sonne angesetzt und auch ausgebildet, aber im Geschmack bleiben sie doch nicht unwesentlich zurück, und sie reifen auch nicht nach, in dem Sinne, daß der Gesamtzuckergehalt nach der Ernte noch ansteigt.

Zum Beispiel haben unter Glas oder im Freiland gezogene Zitronen, die bis zur Vollreife am Baum oder Strauch hängenbleiben, einen unvergleichlichen Geschmack, den keine im Handel befindliche Frucht auch nur annähernd erreicht. Zitronen werden bei der Ernte mit Scheren vom Baum geschnitten, weil sie sich noch lange nicht in dem Zustand befinden, daß sie sich von selbst von der Pflanze lösen. Es dürfte also einleuchten, daß derartige Früchte dem vollreifen Obst einer Pflanze, die bei einem Liebhaber steht, in der Qualität weit unterlegen sind.

Ebenso verhält es sich mit Ananas und besonders Bananen, die ja aus Transport- und Lagerungsgründen alle in grünem Zustand geerntet werden.

Um noch ein Beispiel zu nennen: Die im Handel befindlichen Früchte der Papaya, der Baummelone, färben sich bei der Lagerung wohl gelb, aber diese Früchte reifen nicht einmal nach, so daß der Käufer dieser Frucht praktisch unreifes Obst ißt.

Bei allen Fruchtarten und Sorten ist gerade der letzte Kulturabschnitt der wichtigste für die Aromabildung. Das läßt sich an einer für den Hobbygärtner leicht zu ziehenden fruchtenden Pflanze, nämlich dem Feigenbaum oder -strauch, eindrucksvoll demonstrieren. Die ursprünglich nur erbsengroßen Früchte in den Blattachseln wachsen ganz langsam bis zur Größe einer kleinen Aprikose heran. Bis zu diesem Zustand sind sie hart, ohne Geschmack, eher bitter. Innerhalb einer Woche bläht sich die Frucht dann plötzlich auf die doppelte Größe auf, wird je nach Sorte blau oder gelb; sie wird weich und süß und muß sofort verbraucht werden.

Wir müssen also immer bestrebt sein, unseren Pflanzen im Winter und besonders im Sommer soviel Licht und Sonne wie möglich zukommen zu lassen. Dabei können wir uns durchaus technischer Hilfsmittel bedienen, die uns genau anzeigen, wieviel Licht zu verschiedenen Jahres- und Tageszeiten vorhanden ist. (Luxmeter nennt sich das entsprechende Meßgerät.) Denn es sollte nie vergessen werden, daß das menschliche Auge absolut keinen zuverlässigen Indikator für die Helligkeit darstellt. Wo es für den Menschen noch ausreichend hell ist, zum Beispiel in der Mitte eines Zimmers, ist der Platz für unsere Pflanzen völlig ungeeignet; für die Pflanze ist es viel zu dunkel. Diese würde an so einem Platz keinerlei Wachstum mehr entwickeln. Da aber die Stoffwechselvorgänge einer Pflanze nur ab einer bestimmten Lichtmenge ablaufen, muß die Pflanze unter lichtarmen Bedingungen von ihren eingelagerten Reserven zehren, die in kurzer Zeit verbraucht sind. Neue Stoffwechselprodukte können nicht gebildet werden, die Pflanze geht an einem solchen Platz schließlich ein.

Da helfen auch die von findigen Innenarchitekten entworfenen Raumteiler mit Pflanzen nichts, es sei denn, sie erhielten Licht durch spezielle Pflanzenleuchten.

Licht wird mit der Maßeinheit »Lux« gemessen. Im Sommer bringt es ein heller, sonniger Tag im Freien auf eine Lichtstärke von ungefähr 100 000 Lux. Dies ist die ideale Lichtstärke für das Wachstum und Gedeihen unserer Pflanzen. Bereits unter einer überdachten, aber sonst freien Terrasse kann sich die Lichtstärke auf 10 000 Lux reduzieren. An einem hellen Zimmerfenster halbiert sich dieser Wert noch einmal auf 5 000 Lux. Und ungefähr 1 bis 2 m weit vom Fenster entfernt ist die Lichtstärke bereits auf 300 Lux gesunken, ein Wert, bei dem nur wenige Pflanzen überdauern können. Bodenpflanzen des tropischen Regenwaldes sind solche Spezialisten, da in diesen Zonen durch die starke Beschattung mehr oder weniger das ganze Jahr über Dämmerlicht herrscht. Die Pflanzen, von denen in diesem Buch die Rede sein soll, sind mit wenigen Ausnahmen, auf die der Text in den Pflanzenbeschreibungen ausdrücklich hinweist, auf Werte über 1 000 Lux angewiesen. Lichtstärken unter diesem Wert überstehen diese Pflanzen nur für kürzere Zeit, etwa für die Dauer unseres Winters, wenn sie in dieser Periode (wiederum gibt es keine Regel ohne Ausnahme) kühl und trockener gehalten werden.

Im Gartenfachhandel gibt es Lichtmeßgeräte, die ohne Batterie arbeiten und die Lichtstärke wenigstens als Richtwert angeben. Eine Fotozelle fängt das vorhandene Licht auf, und auf einer Skala läßt sich der an dieser Stelle vorhandene Lichtwert ablesen.

Generell muß der ideale Standort je nach Auswahl der Pflanzen nicht unbedingt eine nach Süden weisende Lage sein, auch bei Ost- oder Westlagen kann man zu guten Ergebnissen kommen.

Temperaturbedarf

Die Wärme, die unsere Pflanzen erfordern, kommt im Sommer kostenlos zu ihnen. Im Winter sind unsere Pflanzen ohne Ausnahme auf künstliche Wärme angewiesen. Obwohl manche dieser Pflanzen kurzzeitigen Frost ertragen, ohne eine Schädigung aufzuweisen, gilt das immer nur für die oberirdischen Teile. Wurzeln dürfen keinen Frost abbekommen, Ausnahmen in engem Rahmen bilden nur die europäische Zwergpalme und die chinesische Hanfpalme. Ich würde es aber nicht unbedingt darauf ankommen lassen, denn vieles hängt bei diesem Härtetest von der Verfassung der Einzelpflanze ab. Im übrigen stehen Temperaturangaben in den Beschreibungen jeweils im Abschnitt »Pflege«.

Wichtiger als die Umgebungstemperatur sind die Temperaturen im Wurzelballen, die bei Nässe und kaltem Boden bis in Wertebereiche abrutschen können, die Fäulnis an den Wurzeln auslösen. Je tiefer die Temperatur im Raum ist, das gilt besonders für die Überwinterungstemperatur, desto trockener muß der Wurzelbereich gehalten werden. Durch die kühle Umgebungsluft ist die Verdunstung herabgesetzt und auch der Stoffumsatz der Pflanzen eingeschränkt, alle Lebensprozesse laufen langsamer ab. Es wird weniger Wasser und es werden keinerlei zusätzliche Nährstoffe gebraucht.

Die idealen Voraussetzungen für eine Überwinterung stellen Räume mit einer Fußbodenheizung dar, die die Temperatur im Wurzelbereich nicht unter 10 °C absinken lassen. Ist keine Fußbodenheizung vorhanden, sollte man die Kübel zumindest auf eine isolierende Unterlage stellen, keinesfalls auf nackten Beton- oder Fliesenboden. Dieser ist immer kälter als die Luft des entsprechenden Raumes.

Luftfeuchtigkeit

Um die relative Luftfeuchtigkeit braucht man sich im allgemeinen keine großen Gedanken zu machen, besonders bei Pflanzen, die im Sommer im Freien stehen. Allerdings nehmen es manche Arten übel, wenn sie beim Einräumen einen plötzlichen Wechsel von Herbstluft mit steigender Luftfeuchtigkeit in einen warmen Raum mit sozusagen Wüstenklima erleiden (in den Beschreibungen wird darauf extra hingewiesen). In unseren geheizten Zimmern herrschen im allgemeinen Luftfeuchtigkeitswerte unter 50 Prozent. Das vertragen nur Pflanzen, die in solchen Klimazonen auch zu Hause sind, und sie dürfen nicht übergangslos von Verhältnissen mit hoher Luftfeuchtigkeit in Bereiche mit niedriger Luftfeuchtigkeit transportiert werden. Blattfall ist die Folge, bei *Citrus*-Pflanzen stirbt eventuell sogar die Veredlung ab. Außerdem lockt niedrige relative Luftfeuchtigkeit einige Schädlinge an (siehe Seite 22 ff.).

Pflanzgefäße

Die Pflanzgefäße, in denen wir unsere Pfleglinge unterbringen, sollen stabil, lange haltbar und vom Eigengewicht her nicht zu schwer sein, da unsere Pflanzen im Lauf der Jahre mitunter ganz schön an Gewicht zulegen. Ich bevorzuge Plastikgefäße, und dies aus mehreren Gründen: Sie sind gegenüber dem Tongefäß sehr viel leichter, bruchsicher, und sie verdunsten an der Außenseite kein Wasser. Außerdem sind sie leichter sauber zu halten. Größere Pflanzen in einem stabilen Holzkübel oder in einem dekorativen Tongefäß zu halten, mag aus ästhetischen Gründen an manchem Platz angebracht sein, aber beim Transport ins Winterquartier muß man sich dann schon eines Sackkarrens oder einiger kräftiger Helfer versichern, um die Pflanze überhaupt von der Stelle bewegen zu können. Außerdem sind zum Beispiel Palmen, die lange in ihrem Pflanzgefäß verbleiben, ohne weiteres mit ihrem Wurzelballen in der Lage, einen Ton- oder Holzkübel zu sprengen.

Das Pflanzgefäß aus Ton verdunstet durch seine porösen Wandungen laufend Wasser aus dem Wurzelballen der Pflanze nach außen. Dabei entsteht eine meßbare Temperaturdifferenz gegenüber der umgebenden Raumtemperatur. Sie kann bis zu 2 °C betragen. Tontöpfe verwende ich daher nur in Räumen mit ständig hoher Luftfeuchtigkeit, wie sie zum Beispiel bei der Kultur von *Nepenthes*, den Kannenpflanzen, unerläßlich ist. Wenn empfindlichere Pflanzen in Räumen mit niedriger Luftfeuchtigkeit oder bei anhaltend schönem Sommerwetter im Freien in Tontöpfen kultiviert werden, muß ständig gegossen werden. Da aber ein gleichmäßiger Feuchtigkeitsgehalt im Bereich des Wurzelballens eine der Voraussetzungen für eine erfolgreiche Kultur von Kübelpflanzen ist, läßt sich leicht verstehen, daß auch unter diesem Gesichtspunkt ein Pflanzgefäß aus Kunststoff vorzuziehen ist, weil eben kein Wasser über die Außenwand entweichen kann.

Ein Nachteil der Pflanzgefäße aus Kunststoff soll nicht verschwiegen werden. Da sie meist schwarz eingefärbt sind, kann sich die der Sonne zugekehrte Wandung stark erhitzen, was bei besonders wurzelempfindlichen Pflanzen, wie zum Beispiel bei *Arbutus unedo*, dem Erdbeerbaum, dazu führen kann, daß Teile der Pflanze oder sogar die ganze Pflanze abstirbt. Dem läßt sich aber leicht durch Beschattung der Außenwand mit einem Stück Pappe oder einem ähnlichen Material vorbeugen. An-

dererseits ist eine nicht zu starke Erwärmung im Wurzelbereich auch von Vorteil, denn das Wachstum der Wurzeln wird dadurch angeregt, und damit sind Vorteile für die gesamte Pflanze verbunden.

Ein Punkt ist bei der Kultur von langlebigen Kübelpflanzen in großen Pflanzgefäßen besonders wichtig, nämlich das Einbringen einer lange funktionsfähig bleibenden Dränage. Ein Material, das weder verrottet noch verschlämmt, stellen die einige Millimeter großen, gebrannten Tonkügelchen dar, die im Gartenfachhandel zu haben sind. Auch nicht zu fein gesiebter, roter oder weißer Quarzsand, sogenannter Aquariensand, stellt eine vorzügliche Dränage dar, allerdings müssen die Wasserabzugslöcher des Pflanzgefäßes mit Tonscherben abgedeckt werden, um zu vermeiden, daß der Sand herausgespült wird, wie es bei im Freien stehenden Pflanzen bei einem stärkeren Gewitterregen schon einmal passieren könnte.

Beim Kauf des Pflanzgefäßes sollten Sie darauf achten, daß dieses am unteren Rand eine mehrere Millimeter hohe Leiste, einen Rand, aufweist, damit der Boden des Pflanzkübels nicht unmittelbar mit dem Untergrund in Kontakt kommt. Der Fußboden ist in der Regel immer kälter als die umgebende Raumtemperatur, sofern keine Fußbodenheizung installiert ist. Falls Pflanzen in dieser Hinsicht besonders empfindlich reagieren, wird in den einzelnen Pflanzenbeschreibungen darauf hingewiesen. Notfalls kann man die Pflanzkübel auf eine isolierende Unterlage aus Styropor oder aus einem ähnlichen Material stellen; wer einen warmen Fußboden hat, kann darauf verzichten.

Um die Temperatur im Wurzelbereich gleichmäßig zu erhalten, hat sich bei meinen Pflanzen ein Bewuchs der Kübeloberfläche mit einem rasenartig wachsenden Bodendecker sehr bewährt. Diese Pflanzen verbrauchen kaum Nährstoffe, aber es sieht hübsch aus und die Oberfläche bleibt kühl und schattig. Obwohl zusätzliche Pflanzen Wasser verbrauchen, muß im Vergleich zu Pflanzen mit offener Kübeloberfläche eindeutig weniger gegossen werden. Die Verdunstung durch Sonneneinstrahlung ist also insgesamt wesentlich höher als der Wasserverbrauch der Bodendecker. Da diese Pflanzen im Halbschatten wachsen müssen, sind entsprechende Arten zu wählen. Bei genügend hoher relativer Luftfeuchtigkeit bieten sich zum Beispiel *Sellaginella*-Arten an. Diese gedeihen teilweise auch im Vollschatten. Der Phantasie des Liebhabers sind hier keine Grenzen gesetzt; der Fachhandel bietet eine Fülle von Pflanzen für diesen Zweck an.

Substrat

Die Frage, welches Pflanzsubstrat wir verwenden, muß bei jeder einzelnen Pflanze gesondert besprochen werden. Bis auf wenige Spezialisten wachsen unsere Pflanzen in humosen, durchlässigen Erden mit Torf- und Lehmanteilen. In den meisten Fällen ist die sogenannte Einheitserde geeignet, auch bei solchen Gewächsen, die wie die *Citrus*-Arten auch in schwerem Lehm gedeihen. Stark lehmhaltige Böden führen aber bei *Citrus*-Pflanzen zur unerwünschten Dickschaligkeit der Früchte, wie sie oft bei Handelsware bemängelt wird. Generell kann man sagen, je dicker die Schale, desto schwerer war der Boden, in dem die Zitrone wuchs.

Erden, die viel Kalk enthalten, sind für unsere Zwecke nicht brauchbar. Selbst die Olive, die im Mittelmeergebiet meistens auf Kalkböden vorkommt, ja solche Böden sogar vorzieht und besonders gerne an steinigen, trockenen Hängen wächst, ge-

deiht im Kübel bei einer etwas magereren Erdmischung vorzüglich, auch wenn ein gewisser Torfanteil im Boden vorhanden ist.

Unbedingt notwendig ist ein bleibend durchlässiges Substrat: Es darf nicht zusammenfallen und verrotten, es muß aufgrund seiner stabilen Schichtung dem Sauerstoff immer den lebensnotwendigen Zutritt aus den Wurzeln der Pflanzen ermöglichen. Beimischungen von kleinen Schaumstoffteilchen sind ein vorzügliches Mittel, um diesen Zweck zu erreichen.

Gießwasserqualität

Eine lebenswichtige Bedeutung kommt bei Kübelpflanzen dem Gießwasser zu. Generell sollte beim Gießen von allen Topf- oder Kübelpflanzen nur Wasser verwendet werden, das die gleiche, oder noch besser, eine etwas höhere Temperatur hat als die Raumluft, in der die Pflanze steht. Leitungswasser ist bei unseren Pflanzen generell abzulehnen, wenn man nicht das Glück hat, in einer Gegend zu wohnen, wo weiches Wasser aus der Leitung kommt, wie etwa in Teilen des Schwarzwaldes.

Leitungswasser aus dem Voralpengebiet ist in der Regel zu hart, das heißt, es enthält zu viele Kalksalze. Die Folge bei der Verwendung kalkhaltigen Wassers ist, daß zwar die Pflanze das Wasser verbraucht, nicht jedoch den im Wasser gelösten Kalk. Das wiederholt sich nun mit jeder Wassergabe, so daß im Laufe der Zeit der Kalkgehalt der Topf- oder Kübelerde immer mehr ansteigt. Das im Substrat befindliche Eisen, das die Pflanze als Katalysator benötigt, um Chlorophyll zu bilden, jenen grünen Stoff, den die Pflanze zur Photosynthese benötigt, wird durch den viel zu hohen Kalkanteil festgehalten, so daß dieses nicht mehr für die Pflanze verfügbar ist. In der Folge verfärben sich die Blätter zuerst hellgrün, wobei die Nervatur deutlich sichtbar bleibt, später werden sie gelb und in schweren Fällen sogar weiß. Diesen Vorgang nennt der Fachmann Chlorose. Die Pflanze kann kein Chlorophyll mehr bilden, dadurch sind alle Lebensvorgänge der Pflanze unterbrochen, sie stirbt ab.

Regenwasser ist außerhalb der Industriegebiete immer noch das beste für alle Pflanzen. Wo durch viel Industrie die Dächer verschmutzt sind, geht man besser kein Risiko ein und verwendet Leitungswasser, das vorher kalkarm oder kalkfrei gemacht wurde. Um das zu erreichen, kann man entweder einen alten Nylonstrumpf mit Torf füllen, oder man verwendet Erzeugnisse der chemischen Industrie. Bei der Torfmethode, wird vorher angefeuchteter Torf in einen Strumpf gefüllt, und dieser dann für etwa 24 Stunden in einen Eimer mit Leitungswasser gehängt. Einige Male sollte man in dieser Zeit den Strumpf ausdrücken. Auf diese Weise erhält man kalkarmes Wasser, da die Humussäuren des Torfes den Kalk im Wasser binden. Der Strumpf sorgt dafür, daß das Wasser sauber bleibt. Eine Füllung reicht für zwei Anwendungen, danach kann man den Torf immer noch im Garten verwenden. Bei der chemischen Entkalkung richtet man sich nach den Angaben des Herstellers je nach der benötigen Wassermenge.

Den Härtegrad des Wassers kann man beim örtlichen Wasserwerk erfahren oder bei den Gemeindeverwaltungen.

Um überhaupt feststellen zu können, welches Wasser für unsere Zwecke das geeignetste ist, müssen wir uns etwas mit der Chemie des Wassers befassen. Für unsere Zwecke genügt es, über den pH-Wert Bescheid zu wissen. Der pH-Wert sagt etwas darüber aus, ob das von uns verwendete Wasser nach der sauren oder nach der basischen Seite tendiert. Basische Flüssig-keiten sind Laugen. Sie sind für gärtnerische Zwecke absolut unbrauchbar. Der Wert, bei dem das Wasser weder sauer noch basisch, also neutral ist, hat die Kennzahl 7. Ideal sind Wässer, die leicht nach der sauren Seite tendieren.

Der Säuregrad von Regenwasser (wenn es sich nicht gerade um sauren Regen handelt) liegt in der Regel zwischen den Werten 6 und 6,5; es ist also leicht sauer. Noch stärker saure Flüssigkeiten, wie leichter Wein, weisen pH-Werte um 4 auf, so sauer sind auch Moorwässer. Noch mehr Säure enthält Essig, sein pH-Wert bewegt sich zwischen den Zahlen 1 und 2. Je mehr der Säuregehalt des Wassers zunimmt, desto niedriger liegt der pH-Wert. Auf der anderen Seite gilt: Je höher die Zahl über 7, desto konzentrierter die Lauge. Als Beispiel mag genügen, daß Natronlauge den pH-Wert 14 hat. Die Zahlen schwanken also zwischen 1, über den Neutralpunkt 7 bis zu der Zahl 14.

Welchen pH-Wert unser Wasser hat, läßt sich einfach feststellen. In jeder Apotheke gibt es sogenanntes Reagenzpapier. Davon taucht man einen schmalen Streifen in das Wasser, und nach einer kurzen Reaktionszeit kann man mit Hilfe der beigegebenen Farbtabelle, die mit einer Skala kombiniert ist, mühelos feststellen, ob unser Leitungswasser als Gießwasser geeignet ist oder nicht. Genauer arbeiten fertige Sets, die der Fachhandel anbietet, aber die Meßprozedur gestaltet sich ein wenig umständlicher.

Bei der Entkalkung mit einem chemischen Präparat wird dieses so lange zugegeben, bis ein Farbumschlag des Wassers in Gelb eintritt. Danach muß das Wasser einige Stunden stehen, wobei meistens eine Blaufärbung auftritt, die aber für uns keine Bedeutung hat. Nach der vorgeschriebenen Zeit hat sich der Kalk am Boden des Gefäßes abgesetzt, das darüberstehende Wasser wird vorsichtig abgegossen. Ich möchte aber ausdrücklich darauf hinweisen, daß so behandeltes Wasser nur zum Gießen verwendet werden darf, nicht zum Genuß, und auch nicht als Trinkwasser für Haustiere.

Wasserbedarf

Eine schwierige Angelegenheit ist das Gießen selbst. Besonders der Anfänger tut hier in den meisten Fällen zuviel des Guten. Weitaus die meisten Zimmerpflanzen werden durch zu vieles Gießen umgebracht. Dazu kommt, daß die, man muß schon sagen, industrielle Produktion die meisten Zimmerpflanzen zur Massenware degradiert, die zum raschen »Verbrauch« bestimmt ist. Kaum jemand weiß, daß das in Millionen Stück produzierte Alpenveilchen über fünfzig Jahre alt werden kann und dann Knollen von imposantem Umfang aufweist. Ganze Zweige der grünen Zunft leben davon, daß ebenso viele Pflanzen umgebracht, wie produziert werden.

Der berühmte grüne Daumen sitzt nicht an der Hand, sondern wie Altmeister Heinz Hanisch schon vor Jahren schrieb im Kopf. Dazu kommen noch unsinnige Pflegeanweisungen, wie »zweimal wöchentlich gießen«. Jede Pflanze braucht je nach Standort und Temperaturverhältnissen sowie in Abhängigkeit von der Jahreszeit unterschiedliche Mengen an Gießwasser, und das erfordert nun mal vom Pfleger, daß er sich mit seinen Pflanzen auch gedanklich beschäftigt und sich quasi in sie hineinversetzt. Das lohnt sich in unserem Fall bestimmt, da die Pflanzen, die wir pflegen wollen, in der Regel nicht billig sind und im Alter immer schöner werden, abgesehen von der sich steigernden Qualität und der Erntemenge.

Gießdisziplin erfordert einen echten Lernprozeß. Wer es nicht lassen kann, jedesmal, wenn er an seinen Pflanzen vor-

beikommt, diesen einen Schluck Wasser zu verabreichen, sollte Sumpfpflanzen oder Seerosen kultivieren. Auch mich erstaunt es immer wieder, mit wie wenig Wasser die Pflanzen auskommen, beziehungsweise wieviel Wasser auch nach längerer Zeit immer noch im Wurzelballen vorhanden ist. Das vielfach empfohlene Bohren mit dem Finger nützt überhaupt nichts. Wir sollten nicht übersehen, daß ein Kübel eine gewisse Bodentiefe bietet; die Substratoberfläche kann bereits vollständig abgetrocknet sein, während in tieferen Bodenschichten und besonders im Wurzelballen noch ausreichend Feuchtigkeit vorhanden ist.

Besonders bei gut durchwurzelten älteren Pflanzen, insbesondere bei Palmen, die oft lange in ihren Kübeln stehen, ist bereits die oberste Substratschicht stark mit Wurzeln durchzogen, so daß der Finger gar keine Möglichkeit hat, tiefer als einige Zentimeter einzudringen. Das Bohren mit dem Finger mag bei kleinen Topfpflanzen als Hilfsmittel genügen, bei der Kübelkultur kann diese Meßmethode nur schaden.

Die bewährteste Methode, festzustellen, ob noch genügend Feuchtigkeit vorhanden ist, bleibt allerdings ein Kraftakt. Wer körperlich in der Lage ist, das Pflanzgefäß samt Pflanze einige Millimeter hochzuheben, kann am Gewicht leicht feststellen, ob die Pflanze Wasser braucht oder nicht.

Wer das nicht kann, bei großen Gefäßen und schweren Substraten, oder nicht machen will, dem bietet der Gartenfachhandel Geräte an: Eine Sonde wird ins Substrat eingestochen; sie reagiert auf den Feuchtigkeitsgehalt im Wurzelballen und zeigt dies auf einer Skala an. Zugegeben ist das eine etwas grobe Methode, aber sie wird manchen, der glaubt, gießen zu müssen, davon abhalten – und das kann mancher wertvollen und teuren Pflanze das Leben retten.

Im übrigen gilt die alte Gärtnerregel noch immer, die da heißt: Wenn du im Zweifel bist, ob du gießen sollst, laß es bleiben.

Grundsätzlich nützt der Blick auf eine trockene Substratoberfläche nichts. Je nach Standort und Sonneneinstrahlung kann diese bereits kurze Zeit nach dem Gießen wieder abgetrocknet sein. Da sich besonders im Innern des Wurzelballens von größeren Pflanzen die Feuchtigkeit hält und, wie ich aus leidvoller Erfahrung weiß, auch von diesem Punkt aus oft Wurzelfäule entsteht, gieße ich grundsätzlich immer am Rand des Kübels entlang. Dort sitzen die jungen Saugwurzeln, die die Feuchtigkeit schnell aufnehmen, während sich im Innern des Ballens ältere, bereits verholzte Wurzeln befinden, die nur noch als Leitungsbahnen der aufgenommenen Flüssigkeit dienen, selbst aber kein Wasser mehr aufnehmen können.

Man braucht sich nur aufmerksam in der Natur umzusehen. Jeder größere Baum oder Strauch leitet das Regenwasser mit Hilfe seiner Blätter in den Außenbereich seiner Krone, während es selbst bei längeren Regenfällen in Stammnähe völlig trocken bleibt. Die aus den tropischen Regenwäldern stammenden Pflanzen haben sogar spezielle Träufelspitzen an den Blättern ausgebildet, damit die viel ergiebigeren tropischen Regengüsse schnell in den Außenbereich abgeleitet werden.

Düngung

Der richtige Boden, die idealen Lichtverhältnisse, Wärme und Wasser genügen allein noch nicht, um uns zu gesunden, wüchsigen Pflanzen zu verhelfen. Dazu muß die richtige Ernährung, sprich Düngung, kommen. Hier scheiden sich die

Geister in Anhänger der industriell hergestellten Düngemittel und in die Partei, die organischen Dünger bevorzugt.

Ich selbst verwende seit vielen Jahren keinen mineralischen, industriell hergestellten Dünger. Die Gründe sind einfach. Die Nährstoffe werden in ihrer Herstellung an Salze gebunden, die sich beim Gießen im Wasser auflösen und mit dem Wasser in die Pflanzerde geraten. Über längere Zeit hinweg reichern sich die Salze in der Kübelerde an und verändern diese in einer für die Pflanze nachteiligen Weise. Wenn man bedenkt, daß zum Beispiel ältere Palmen oft jahrelang in ihren Gefäßen stehen, bevor sie wieder umgepflanzt werden, gehe ich besser keinerlei Risiko ein, obwohl manche Palmen, wie die Dattel- oder Kokospalme, erstaunlich salzverträglich sind und Salzgehalte selbst von 2 Prozent noch überstehen. Dennoch ist Vorsicht angebracht, schließlich werden ältere Pflanzen und besonders Palmen mit dem Alter auch immer wertvoller; so können alte Palmen ohne weiteres einige Tausend Mark kosten.

Beim gezielten Düngen sollte man grundsätzlich unterscheiden, ob man fruchtende Obstbäume und Sträucher mit Nährstoffen versorgt, oder ob es sich um Nutzpflanzen handelt, die zwar auch bei uns in der Lage sind, verwertbare Teile wie Fasern, Wurzeln oder Knollen zu produzieren, bei uns aber nicht zum Fruchten kommen, obwohl sie in ihren Herkunftsländern intensiv genutzt werden. Einen Sonderfall bildet Kakao, der zur Aufbereitung einer industriellen Verarbeitung bedarf.

An den Palmen zeigt sich diese Problematik noch näher. Von der Kokospalme wird in den Anbaugebieten bis auf die Wurzeln buchstäblich jeder Teil verwertet. Ohne diese Palme wären weite Teile der Tropen überhaupt nicht vom Menschen bewohnbar. Die Kokospalme wird in den

Tropen bis etwa 25 bis 30 m hoch, und sie zeigt auch bei uns unter Glas bei entsprechender Ernährung und Wärme ein flottes Wachstum. Selbst große Palmenhäuser botanischer Gärten sind für die Kokospalme zu niedrig und außerdem können Palmen nicht zurückgeschnitten werden. Bei sparsamer Ernährung können wir aber diese bei uns als Jungpflanze erhältliche Palme über Jahre hinweg pflegen, eventuell auch bei leicht gesenkten Temperaturen. Sie wird ihren Habitus nicht nachteilig verändern und keine Hungerformen ausbilden.

Für die Nährstoffversorgung bietet der Fachhandel eine Reihe von organischen Volldüngern an, vom Guano angefangen bis über aufbereitete Eiweißprodukte, so daß genügend Auswahl zur Verfügung steht. Beim organischen Düngen besteht außerdem weit weniger die Gefahr der Überdosierung, so daß keine Schädigungen der Pflanzen, seien es Blatt- oder Wurzelschäden zu befürchten sind. Außerdem tragen organische Düngemittel zur Humusversorgung des Bodens bei und fördern das für die Pflanzen so wichtige Bodenleben, das der Pflanze die Nährstoffe des Bodens erst aufschließt.

Gedüngt wird grundsätzlich nur in der Wachstumsphase der Pflanzen vom frühen Frühjahr bis zum Herbstbeginn, da die neuen Triebe noch bis zum Winter ausreifen müssen, sonst überstehen sie die dunkle Jahreszeit nicht. Außerdem ist es dann meist um den Blütenansatz des folgenden Jahres geschehen.

Pflanzenschnitt

Geschnitten wird grundsätzlich in der Ruheperiode der Pflanzen, das ist in der Regel der Winter und der Vorfrühling. Auch tropische Pflanzen vertragen eine Senkung der Raumtemperatur, sie stellen dann ihr Wachstum ein. Gleichzeitig möchte ich aber vor größeren Schnittmaßnahmen bei allen *Citrus*-Arten und -Sorten, die bei uns auf dem Markt erhältlich sind, warnen. Die Pflanzen bringen bei zu radikalem Schnitt als Neutriebe nur sogenannte Wasserschosse. Diese sind an ihrem unverhältnismäßig dicken Stengel und an ihrem senkrecht nach oben gerichteten Wachstum zu erkennen. Wasserschosse entstehen in der Regel auf der Oberseite der stärkeren Zweige. Auch ohne Schnitt entwickeln sich manchmal einige dieser Triebe. Besonders die Zitrone neigt dazu. Solche Triebe müssen ansatzlos entfernt werden; bleibt ein Rest auf dem Zweig stehen, treibt er wieder aus und es entwickelt sich ein neuer Wasserschoß (Abbildung Seite 22). Ebenfalls müssen alle Triebe, die unterhalb der Veredlung aus dem Stamm treiben, entfernt werden. Es handelt sich hier um den Austrieb der Unterlage, da *Citrus*-Pflanzen in der Regel veredelt sind. Bei zu üppigem Neuaustrieb werden bei den *Citrus*-Arten nur die Spitzen gekappt, da längere Zweige auch am Neutrieb Blüten entwickeln können.

Bei allen tropischen und subtropischen Pflanzen werden grundsätzlich alle Austriebe von Unterlagen abgenommen, da bei ungehemmten Wachstum der Unterlage das Edelreis abstirbt. Andererseits kann man die Unterlage durchaus wachsen lassen, wenn durch einen Pflegefehler nur das Edelreis zugrunde geht, während die Unterlage noch gesunde Wurzeln aufweist und auch durchtreibt. Bei den Zitrusgewächsen wird man dann in der Regel eine Dreiblättrige Zitrone, *Poncirus trifoliata,* oder, wenn man Glück hat, *Citrus aurantium,* die Bitterorange oder Pomeranze erhalten. Beide wachsen sich zu hübschen Pflanzen aus, die blühen und auch fruchten, sobald sie die richtige Größe erreicht haben.

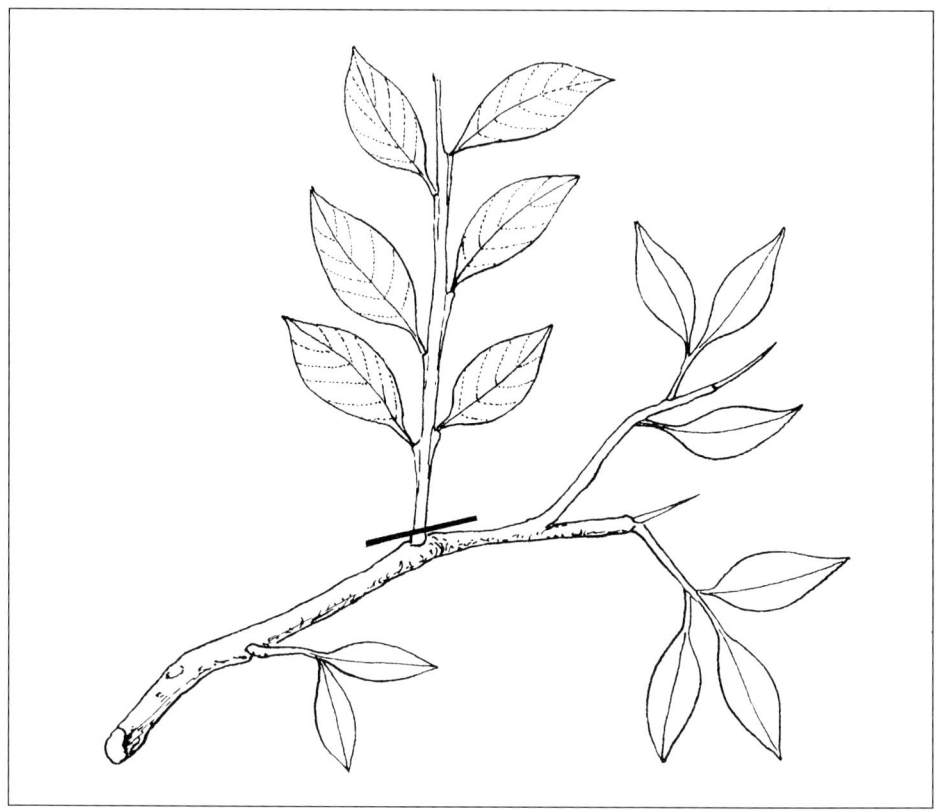

Pflanzenschutz

Senkrecht nach oben wachsende Wasserschosse an Citrus müssen ansatzlos entfernt werden.

Bei der Schädlingsbekämpfung sollte generell, wo irgend möglich, auf giftige Stoffe verzichtet werden. Wir tun uns selbst keinen Gefallen damit, spritzen wir doch dann auch das Obst, das wir ernten und verzehren wollen. Heute gibt es eine ganze Auswahl von Mitteln, die Schädlinge vernichten, dabei aber die vorhandenen Nützlinge wie Marienkäfer, Florfliegen, Schlupfwespen und andere schonen.

Pilzkrankheiten haben bei kompakt gewachsenen, gesunden Pflanzen keinerlei Chance. Wenn eine Pflanze von einem Pilz befallen wird, stimmen gewöhnlich die Lebensbedingungen der Pflanze nicht. Zu trockener oder zu nasser Stand, zu dichte Bepflanzung, die keine Luft zirkulieren läßt, zu hohe Luftfeuchtigkeit sind Ursachen, die einen Pilzbefall begünstigen. Meistens bekommt man das Problem in den Griff, indem man die Pflanze trockener hält. Das gilt sowohl für das Substrat, als auch für die relative Luftfeuchtigkeit. Für einen luftigeren Stand der Pflanze ist zu sorgen. Viel mehr machen uns die tierischen Schädlinge zu schaffen. Die hauptsächlich auftretenden Schädlinge sind Blattläuse, Schildläuse und Spinnmilben, auch Rote Spinne genannt. Sie alle werden durch ihre natürlichen Feinde weit besser und wirksamer bekämpft, als es die chemische Keule je könnte. In der Bundesrepublik Deutschland gibt es mehrere Fachfirmen, die die natürlichen Freßfeinde der Pflanzenschädlinge vermehren und diese in jeder gewünschten Anzahl auch an Privatpersonen verkaufen. Um einen Schädlingsbefall rechtzeitig zu erkennen, sollte man seine Pflanze täglich beobachten und dabei besonders auf die Unterseite der Blätter achten.

Blattläuse

Blattläuse befallen vorwiegend den Austrieb der Pflanzen. Durch die Saugtätigkeit der Läuse verkrüppeln die jungen Blätter, das Wachstum hört auf. In diesem Zusammenhang sollte besonders auf Ameisen geachtet werden. Diese halten sich die Blattläuse sozusagen als Haustiere und setzen einzelne Läuse auf noch nicht befallene Blätter, die sich dann dort vermehren. So wird in kurzer Zeit die ganze Pflanze, sofern sie weiche Triebe besitzt, befallen. Der von den Läusen ausgeschiedene, stark zuckerhaltige Saft wird auch die darunterliegenden Blätter verschmieren. Darauf siedelt sich schwarzer Rußtaupilz an, der die Assimilationstätigkeit der Blätter stark einschränkt. Außerdem leidet das Aussehen der Pflanze durch die rußartigen Beläge beträchtlich.

Da man mit chemischen Mitteln mit Sicherheit nicht alle Läuse erwischt, bietet sich der Einsatz der natürlichen Freßfeinde an. Systemische Mittel scheiden von vornherein für die Bekämpfung aus, da diese besonders bei *Citrus*-Arten den Geschmack der Früchte wesentlich beeinträchtigen. Einem Befall im Anfangsstadium kann man beikommen, indem man die wenigen Läuse, die in den Triebspitzen sitzen, einfach mit dem Finger zerdrückt.

Für die Bekämpfung stärkeren Befalls bieten sich Florfliegen an, deren an kleinen Stielen hängende Eier einfach auf die Pflanze gelegt werden. Die sich dann entwickelnden Raupen machen Jagd auf die Läuse. Florfliegenlarven fressen ausschließlich Blattläuse. Wer Pflanzen, die sich auf eine größere Fläche verteilen, lausfrei bekommen möchte, der sollte Schlupfwespen einsetzen, die die Läuse parasitieren und so vernichten. Der Rußtaubelag bleibt allerdings auf den Blättern. Er muß von Hand mit weichem Wasser abgewaschen werden.

Schildläuse

Eine Plage können Schildläuse darstellen, die sich vor allem entlang der Blattmitteladern und auch auf hartlaubigen Pflanzen ansiedeln. Bei einem starken Befall sitzen Schildläuse auch auf der Oberseite der Blätter, während sie im allgemeinen die Unterseite bevorzugen. Da sie unbeweglich unter ihrem Schild saugen, unter dem sich die Eier entwickeln, lassen sie sich – mit Ausnahme von systemischen Mitteln – nicht bekämpfen. Als ungiftige Lösung hat sich eine Methode bewährt, die auf der Anwendung von Paraffinöl beruht. In Lösung mit Wasser wird es auf die Blätter gesprüht, dabei überzieht sich der Schild mit einem dünnen Wachsfilm, der die daruntersitzende Laus von der Sauerstoffversorgung abschneidet; sie erstickt. Man erkennt dies daran, daß die gelblichbraune Färbung des Schildes beim lebenden Tier nach einigen Tagen in eine dunkelbraune Färbung übergeht. Dann lassen sich die vorher recht fest sitzenden Tiere leicht mit dem Fingernagel abstreifen. Der Befall mit Schildläusen zieht ebenso wie der Blattlausbefall eine Rußtaubildung auf den Blättern nach sich. Wenn dieser Pilz austritt, ist sofort nach den Schädlingen zu suchen und diese sind dann konsequent zu bekämpfen.

Bei der Anwendung von Paraffinöl gibt es ein Problem. Das Wachs verstopft auf der Blattunterseite der Blätter natürlich auch die Atemöffnungen der Pflanze. Ich kratze daher die Tiere mit dem Fingernagel weg und sprühe dann ein biologisches Präparat mit Wirkung gegen beißende und saugende Schädlinge, das kein Wachs enthält. Die durch das Abkratzen nun freiliegenden Tiere werden durch das Präparat getötet, die Poren des Blattes bleiben frei.

Spinnmilben
Unter Glas treten sehr oft Spinnmilben, die sogenannte Rote Spinne, auf. Besonders bei Luftfeuchtigkeitswerten unter 70 Prozent ist ein Befall bei Kübelpflanzen im Zimmer oder im Wintergarten fast unvermeidlich. Ich habe jahrelang intensiv versucht, diesem Schädling mit den handelsüblichen Spritzmitteln beizukommen, Es ist mir nicht gelungen. Die Aufzucht von Erdnüssen war überhaupt nicht mehr möglich; ich habe es schließlich aufgegeben.

Durch den Einsatz von Raubmilben, die von den Züchterfirmen auf Bohnenblättern zugeschickt werden, war der Spuk in einigen Wochen so restlos erledigt, daß bis heute, das heißt seit einigen Jahren, keine Spinnmilbe mehr aufgetreten ist. Raubmilben ernähren sich ausschließlich von Spinnmilben und deren Eiern. Sie sind zuckerkorngroß, lebhaftrot gefärbt und sehr beweglich. Was die Chemie nicht schafft, nämlich den Schädling aus dem letzten Blattwinkel zu holen, schafft die Raubmilbe mit Garantie. Nachdem keine Spinnmilbe und kein Ei mehr vorhanden ist, gehen die Raubmilben von selbst aus Nahrungsmangel zugrunde.

Bei der Bekämpfung von Spinnmilben an einzeln stehenden Pflanzen geht man so vor, daß die Pflanze zuerst mit Wasser leicht eingesprüht wird, denn die Raubmilben lieben höhere Luftfeuchtigkeit. Außerdem benötigen sie zur Entfaltung ihrer Aktivität Temperaturen über 18 °C. Danach werden die Raubmilben auf ihren

Blattstückchen sitzend, gleichmäßig auf der befallenen Pflanze verteilt. Ist dies geschehen, wird über die Pflanze ein Kleidersack gestülpt und zugebunden. Es bildet sich ein wasserdampfgesättigtes Klima, in dem die Raubmilben sehr aktiv werden und sich rasch vermehren. Im Zeitraum von drei bis vier Wochen haben sie ihre Arbeit getan, und die befallene Pflanze ist völlig frei von Schädlingen.

Ein Spinnmilbenbefall kann angenommen werden, wenn die Blätter der Pflanzen einen silbrigen Schimmer annehmen. Dieser Glanz entsteht dadurch, daß beim Einstich des Schädlings in das Pflanzengewebe Luft in die Zellen eintritt. Erst bei einem stärkeren Befall sieht man – besonders im Gegenlicht – die typischen Gespinste, von der die Milbe ihren Namen ableitet. Besonders die Blattränder werden eingesponnen. Dann ist es höchste Zeit einzugreifen, denn Spinnmilben können ganze Pflanzen vernichten.

Weiße Fliege
Einen hartnäckigen und nicht leicht zu bekämpfenden Schädling stellt die Weiße Fliege dar, die an den Unterseiten der Blätter saugt. Die Insekten sind weiß gefärbt und fliegen bei der geringsten Berührung der Blätter auf. Sie werden mit Gelbtafeln, das sind Papptafeln, die mit einem nichttrocknenden Klebstoff versehen sind, bekämpft. Die Insekten fliegen gern auf die gelbe Farbe zu und bleiben dann kleben.

Ich bin die Weiße Fliege schon dadurch losgeworden, daß ich diesem Insekt besonders zusagende Pflanzen zwischen die befallenen Gewächse gestellt habe. Alle *Solanum*-Arten werden zum Beispiel bevorzugt befallen. Wenn es dann gelingt, diese Köderpflanzen ganz vorsichtig und ohne die geringste Erschütterung ins Freie zu bringen und dort zu schütteln, damit die Insekten auffliegen, wird man die

Plage in der Regel los, sofern dieses Verfahren mehrmals in der Zeit von einigen Wochen wiederholt wird, damit die ausschlüpfende Brut auch noch erfaßt wird. Im Freien stehende Pflanzen, die von der Weißen Fliege befallen werden, müssen mit einem nützlingsschonenden Mittel behandelt werden.

Schmierläuse

Als letzter der Hauptschädlinge unserer Pflanzen soll noch die Schmierlaus behandelt werden. Dieses Insekt sitzt bevorzugt an den Blattunterseiten, entlang der Adern. Es ist von einem weißen Gespinst umgeben, das es gegen viele Spritzmittel unempfindlich macht, da diese den Körper der Laus nicht mehr erreichen. Wegen dem Gespinst wird sie auch Wollaus genannt.

Relativ gut wirkt eine im Abstand von je einer Woche durchgeführte Besprühung mit Paraffinöl, da dieses die Atemöffnungen der Laus verklebt. Hat man den Schädling gerade erst entdeckt, ist vielleicht noch eine mechanische Bekämpfung möglich, indem jedes Blatt umgedreht wird, um die Läuse zerdrücken zu können. Wer das nicht mag, kann sie mit einem spitzen Instrument von der Pflanze entfernen. Es sei nochmals daran erinnert, daß Paraffinöl an den Unterseiten der Blätter nur punktförmig angewendet werden darf, um die Atemöffnungen des Blattes nicht zu verschließen. Es würde sonst absterben.

Seit neuer Zeit wird der australische Marienkäfer *Cryptolaemus montrouzieri* als Nutzling im Handel angeboten; er ist in erster Linie auf Wolläuse spezialisiert, geht aber auch andere Schädlinge an, wenn Wolläuse Mangelware werden. Der Käfer sieht hübsch aus, er besitzt einen orangefarbenen, beweglichen Kopf und einen schwarzen Körper. Er selbst und seine Larven räumen mit den Schädlingen rasch auf. Dabei benötigt er als tropische Art

Temperaturen nicht unter 18 °C und eine hohe Luftfeuchtigkeit. Seine Larven weisen die gleiche Bepuderung und Farbe wie die Wolläuse auf, nur die beiderseits des Körpers sichtbaren kleinen Füße kennzeichnen die Marienkäferlarve. Diesen Unterschied sollte man kennen, bevor man das falsche Insekt zerdrückt. Da der Käfer sehr gut fliegt, kann man ihn nur in geschlossenen Räumen verwenden.

Noch ein Hinweis zum Schluß dieses Abschnitts: Sammeln Sie im Frühjahr alle erreichbaren Marienkäfer und setzen Sie diese auf Ihren Pflanzen aus. Genauso kann man im Herbst verfahren, wenn diese nützlichen Helfer in die Wohnungen kommen, um einen Platz für die Überwinterung zu suchen. Ebenso können Sie jede Florfliege, derer sie habhaft werden, dazusetzen. Die erwachsenen Insekten vertilgen zwar keine Läuse (sie leben von Nektar), aber vielleicht legt bei einem langen, warmen Herbst das eine oder andere Tier noch Eier, die dann im Frühjahr schlüpfen und sich sofort auf die Jagd nach Blattläusen machen.

Alle der im folgenden beschriebenen Pflanzen wurden oder werden von mir seit Jahren gepflegt. Alle empfohlenen Pflegehinweise wende ich selbst seit Jahren an, sie sind in der Praxis seit langer Zeit erprobt. Manche Pflanzen mußte ich dann schweren Herzens abgeben, da sie zu hoch und zu umfangreich geworden waren. Da es sich ausschließlich um eigene Erfahrungen handelt, mag sich manches von dem Gesagten von den Angaben in anderen Pflanzenratgebern unterscheiden. Aber welcher Autor hat über Jahrzehnte hinweg schon buchstäblich täglichen Umgang mit diesen Pflanzen?

Eines dürfen wir nicht aus den Augen verlieren: Alle der im folgenden beschriebenen Pflanzen sind bei uns Fremdlinge, sie kommen aus ganz anderen Klimazonen. Daher wachsen sie nicht »von selbst«, wir müssen statt dessen versuchen, den Standortnachteil dieser Pflanzen durch eine besonders aufmerksame Pflege auszugleichen. Nur so werden wir Freude an diesen subtropischen und tropischen Pflanzen haben. Aufgrund ihrer hohen Lebenserwartung können sie uns oft ein ganzes Menschenleben lang begleiten, und sie können im Alter so etwas wie Charakter bekommen. Sie zahlen tägliche Fürsorge tausendfach zurück – ein Kapital, das der gestreßte Großstädter gar nicht hoch genug schätzen kann. Die ganze heutige Entwicklung des Zierpflanzenbaues, der Pflanzen zu Millionen kultiviert, damit sie als Wegwerfartikel nach der Blüte auf den Müll wandern, sollte uns zutiefst zuwider sein. Wir sollten die Pflanzen als diejenigen betrachten, die das Leben auf diesem Planeten erst möglich machen.

Kulturbeschreibungen

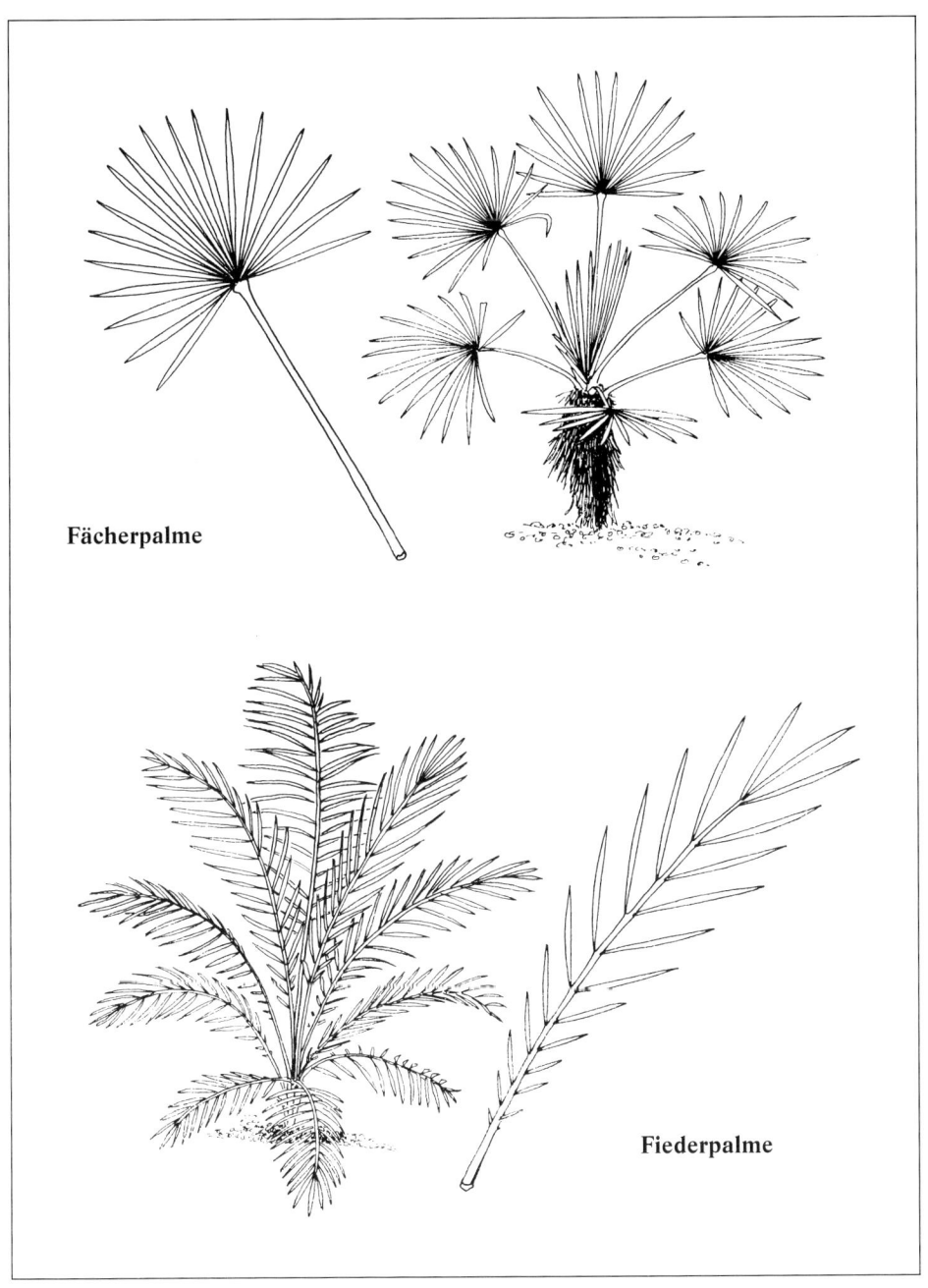

Fächerpalme

Fiederpalme

Palmen

Areca catechu
Betelpalme, Katechupalme

Heimat
Die Betelpalme ist im ostasiatischen Raum
zu Hause, wo sie nahezu in jedem Dorf,
praktisch bei jeder menschlichen Nieder-
lassung angebaut wird. Auch in Ostafrika
werden Betelpalmen lokal gehalten. Da
diese Palme seit Urzeiten vom Menschen
kultiviert wurde, sind natürliche Vorkommen nicht bekannt.

Die Pflanze
Die Arecapalme ist eine schlanke, bis 30 m
hohe, zumeist einzeln stehende Palme. Sie
hat eine kleine, aber dicht beblätterte
Krone. Die Fiederblätter stehen fast senkrecht nach oben, biegen sich aber, sobald
sie eine Länge von 1,5 bis 2 m erreicht
haben, bogenförmig nach unten.

Die Blütenstände treten stets ein gutes
Stück unterhalb der Krone aus dem
Stamm. Der Blütenstand besteht aus gel-
ben, angenehm riechenden männlichen
und weiblichen Einzelblüten.* Die
Früchte werden hühnereigroß und fallen
erst lange nach der Fruchtreife vom
Fruchtzapfen ab. Der Stamm kann im

---

* Grundsätzlich bezeichnet man Blüten, die Staubgefäße
und Fruchtknoten enthalten, als zwittrig. Daneben
kommen Blüten vor, die nur Staubgefäße oder Narbe
aufweisen, oder bei denen das jeweils andere Organ in
verkümmerter Form vorliegt, also männliche und weibliche Blüten.
Trägt ein und dieselbe Pflanze männliche und weibliche
Blüten, spricht man von Einhäusigkeit. Befinden sich
die Blüten auf verschiedenen Pflanzen, männlichen und
weiblichen Exemplaren, bezeichnet man dies als Zwei-
häusigkeit. Bei Einhäusigkeit können sich männliche
und weibliche Blüten in einem oder in getrennten
Blütenständen an derselben Pflanze entwickeln.

Alter einen Durchmesser bis etwa 25 cm
erreichen.

Pflege
Die Betelpalme benötigt ein warmfeuchtes
Klima zum guten Gedeihen. Die Temperaturen können im Sommer über 30 °C steigen, im Winter sollten sie, besonders im
Wurzelbereich, nicht unter 18 °C liegen.
Ins Freie sollte die Arecapalme nicht,
denn sie verträgt weder Dauerregen noch
kühlere Freilandtemperaturen.

Die Betelpalme verträgt sowohl Halbschatten wie volles Licht, wobei unter
Glas in den heißesten Mittagsstunden
leicht schattiert werden muß, um Brand-
schäden an den Fiederblättern zu vermeiden. Die relative Luftfeuchtigkeit sollte
nicht unter 60 Prozent fallen.

Das Pflanzsubstrat kann bei jungen
Pflanzen humos mit einem hohen Torfanteil sein, bei älteren Exemplaren kann bis
zu einem Drittel Lehm zugemischt werden. Ältere Pflanzen werden fest gepflanzt. Die Erde drückt man mit Hilfe
eines Holzpflockes fest in den Kübel, damit keine Hohlräume entstehen. Diese
Palme kann dann jahrelang in ihrem
Pflanzgefäß stehen, bis die Wurzeln beginnen, die ganze Pflanze aus dem Kübel zu
heben. Dann können die Wurzeln etwas
eingekürzt werden, damit die Pflanze wieder in das alte Gefäß paßt. In den heißesten Sommermonaten kann die Betelpalme Wasser im Untersatz vertragen. Ist
das wegen der Kübelgröße nicht mehr
möglich, muß für eine gleichmäßig hohe
Ballenfeuchtigkeit gesorgt werden. Im
Winter dagegen reagiert die Betelpalme
empfindlich auf einen zu nassen Wurzelballen. Kalkhaltiges Wasser bringt die

Betelpalmen auf Dauer um. Außerordentlich empfindlich ist die Pflanze gegen zuviel Feuchtigkeit bei gleichzeitig kühlen Bodentemperaturen. Deshalb, wenn keine Bodenheizung vorhanden ist, unbedingt das Pflanzgefäß auf eine isolierende Unterlage stellen. Damit die Palme nicht allzu schnell wächst, genügt eine Düngergabe wöchentlich in der Zeit von März bis in den September.

Von Schädlingen wird die Betelpalme im allgemeinen nicht befallen. Bei zu nassem Wurzelballen und bei kühlen Umgebungstemperaturen tritt leicht Wurzelfäule auf. In der Regel ist die Pflanze dann verloren.

Ernte und Verwendung

Die Arecapalme fruchtet in unserem Klima und bei den Größenverhältnissen, die sie beim Liebhaber erreicht, nicht. In ihren Anbaugebieten werden die Samen in Scheiben geschnitten, etwas eingedickter Saft des Gambirstrauches wird hinzugefügt, etwas Kalk und je nach den finanziellen Möglichkeiten des Käufers auch Gewürze wie Zimt, Nelken usw. Das Ganze wird in ein Blatt des Betelpfeffers eingewickelt und gekaut. Dabei färbt sich der Speichel durch Einwirkung von Enzymen blutrot, die Zähne werden bei längerem Kauen lackschwarz gefärbt. Dieser sogenannte Betelbissen wirkt stimulierend auf den Kreislauf, er wirkt verhältnismäßig wenig schädlich als Droge. Der Gebrauch des Betelbissens ist in den Anbauländern weit verbreitet. Neueren Forschungen zufolge, soll er bei langem Gebrauch Krebs der Mundhöhle und des Rachens hervorrufen.

Beschaffung

Im Handel werden alle möglichen Palmen unter dem Namen *Areca* angeboten. Es sind alle keine Katechupalmen, diese werden von wenigen, auf Palmen spezialisierten Firmen angeboten. Wird Ihnen irgendwo eine Fiederpalme unter dem Namen Assaipalme angeboten, können sie zugreifen: In der Regel handelt es sich um eine *Areca catechu.* Auch bei den in Gartencentern als Minikokospalmen angebotenen Kleinpalmen handelt es sich fast immer um die echte Betelpalme.

Salacca zalacca
Salakpalme

Heimat

Die Salakpalme stammt mit 14 Arten aus Indochina, Borneo, Sumatra, Java und den Philippinen. Es existieren viele Varietäten. Infolge ihrer langen Kultur durch den Menschen ist ihre eigentliche Herkunft unbekannt, wie bei so vielen Nutzpflanzen, die seit Jahrtausenden kultiviert werden. Über ihr jetziges Verbreitungsgebiet ist die Salakpalme nicht weiter vorgedrungen.

Die Pflanze

Die Salakpflanze besitzt einen unterirdischen Sproß und bildet daher eine stammlose, bis 6 m hohe Fiederpalme. Ihr Wuchs ist buschig, sie bildet in ihren Heimatländern, besonders entlang von Flüssen, dichte Gebüsche. Die Fiederblätter werden etwa 2 m lang. Der Blattstiel ist mit schwarzen, glänzenden Dornen besetzt. Die Fiederblätter sind zweifarbig, die Oberseite ist glanzendgrün, die Unterseite dagegen, wie mit Puder bestreut, weißgrün.

Die Salakpalme wächst zweihäusig, das heißt männliche und weibliche Blüten entwickeln sich auf verschiedenen Pflanzen. Die Blütenstände erscheinen unmittelbar über dem Boden, sie sind teilweise verzweigt und stachellos. Die männlichen Blütenstände erreichen bis zu 1 m Länge;

die weiblichen Blütenstände sind etwa
30 cm lang. Die weiblichen Blüten übertreffen die männlichen in der Größe. Aus
ihnen entwickeln sich die glänzend scho-
koladenfarbenen Früchte, die von einer an
eine Schlangenhaut erinnernden dünnen
Schale umgeben sind. Die Frucht ist im
Innern in drei Segmente aufgeteilt, die je
einen großen Samen enthalten. Sie hat
vollreif einen angenehm süßsäuerlichen,
erfrischenden Geschmack, der sehr durst-
löschend wirkt (Abbildung Seite 49).

Pflege

Die Salakpalme kommt aus tropischen Regionen, sie kommt auch in den Anbaugebieten selten oberhalb von 400 m Seehöhe
vor. Bei uns braucht sie dieselben Bedingungen. In ihrer Heimat wächst sie gern
im Halbschatten, auch an schattigen
Standorten kann sie sich gut entwickeln.
Die Palme braucht ganzjährig hohe Luftfeuchtigkeit über 70 Prozent. Die Temperaturen dürfen im Sommer 30 °C übersteigen,
im Winter sollten sie nicht viel unter
20 °C absinken.

Wenn die Salakpalme unter Glas gehalten wird, sollte bei Sonne schattiert werden. Nur im Frühjahr und Herbst verträgt
die Pflanze volle Sonne. Ins Freie sollte
man die Pflanze nicht bringen. Sie verträgt
einen Aufenthalt schlecht, da es ihr besonders nachts zu kalt wird.

Durch ihren unterirdischen Sproß, der
keinen oder nur einen kurzen Stamm ausbildet, braucht die Palme ein Pflanzgefäß,
das mehr breit als hoch ist. Sie kann jahr-
zehntelang bei uns gehalten werden, da
ihre Höhe auch im hohen Alter selten die
2 m übersteigt.

An das Substrat stellt die Salakpalme
keine hohen Ansprüche, es sollte humos
sein und durchlässig, damit keine Staunässe entstehen kann. Gegen Salzanrei-
cherung im Substrat ist die Salakpalme
nicht besonders empfindlich. Trotzdem ist

die Verwendung eines organischen Düngers besser, da sich in der räumlichen
Beengung im Pflanzkübel Salze viel
schneller konzentrieren. Düngergaben alle
vier Wochen in der Wachstumszeit genügen. Sehr wichtig bei der Pflege der Salakpalme ist ein stets warmer Fuß. Das Gießwasser, am besten Regenwasser, sollte immer angewärmt sein, zumindest aber
Raumtemperatur haben. Der Wasserbedarf ist hoch, es darf aber, besonders im
Winter, keine Staunässe entstehen.

Die Pflanze kann jahrelang im selben
Kübel stehen, dabei ist sie bei zusagenden
Bedingungen ein flotter Wachser. Bei Zimmerkultur muß die Palme im Winter öfter
eingesprüht werden. Trotzdem ist ihr unter diesen Bedingungen kein langes Leben
beschieden, sie braucht eben die Klimaverhältnisse eines warmen Wintergartens
oder eines abgeschlossenen Balkons.

An Schädlingen können sich Woll- und
Schildläuse einstellen, die an den Unterseiten der Blätter saugen.

Ernte und Verwendung

Die Salakpalme blüht und fruchtet unter
Liebhaberbedingungen nicht. Ihre Früchte
werden in den Anbaugebieten als durst-
stillendes Obst sehr geschätzt. Auch eine
schmackhafte Limonade wird daraus hergestellt.

Beschaffung

Auf gut sortierten Obstmärkten in größeren Städten, zum Beispiel in München,
werden die Früchte der Salakpalme fast
regelmäßig angeboten. Die in den Früchten enthaltenen Samen sind in aller Regel
noch gut keimfähig. Sie werden so tief, wie
sie dick sind, in humosen Boden gesteckt
und warm und hell bei mäßiger Feuchtigkeit aufgestellt. Volle Sonne ist zunächst
zu vermeiden, da die Salakpalme eine
Schattenpflanze ist. Die Samen keimen bei
etwa 25 °C nach etwa sechs Wochen. Beim

Verpflanzen darauf achten, daß der Samen nicht vom Sämling getrennt wird, da in diesem Stadium die Leitungsbahnen noch durch den Samen laufen, bis genug eigene Wurzeln vorhanden sind. Fachfirmen und auch Privatleute, die in den Gartenzeitschriften inserieren, haben manchmal die Salakpalme im Angebot.

Butia capitata
Geleepalme

Heimat

Die Heimat der Geleepalme liegt im Osten Brasiliens und in Uruguay. Heute ist sie als robuste, anspruchslose Palme weltweit verbreitet. Sie wird auch in subtropischen Klimazonen als Zierpalme häufig angepflanzt, da sie kurzdauernde, leichte Fröste erträgt.

Die Pflanze

Geleepalmen sind robuste, kompakt wirkende Palmen, die im Alter etwa 6 m hoch werden. Der dicke Stamm erreicht bei ausgewachsenen Exemplaren bis über 30 cm Durchmesser. Er ist von den lange Zeit verbleibenden Blattbasen eingehüllt, erst wenn diese abfallen, wird der braune, geringelte Stamm sichtbar. Die Krone der Geleepalme trägt etwa 50, zunächst steil nach oben wachsende und sich dann bogentormig nach unten neigende, bis 3 m lange Fiederblätter. Die Blattfärbung ist bei guter Belichtung blaugrün. Der Grund des Blattstieles trägt Dornen.

Der Blütenstand mit seinen gelben oder roten Blüten verzweigt sich. Er kann über 1 m Länge erreichen. Die männlichen Blüten sind an der Spitze vereinigt, die weiblichen Blüten stehen am Grund. Aus ihnen entwickeln sich eiförmige, gelbe bis pupurfarbene Früchte, die etwa 3 cm lang werden. Es entstehen kompakte Fruchtstände, die ein Gewicht von über 25 kg erreichen können.

Pflege

Die Geleepalme eignet sich hervorragend für helle Räume, die im Winter Temperaturen um die 10 °C aufweisen. Aufgrund ihrer Herkunft verlangt sie auch keine allzu hohe relative Luftfeuchtigkeit. Aus diesem Grund kann die Palme auch im Zimmer kultiviert werden, sofern ein helles, nach Süden liegendes Fenster vorhanden ist. Im Sommer steht die Geleepalme am besten in voller Sonne an einem Platz, an dem sie vor Dauerregen geschützt ist. Die Palme kann im Frühjahr zeitig ins Freie gebracht werden, wo sie bis zum Auftreten der ersten Herbstfröste stehenbleiben kann.

Da die Geleepalme von Natur aus gedrungen wächst, verlangt sie, um diese Wuchsform zu erhalten, das ganze Jahr über soviel Licht wie möglich. Wenn die Pflanze im Winter trotzdem durchtreibt, muß sie sofort kühler gestellt werden, wobei die Umgebungstemperatur bis auf weniger als 5 °C zurückgehen kann.

Die Pflanze verlangt ein nährstoffreiches Substrat, das zu bis zu einem Drittel aus Lehm bestehen sollte. Gepflanzt wird fest, um jeden Hohlraum im Wurzelbereich zu vermeiden. Ist die Geleepalme erst einmal über das Jugendstadium hinaus, kann sie sehr lange in ihrem Pflanzkübel stehen. Solange die oberste Bodenschicht noch nicht durchwurzelt ist, kann man jedes Frühjahr eine Lage Substrat, vermischt mit organischem Dünger, auftragen. Bei alten Kübelpalmen, wie sie zum Beispiel in Wien und in Versailles stehen, ist man immer wieder erstaunt, mit welchem geringen Wurzelraum die Palmen auskommen, und doch machen sie einen durchaus gesunden Eindruck.

Die Geleepalme möchte es im Wurzelbereich nicht allzu feucht, allerdings verträgt sie völliges Austrocknen nicht. Ebensowenig mag sie stehendes Wasser im Wurzelbereich. Kalkhaltiges Wasser verträgt sie auf Dauer nicht, ebensowenig kaltes Gießwasser. Im Winter braucht der Wurzelballen nur leicht feucht gehalten zu werden. Im Sommer, im vollen Licht stehend, verträgt sie vom zeitigen Frühjahr bis in den September alle vier Wochen eine Volldüngung. Die Geleepalme wächst nur sehr langsam. Man braucht schon Geduld, bis man eine ansehnliche Palme bekommt, aber sie wird mit den Jahren immer schöner.

Die Palme wird nicht oft von Schädlingen befallen, allenfalls treten Schildläuse auf. Auch beim Liebhaber kann die Geleepalme in höherem Alter 3 m Höhe und mehr erreichen.

Ernte und Verwendung
Die Geleepalme kommt unter Liebhaberbedingungen nicht zum Blühen und Fruchten. Aus den Früchten läßt sich, wie der Name sagt, ein schmackhaftes Gelee zubereiten. Manchmal werden in Alkohol eingelegte Früchte in Feinkostgeschäften angeboten.

Beschaffung
Die Früchte werden bei uns nicht verkauft, aber Spezialfirmen führen diese Palmen in verschiedenen Größen fast regelmäßig im Angebot.

Hyophorbe amaricaulis
Flaschenpalme

Heimat
Diese Palme ist auf den Inseln Réunion, Mauritius und Rodrigues beheimatet, wo sie jedoch nahezu ausgerottet ist. Manche Autoren stellen diese Art auch zur Gattung *Mascarena*. (Die erwähnte Inselgruppe wird auch Maskarenen genannt.) Als seltsame und bemerkenswerte Pflanzengestalten sind Flaschenpalmen heute in den Tropen der ganzen Welt verbreitet, während sie in ihrer Heimat bereits zu den Seltenheiten zählen. Die ganze Gattung besteht aus fünf Arten.

Die Pflanze
Das für den Betrachter sofort auffallende Merkmal ist der flaschenförmig aufgetriebene Stamm, der in der Regel nicht mehr als 2 m Höhe erreicht. Er wirkt wie ein dickbauchiger Krug, wird aber im Alter mehr flaschenförmig, daher der Name der Palme. Der Stamm kann an der dicksten Stelle etwa 50 cm Durchmesser erreichen. Seine Farbe ist weißlichgrau, und er zeigt an der Oberfläche deutliche Ringfurchen, die von den abgefallenen Blätter stammen. Die Palme bildet in der Regel immer nur fünf bis sechs Blätter aus. Diese sind hart, dunkelgrün und streben senkrecht nach oben, bevor sie sich leicht bogenförmig überneigen. Bei jungen Exemplaren ist der Blattstiel rot überlaufen.

Unterhalb der Krone entstehen die rispenförmigen Blütenstände, an denen die männlichen und weiblichen Blüten in Gruppen stehen. Es werden deutlich mehr männliche als weibliche Blüten gebildet. Trotzdem ist eine Selbstbefruchtung nicht möglich, da die männlichen Blüten abfallen, bevor sich die weiblichen Blüten öffnen. Die Früchte sind Beeren von verschiedener Gestalt, ihre Oberfläche fühlt sich sehr rauh an.

Pflege
Die Flaschenpalme ist, wie schon die Aufbauchung des Stammes zeigt, an ein Klima angepaßt, in dem mit Wasser gespart werden muß. Der dicke Stamm ist nichts anderes als ein Wasserspeicher. Aufgrund ihrer Herkunft sollte die Flaschenpalme

ganzjährig im hellen Zimmer oder unter Glas im Wintergarten verbleiben. Unser Klima ist der Palme, besonders nachts, zu kühl. Die Temperatur sollte im Winter nicht unter 18 °C fallen, im Sommer sind nach oben keine Grenzen gesetzt, wobei natürlich Verbrennungen unter Glas zu vermeiden sind. Die Flaschenpalme verlangt das ganze Jahr einen Standort mit soviel Licht wie möglich. An die relative Luftfeuchtigkeit stellt sie keine besonderen Ansprüche. Es ist ratsam, das Pflanzgefäß auf eine isolierende Unterlage zu stellen, da die Flaschenpalme eine Abkühlung unter die Umgebungsluft im Wurzelbereich schlecht verträgt. Die Palme kann sehr lang in ihrem Pflanzgefäß stehen. Beim Umtopfen kann magere Erde, eventuell Kakteenerde mit Lehmzusatz, verwendet werden. Das Substrat muß sehr durchlässig sein, Staunässe ist für die Flaschenpalme tödlich.

Die Flaschenpalme wächst sehr langsam: Pro Jahr wird bei Kultur im Kübel in etwa ein Kranz neuer Blätter gebildet, infolgedessen genügen auch zwei bis drei Düngergaben in der Wachstumszeit.

Obwohl die Palme sehr salztolerant ist, rate ich auf Dauer doch zu weichem Wasser. Die Pflanze kommt mit sporadischen Wassergaben aus, der Wurzelballen darf allerdings nicht völlig austrocknen.

Von Schädlingen wird die Flaschenpalme wegen ihrer harten Blattfiedern kaum befallen. Nur gelegentlich siedeln sich Schildläuse an.

Ernte und Verwendung

Die Flaschenpalme erreicht beim Liebhaber nicht die Größe, die sie zum Blühen und Fruchten benötigt. Außerdem sind zur Befruchtung stets zwei gleichzeitig blühende Pflanzen nötig. Früchte der Flaschenpalme werden als Schweinefutter verwendet, sie wird deshalb manchmal Schweinepalme genannt.

Beschaffung

In der Bundesrepublik Deutschland bietet eine einzige Firma die Flaschenpalme an. Sie stellt auch als Jungpflanze bereits eine überaus dekorative Palme dar, und sie wird mit zunehmenden Alter immer bizarrer.

Caryota urens
Brennpalme, Fischschwanzpalme

Heimat

Die Brennpalme kommt im vorderindischen Raum und in Malaysia und Mayanmar (Burma) vor. Dort wird sie heute als eine der auffälligsten und prachtvollsten Palmen außer als Nutzpflanze auch zum Schmuck an Straßen und in Parks viel gepflanzt.

Die Pflanze

Ausgewachsen erreicht die Brennpalme eine Höhe von bis zu 30 m. Dabei erreicht der Stamm bis zu 40 cm Durchmesser. Der säulenförmige Stamm ist durch die Ansatzstellen der früheren Blattbasen tief gefurcht. Die Fiederblätter können bei 6 m Länge eine Breite von über 3 m erreichen. Die Krone der Palme besteht gewöhnlich aus höchstens 20 Blättern. Die einzelnen Fiederblättchen sind keilförmig, der Rand der Blättchen ist zerschlissen, sie sehen, banal ausgedrückt, wie zerfressen aus und erinnern an Fischschwänze (Abbildung Seite 49).

Die Blütenstände entwickeln sich an der Stammspitze und erscheinen dann in den Folgejahren immer weiter unten, aber jeweils oberhalb von Blattnarben, so daß der letzte Blütenstand nahe der Stammbasis entsteht. Beim Erreichen dieses Stadiums ist das Leben der Palme abgeschlossen, sie stirbt ab.

Von den 12 Arten der Gattung *Caryota* ist bei uns auch *Caryota mitis* verbreitet, die buschige Fischschwanzpalme, die im Gegensatz zu der vorher beschriebenen Art gruppenweise bis 10 m hohe Stämme treibt. Sie ist etwas weiter verbreitet, ihr Vorkommen ist auch in ganz Indien nachzuweisen. Sie blüht wie *Caryota urens*, nur stirbt nach dem letzten, bodennahen Blütenstand nicht die gesamte Pflanze ab, sondern nur der jeweilige Stamm aus der Gruppe. Außerdem erreichen ihre Blütenstände nur eine Länge von etwa 50 cm.

Pflege

Caryota urens ist an warmes Klima angepaßt. Temperaturen unter 15 °C schaden besonders im Wurzelbereich. Aus diesem Grund sollte sie ganzjährig unter Glas bleiben, wenn man in ihrem Wuchs typische Exemplare erhalten will. Im Sommer gibt sich die Brennpalme auch mit einem halbschattigen Platz zufrieden. Braune Ränder an den Blattfiedern deuten auf zu geringe relative Luftfeuchtigkeit.

Das Substrat sollte locker und humos sein. Als Pflanze der inneren Tropen bevorzugt die Fischschwanzpalme gleichmäßige Ballenfeuchte, wobei kalkfreies Wasser zu verwenden ist. Empfindlich ist sie auch gegen kaltes Gießwasser. Um allzu starkes Wachstum zu vermeiden, genügt es, alle sechs Wochen zu düngen; an einem hellen, warmen Ort wird auch im Winter gedüngt. Eventuell ist eine Nachdüngung mit Eisenchelaten sinnvoll.

Caryota mitis wird genauso wie *Caryota urens* gepflegt, treibt aber bereits relativ jung Ausläufer, die abgenommen und als eigene Pflanzen getopft werden können.

Ernte und Verwendung

In den hohen Palmenhäusern unserer botanischen Gärten sind die *Caryota*-Palmen fast regelmäßig in blühendem Zustand zu sehen. Unter Liebhaberbedingungen blühen sie nicht, aus einem einfachen Grund: Wenn sie die Blühreife erlangen, sind sie schon weit über den Raum hinausgewachsen, den man ihnen zur Verfügung stellen kann.

Verwendung

Besonders *Caryota urens* wird vielfältig genutzt. Der gerade Stamm ergibt dauerhaftes Bauholz, das Mark kann zu Sago verarbeitet werden, und aus dem stark zuckerhaltigen Saft wird ein besonders wertvoller Zucker gewonnen. Die Fasern der Blattscheiden werden zu Flechtarbeiten verwendet.

Beschaffung

In Gartencentern und im Fachhandel werden beide Arten nahezu regelmäßig angeboten, nur wird oft die Bezeichnung der einen Palme für die andere verwendet.

Phoenix dactylifera
Dattelpalme

Heimat

Die Dattelpalme ist in ganz Nordafrika bis in den arabischen Raum verbreitet. In dieser trockenen Region wird auch der Ursprung dieser Palme vermutet. Infolge der vieltausendjährigen Kultur durch den Menschen sind keine Wildformen der Dattelpalme bekannt.

Die Pflanze

Es handelt sich bei der echten Dattelpalme um eine etwas sparrig wachsende, in der Regel etwa um 25 m hohe Pflanze. Einzelne Exemplare können aber auch bis 45 m hoch werden. Die Dattelpalme ist eine Fiederpalme. Der hellbraune Stamm ist mit den Narben der abgefallenen Blätter gezeichnet. Die maximal bis 40 Fiederblätter umfassende Krone wird aus zuerst senkrecht nach oben wachsenden Fiederblättern gebildet, die sich dann unter ihrem eigenen Gewicht elegant nach unten neigen. Bei guter Belichtung färben sich die Blätter blaugrün aus.

Die Palme wächst zweihäusig. Männliche wie weibliche Blütenstände brechen aus den Blattachseln hervor. Die weiblichen Blütenstände entwickeln sich zu den bekannten Dattelfrüchten. Sie bilden einen traubenförmigen Fruchtstand von beachtlicher Größe und Gewicht. Um die Befruchtung zu erhöhen, werden in den Anbauländern männliche Blütenstände, deren Pollen monatelang lebensfähig bleibt, in die Kronen der weiblichen Pflanzen gehängt. Ab dem siebten Standjahr beginnen die Palmen zu fruchten und bringen Erträge bis zum Alter von etwa 80 Jahren, dann lassen die Erntemengen langsam nach. Dabei stirbt die Palme noch lange nicht ab. Es leben erwiesenermaßen Palmen mit einem Alter von etwa 200 Jahren, die noch einen völlig gesunden Eindruck machen.

Pflege

Zunächst ein Hinweis: Die im Handel zu Tausenden angebotenen und auch als Dattelpalmen bezeichneten Pflanzen sind in aller Regel keine echten Dattelpalmen. Es handelt sich hier um die Kanarische Dattelpalme, *Phoenix canariensis*, die buschiger wächst und unser Klima im Freien besser verträgt. Ihre Früchte sind aber nicht eßbar.

Die Dattelpalme braucht, um ihren charakteristischen Wuchs zu erhalten, im Sommer und im Winter soviel Licht als möglich. Sie kann im Sommer und sogar zeitig im Jahr, wenn keine Nachtfröste mehr zu befürchten sind, an einer vollsonnigen Stelle im Garten oder auf dem Balkon stehen, wo sie bis zu den ersten Frösten verbleiben kann. Sie kann über kürzere Zeit kühlere Temperaturen vertragen, allerdings keinerlei Frost. Während im Sommer die Temperaturen gar nicht hoch genug sein können, überwintert die Dattelpalme möglichst hell bei 5 bis 10 °C.

An die relative Luftfeuchtigkeit werden keine besonderen Ansprüche gestellt; trockene Luft macht der Dattelpalme aufgrund ihrer Herkunft überhaupt nichts aus, was sie zur idealen Zimmerpflanze werden läßt, solange genug Licht vorhanden ist. Zu Testzwecken steht bei mir seit Jahren eine etwa 1 m hohe Dattelpalme bei einer relativen Luftfeuchtigkeit zwischen 80 und 100 Prozent, und sie wächst vorzüglich, allerdings bei nur leicht feuchtem Wurzelballen.

Der Liebhaber zieht sich eine echte Dattelpalme am besten selbst aus Samen. Dabei sind die Samen aus den verpackten Früchten leichter zum Keimen zu bringen als die Steinkerne aus Frischobst. Möglicherweise sind die Samen aus diesen Datteln noch nicht ganz ausgereift. Die steinharten Kerne werden für einige Tage in lauwarmes Wasser gelegt, dann waagerecht in lockere Anzuchterde etwa 1 cm tief gelegt, leicht angegossen und bei etwa 25 °C hell, aber nicht sonnig, aufgestellt.

Nach der Keimung, die einige Wochen bis Monate dauern kann, erscheinen, wie bei allen Palmen, zunächst mehr oder weniger grasartig aussehende Blätter. Danach folgen schwalbenschwanzähnlich geformte Blätter und erst im Alter von zwei bis drei Jahren bilden sich die ersten gefiederten Blätter. Die Palme entwickelt einen kompakten Wurzelballen, man sollte also keine zu kleinen Gefäße verwenden. Beim Umtopfen von gekeimten Palmen immer darauf achten, daß man den Samen nicht von der Pflanze trennt. Die Versorgungsleitungen verlaufen im frühen Jugendstadium durch den Samen. Wird dieser fernt, geht die Palme unweigerlich ein. Später trocknet der Same von selbst ab.

Das Substrat sollte durchlässig sein und einen guten Anteil Lehm enthalten. Beim Verpflanzen, besonders älterer Palmen, ist stets auf ein gutes Verstopfen des Substrates zu achten, eventuell nimmt man einen Holzpflock zu Hilfe.

Im Sommer braucht und verträgt die Dattelpalme viel Wasser, Staunässe darf aber keinesfalls entstehen. Im Winter soll der Wurzelbereich nur leicht feucht gehalten werden. Wie bei allen Palmen darf man keinesfalls ins Herz der Pflanze gießen, da dort schnell Fäulnis auftreten kann.

Alle vier Wochen eine Düngergabe bis Ende September genügt, um die Palme bei gutem Wachstum zu halten.

Es wird behauptet, daß bei zu feuchter Luft und zuviel Wärme im Winter der Schadpilz *Graphiola phoenicis* an den Fiederblättern auftritt, ein Pilz, der hauptsächlich auf *Phoenix*-Arten spezialisiert ist. Schädlingsbefall, außer einigen Wolläusen, habe ich keinen feststellen können, die harten Blätter der Dattelpalme sind für die Saugrüssel der Schädlinge wohl nicht zu durchdringen.

Ernte und Verwendung

Dattelpalmen fruchten beim Liebhaber in unseren Breiten nicht. Auch in den klimatisierten Palmenhäusern der großen botanischen Gärten stellt die Dattelpalme eine Grünpflanze dar. Selbst in dem berühmten südspanischen Dattelhain von Elche werden die Palmen nur ihrer dekorativen Fiederblätter wegen gepflegt; sie fruchten auch unter diesen klimatischen Bedingungen noch nicht. Dagegen wären große Teile von Nordafrika von jeder menschlichen Besiedelung ausgeschlossen, gäbe es keine Dattelpalmen. Sie wollen, wie ein arabisches Sprichwort lautet, mit dem Fuß

im Wasser stehen und mit der Krone im Feuer des Himmels.

Datteln bilden in ihrem Verbreitungsgebiet die Grundlage des Lebens. Das Herz der Pflanze und junge Blätter werden als Palmkohl verzehrt, als Viehfutter dienen die älteren Blätter, der Pollen ist ein begehrter Handelsartikel, abfallende Blätter werden zum Dachdecken und zu Flechtarbeiten benutzt. Sogar die gerösteten Steinkerne der Früchte können als Kaffee-Ersatz dienen, und nicht zuletzt liefert der Stamm Bauholz für alle möglichen Zwecke. Mit Ausnahme der Wurzel wird also von dieser Pflanze buchstäblich alles verwendet. Das trifft in diesem Ausmaß nur noch für die tropische Kokospalme zu. Bei Ausgrabungen wurden deutliche Hinweise darauf erzielt, daß Dattelpalmen schon seit mehr als sechstausend Jahren vom Menschen gezielt angebaut werden.

Beschaffung

Spezialfirmen führen junge Dattelpalmen in ihrem Angebot.

Jubaea chilensis
Honigpalme

Heimat

Honigpalmen wuchsen ursprünglich im mittleren Chile; sie wurden dort als Folge von Raubbau fast ausgerottet. Wegen ihrer großen Anpassungsfähigkeit und ihres imponierenden Aussehens wurde diese Art weltweit in den warmen und warm-temperierten Zonen der Erde verbreitet.

Die Pflanze

Die Honigpalme ist an sich keine Palme des tropischen Klimas. Sie braucht feuchtes, aber nicht zu heißes Klima. Der bleigrau gefärbte Stamm dürfte zu den dicksten der Palmenfamilie gehören. Er wird um die 20 m hoch und mehr als 1,2 m dick. Die Honigpalme ist eine Fiederpalme. Der Stamm ist mit den abgestorbenen Blattgrundresten bedeckt, im oberen Teil verjüngt er sich ein wenig. Die Krone setzt sich aus zahlreichen Fiederblättern zusammen, die elegant überhängen und bis zu 5 m lang werden (Abbildung Seite 52).

Die Blütenstände werden bis 1,5 m lang und tragen purpurfarbene männliche und weibliche Blüten an einem Blütenstand. Im unteren Teil des Blütenstandes stehen je eine weibliche und zwei männliche Blüten zusammen, an der Spitze dominieren die männlichen Blüten. Die Blütenbildung setzt sehr spät ein, nämlich erst jenseits des fünfzigsten Lebensjahres. Die orangefarbenen bis blaßgelben Früchte sind ungefähr 4 bis 5 cm lang. Die Hülle ist glatt, darunter sitzt ein süßes und saftiges Fruchtfleisch.

Pflege

Die Palme kann in unseren Breiten von Mai bis in den Oktober hinein an einem vollsonnigen Platz stehen; sie muß allerdings vor Dauerregen geschützt werden. Pflanzen, die bereits einige Jahre alt sind, vertragen kurzzeitig Temperaturen knapp unter 0 °C, allerdings darf keinerlei Frost den Wurzelbereich erreichen. Im Winter soll die Palme hell stehen. Die Umgebungstemperatur kann dann bis auf 5 °C zurückgehen, dabei ist der Wurzelballen fast trocken zu halten. Tiefe Temperaturen führen zusammen mit nassen Wurzeln zu Fäulnis, die Palme ist in der Regel dann nicht mehr zu retten. Auch im Winter beansprucht die Honigpalme soviel Licht wie möglich.

Hohe relative Luftfeuchtigkeit braucht die Honigpalme nicht, ist die Luft lange Zeit aber zu trocken, zeigen sich braune Blattspitzen. Diese können abgeschnitten werden, dabei muß aber immer ein schmaler Rand Vertrocknetes stehen bleiben, sonst schreitet die Nekrose fort.

Wie bei allen Palmen wird auch bei der Honigpalme der Stamm in seiner vollen Breite bereits in der Jugend angelegt. Im Gegensatz zu Laubbäumen, bei denen der Stammumfang mit den Jahren wächst, verdickt sich bei Palmen der Stamm nicht mehr. Sollte dennoch eine Zunahme der Stammstärke festgestellt werden, beruht dieser nicht auf Neuzuwachs, sondern immer auf einer leichten Ausdehnung der vorhandenen Gefäße. Deshalb ist es vorteilhaft, der Honigpalme, die von Natur aus einen sehr dicken Stamm bildet, schon frühzeitig ein großes Gefäß zu geben.

Das Substrat soll durchlässig sein, aber durch einen Lehmanteil von einem Drittel die Feuchtigkeit speichern können, ohne Staunässe zu verursachen. Gegen Wassermangel ist die Honigpalme unempfindlich. Man kann schon mal das Gießen vergessen, aber ganz austrocknen darf der Wurzelbereich nie. Auf Dauer, und das ist bei Palmen generell der Fall, ist Regenwasser oder enthärtetes Wasser vorteilhafter. Diese Pflanzen stehen als ältere Exemplare jahrelang in ihren Kübeln, so daß bei der Verwendung von kalkhaltigem Wasser bald eine alkalische Bodenreaktion eintreten würde, die die Pflanzen langsam, aber sicher zum Absterben bringt.

Im Sommer braucht mit Wasser nicht gespart zu werden, ein nächtliches Gewitter tut der Pflanze gut, ebenso öfteres Einsprühen bei allzu trockener Luft. Organische Düngergaben gibt man in der Wachstumszeit alle vier Wochen, dazu muß der Wurzelballen immer feucht sein. Ende September ist Schluß mit Düngen.

Die Honigpalme kann zusammen mit ihrem Besitzer jahrzehntealt werden, sie wird von Jahr zu Jahr schöner und wertvoller.

Ernte und Verwendung

Unter Liebhaberbedingungen kommt die Palme nicht zum Blühen und Fruchten, da sie bei Eintritt der Blühreife die räumlichen Gegebenheiten weit überschreitet.

Die Palme hat ihren Namen als Lieferant von großen Mengen Zuckersaft erhalten, der zu Sirup eingedickt, einst als Süßungsmittel verwendet wurde. Die Nachfrage nach diesem schmackhaften Sirup wurde schließlich so groß und der Raubbau nahm solche Formen an, daß Anfang der siebziger Jahre ein Verbot der Gewinnung des Palmsaftes und der Verarbeitung zum sogenannten Palmhonig erlassen wurde. Zur Saftgewinnung wird die Blattkrone entfernt. Danach treten über einen Zeitraum von etwa einem halben Jahr täglich etwa 300 Liter des Palmsaftes aus, da ja die Wurzeln völlig intakt geblieben sind. Die Schnittwunde muß dabei täglich erneuert werden. Die reifen Früchte der Honigpalme finden in der feinen Bäckerei Verwendung.

Beschaffung

Eine ganze Reihe von Liebhabern, die sich mit Palmen beschäftigen, inserieren in Gartenzeitschriften und geben regelmäßig Jungpflanzen ab.

Trachycarpus fortunei
Hanfpalme

Heimat

Heimisch ist die Hanfpalme vom nördlichen Indien bis in den Himalaja, im südlichen China und in Südjapan. Da sie sich unempfindlich gegenüber tieferen Temperaturen zeigt, ist sie weltweit im subtropischen Klimabereich verbreitet. In Italien ist sie bis Meran zu finden, ebenfalls kommt sie im schweizerischen Tessin vor.

Selbst an der vom Golfstrom erwärmten Südwestküste von England und sogar vereinzelt in Schottland und Irland gedeiht sie ganzjährig ausgepflanzt im Freien.

Die Pflanze

Hanfpalmen sind je nach Standortbedingungen 3 bis 12 m hohe Fächerpalmen. Ihren Namen haben sie daher, daß der Stamm in der Jugend völlig und später im oberen Teil von einem dichten Netz brauner Fasern umgeben ist, den Resten der Blattscheiden von abgestorbenen Blättern. Die fächerförmigen Blätter sitzen an fein gezähnten Blattstielen und erreichen einen Durchmesser von fast einem Meter. Die Krone besteht im allgemeinen aus 25 bis 35 Blättern, die auf der Oberseite dunkelgrün gefärbt sind und auf der Unterseite einen silbrigen Schimmer aufweisen.

Die Hanfpalme bildet getrenntgeschlechtliche Blüten. Der Blütenstand ist rispenartig, die Blüten sind leuchtendgelb und duften leicht (Abbildung Seite 52). Nach erfolgter Befruchtung entwickeln sich nierenförmige, leuchtendblaue Beeren mit einer glatten Haut.

Pflege

Aufgrund ihres natürlichen Vorkommens und der damit verbundenen Kälteresistenz stellt die Hanfpalme eine geradezu ideale Kübelpflanze für Wintergarten und Zimmer dar. Sogar eine Haltung auf dem Balkon ist möglich, wenn im Winter ein kühler Raum zur Verfügung steht, der gar nicht einmal besonders hell sein muß. Ausgewachsene Blätter von Hanfpalmen vertragen an einem windgeschützten Standort Temperaturen bis – 10 °C, der Wurzelbereich erleidet bei – 6 °C Erfrierungen. Daher kann die Palme vom frühesten Frühjahr bis zum Eintreten der stärkeren Herbstfröste an einem hellen Platz im Freien stehen. Während der Dauer des Hochwinters steht sie in einem gerade frostfreien Raum, es kann auch ein nicht allzu dunkler Keller sein.

Die Hanfpalme verlangt einen vollsonnigen Standort im Freien. Sollte sie dunkel überwintert werden, braucht sie an einem halbschattingen Ort eine Eingewöhnungszeit an das stärkere Licht, um keine Verbrennungen an den Fächern zu riskieren. Hanfpalmen gedeihen auch sehr gut, wenn sie im Sommer in einem Drahtkorb ausgepflanzt werden, im Winter werden sie dann mit dem Korb aus der Erde genommen und in den Überwinterungsraum gebracht.

An die relative Luftfeuchtigkeit werden nur geringe Ansprüche gestellt, Hanfpalmen kommen mit trockener Zimmerluft zurecht, wenn sie ab und zu übersprüht werden. Zu trockene Umgebungsluft zeigen sie durch trockene Blattspitzen an.

Das Pflanzsubstrat der Hanfpalme kann zur Hälfte aus Lehm bestehen; sie gedeiht gut in einem schweren Boden, der das Wasser und die Nährstoffe gut festhält. Sie wächst aber auch in leichteren Böden. Staunässe verträgt die Palme in keinem Fall, mit zeitweiliger Trockenheit kommt sie gut zurecht.

Kalkhaltiges Wasser verträgt die Hanfpalme auf Dauer nicht. Während in den Sommermonaten der Wurzelballen immer feucht sein muß, wird er im Winter gerade so mit Wasser versorgt, daß die feinen Faserwurzeln nicht absterben.

Von März bis Oktober kann alle vier Wochen mit einem organischen Dünger gedüngt werden. Gut gehaltene Hanfpalmen schieben pro Jahr sechs Blätter, halbschattig kultivierte in der Regel weniger.

Je nach Ernährungszustand kann die Hanfpalme in zehn bis fünfzehn Jahren die 25-m-Marke erreichen oder überschreiten.

Außer manchmal von Schildläusen wird die Hanfpalme kaum von Schädlingen befallen.

Ernte und Verwendung

Ältere Exemplare können durchaus auch beim Liebhaber zum Blühen kommen. Um Früchte zu erzielen, muß allerdings der entsprechende Partner gleichzeitig blühen.

Als einst sehr wichtige Nutzpalme wurden besonders in China ihre zähen Fasern zu Flechtarbeiten und Tauherstellung verwendet. Das gegen Nässe unempfindliche Holz wird heute noch verwendet.

Beschaffung

Hanfpalmen werden ganzjährig im Handel, zum Beispiel in Gartencentern, als kleinere und größere Pflanzen angeboten.

Cocos nucifera
Kokospalme

Heimat

Wie bei vielen Kulturpflanzen, die seit Jahrtausenden vom Menschen genutzt werden, läßt sich die ursprüngliche Heimat der Kokospalme nicht mehr mit Sicherheit feststellen. Man nimmt heute an, daß der südostasiatische Raum oder Gebiete im Stillen Ozean die Heimat der Kokospalme bildeten. Im pazifischen Raum kommt ein Krebs vor, der in der Lage ist, die Nüsse mit seinen Scheren zu öffnen. Eine solche Spezialisierung auf eine bestimmte Nahrungsquelle kommt in der Natur nur im Lauf von Jahrtausenden zustande. Durch die Schwimmfähigkeit der Früchte verbreite sich die Kokospalme selbst. Die Nüsse bleiben auch nach monatelanger Drift mit den Meeresströmungen keimfähig.

Die Palme wird heute im Bereich zwischen 10 Grad nördlicher und südlicher

Frucht der Kokospalme: Frucht mit Steinkern (links), Aufbau des Steinkerns (rechts)

Breite angebaut, sie kennzeichnet damit geradezu das Gebiet der eigentlichen Tropen. Viele Inseln wären ohne das Vorkommen der Kokospalme gar nicht bewohnbar.

Die Pflanze
Der schlanke, meist in einem eleganten Bogen nach oben wachsende Stamm kann bis zu 30 m Höhe erreichen. Besonders in Ufernähe wachsende Palmen zeigen dieses bogenförmige Wachstum deutlich. Der Stamm steht bei älteren Exemplaren oft auf einem Postament aus Adventivwurzeln. Die Krone besteht aus 25 bis 35 elegant bogenförmig nach unten hängenden, bis zu 6 m langen Fiederblättern. Dabei können die seitlichen Fiedern bis zu 1 m lang werden.

Die Blütenstände treten in Rispenform aus den Blattachseln und tragen an der Basis einige weibliche, aber bis 300 in Dreiergruppen angeordnete männliche Blütenstände. Die Kokospalme blüht und fruchtet ganzjährig. Die Steinfrüchte, die sich aus den weiblichen Blüten entwickeln, brauchen zwölf Monate bis zur Reife. Die bei uns erhältlichen Kokosnüsse stellen das Endokarp dar, den inneren Teil der Steinfrucht. Nach außen schließt sich das Mesokarp, die Faserschicht an, die von einer wasserdichten Haut, dem Exokarp, umgeben ist. Daher sind die Nüsse schwimmfähig.

Pflege
Die Kokospalme ist eine Pflanze der inneren Tropen, sie verlangt demzufolge ganzjährig Temperaturen nicht unter 20 °C. Liegen die Temperaturen über längere Zeit um 15 °C, vergilben die Blätter, obwohl der Boden physikalisch und chemisch völlig in Ordnung ist, man spricht von Kältechlorose. Die Pflanze sollte nicht ins Freie gestellt werden, sie braucht auch ganzjährig einen hellen Platz. Kokospalmen kann man einige Jahre im Zimmer halten, aber auf die Dauer fehlt dann die notwendige hohe relative Luftfeuchtigkeit.

Die Kokospalme entwickelt einen umfangreichen Wurzelballen, daher sollte man beim Umpflanzen gleich einen großen Kübel nehmen, auch wenn es momentan etwas unharmonisch aussieht. Umpflanzen muß man vorsichtig, aber dabei müssen die Pflanzen dennoch fest eingesetzt werden und man darf die Nuß keinesfalls von der Jungpflanze trennen. Sehr empfindlich reagiert die Kokospalme auf kühle Temperaturen im Wurzelbereich, also unbedingt den Pflanzkübel auf eine isolierende Unterlage stellen!

An das Substrat stellt die Palme keine besonderen Ansprüche, nur Staunässe verträgt sie nicht.

Zum Gießen sollte auf Dauer Regenwasser oder chemisch aufbereitetes Wasser verwendet werden. Die Kokospalme ist zwar sehr salzverträglich, aber im Kübel steht doch relativ wenig Erdreich zur Verfügung, so daß sich Salze allzu rasch anreichern. Ein Übersprühen der Blätter mit weichem, angewärmten Wasser schätzt die Pflanze sehr.

Beim Düngen sollte man zurückhaltend sein, die Palme soll ja nicht zu schnell wachsen. Nach einer Reihe von Jahren sprengt sie sowieso die räumlichen Verhältnisse beim Liebhaber.

An Schädlingen stellen sich an den Blattunterseiten manchmal Schildläuse ein, ansonsten ist die Kokospalme wenig gegen tierische Schädlinge und Pilze anfällig, vorausgesetzt, die Umgebungstemperaturen sagen der Pflanze zu.

Ernte und Verwendung
Daß die Kokospalme unter Liebhaberbedingungen, aber auch in botanischen Gärten nicht fruchtet, versteht sich von selbst. Auch die als Zwergkokospalmen gezüchteten Formen, die in den Anbaugebieten wegen der leichteren Erntemöglichkeiten vielfach angebaut werden, versagen in unserem Klima. Selbst im engeren Tropengürtel gehen Kokospalmen kaum über 700 m Seehöhe hinaus. Dort aber fruchten sie ganzjährig. Die Palmen bringen ab dem fünften Standjahr die ersten kleinen Erträge. Diese steigern sich und die Palme fruchtet bis ins Alter von etwa 80 Jahren. Bei einem Alter um die 100 Jahre stirbt die Pflanze ab.

Die Verwendung der Früchte als Frischobst und als Trinknüsse bildet nur eine von zahlreichen Möglichkeiten, wie die Kokospalme genützt werden kann. Der Hauptzweck des Kokospalmen-Anbaues

gilt der Kopragewinnung. Dabei wird die äußere Fruchthülle mit der darunterliegenden Faserschicht geöffnet und der Steinkern durchtrennt. Nach einigen Tagen der Trocknung an der Luft schrumpft das Fruchtfleisch und kann leicht von den übrigen Teilen getrennt werden. Kopra liefert bei der Weiterverarbeitung ein vorzügliches Speisefett, es wird weltweit gehandelt und verbraucht. Die unter der Außenhaut liegende Faserschicht dient als Polstermaterial, für Flechtarbeiten, Matten und dergleichen. Noch nicht entfaltete Blätter werden als sogenannter Palmkohl wie Gemüse verwendet, vollentwickelte Blätter dienen als Material zum Dachdecken. Wird der geschlossene Blütenstand angebohrt, liefert die Pflanze Palmsaft, der zu Palmwein vergoren oder zu Zucker weiterverarbeitet wird. Schließlich liefert der Stamm ein vorzügliches Bauholz, es ist schön gemasert und weitgehend wasserfest.

Beschaffung
Im Handel werden gerade gekeimte Nüsse angeboten, sie besitzen noch die schwalbenschwanzähnlichen Jugendblätter.

Chamaerops humilis
Zwergpalme

Heimat
Die Zwergpalme ist die einzige in Europa in größerem Ausmaß wild vorkommende Palmenart. Nur in Kreta kommt noch eine Unterart der Gattung *Phoenix* als endemische Palme vor. Die Zwergpalme besiedelt vor allem trockene, kaum zu nutzende, öde und steinige Gebiete rund um das Mittelmeer. Das Hauptvorkommen liegt im nordafrikanischen Raum; auch im süd-

lichen Spanien kommen größere Bestände
vor.

Die Pflanze

Die Zwergpalme bildet je nach Standort
buschige Bestände, im höheren Alter sind
auch kurze Stämme möglich, aber auch im
höchsten Alter erreicht sie kaum über 5 m
Höhe. Die Fächerblätter mit steifer Spreite
bilden eine sparrige Krone. Sie bestehen
am Ende von langen, bedornten Stielen.
Die Fiedern dieser Fächer sind an den
Rändern derart scharf, daß man sich ohne
weiteres daran schneiden kann, was die
Palmendickichte in den Heimatgebieten
der Zwergpalme fast undurchdringlich
macht (Abbildung Seite 52).

Zwischen den Blattstielen erscheinen
die büschelartig verzweigten, leuchtend-
gelben Blütenstände. Die Zwergpalme ist
zweihäusig, obwohl am gleichen Blütenstand männliche und weibliche Blüten
auftreten können. In diesem Fall sind die
Blüten jeweils eines Geschlechtes nicht
voll ausgebildet. Als Beispiel sei genannt,
daß weibliche Blüten dann unfruchtbare
Staubblätter besitzen können. Die Früchte
sind kugelige bis eiförmige, gelbbraune
Beeren. Da es jedoch eine große Anzahl
von Varietäten der Zwergpalme gibt, kann
auch die Farbe der Früchte wechseln.

Pflege

Zwergpalmen sind in allen ihren Varietäten außerordentlich harte Kübelpflanzen.
Die Pflanze verträgt leichten Frost genauso wie große Hitze im Sommer. Zur
Überwinterung genügt ein gerade frostfreier Raum, der gar nicht besonders hell
zu sein braucht. Aber auch im mäßig geheizten Zimmer und mit gelegentlichen
Wassergaben übersteht die Zwergpalme
die dunkle Jahreszeit gut, zumal ihr aufgrund ihrer Herkunft Lufttrockenheit
nicht schadet. Fallweise sollten die Blätter
von Staub befreit werden.

Infolge ihrer Kältetoleranz kann die
Zwergpalme je nach Witterungsverlauf
bereits Anfang März aus dem Winterquartier kommen. Den Sommer über steht sie
an einer sonnigen, vor Dauerregen geschützten Stelle im Freien so lange, bis
stärkere Fröste einen Umzug ins Winterquartier erzwingen.

Als Pflanzsubstrat hat sich ein mageres,
durchlässiges Substrat bewährt, wie es in
etwa Kakteenerde darstellt. Da die Zwergpalme sehr lange in ihrem Pflanzkübel
verbleiben kann, sollte sie mit weichem
Wasser und mit organischen Düngern versorgt werden. Den Wurzelballen sollte
man in der Wachstumszeit mäßig feucht,
aber nicht naß halten. Staunässe ruft
Fäulnis hervor, während gelegentliches,
nicht gar zu krasses Abtrocknen gut vertragen wird. Im Winter nur ganz leicht
feucht halten.

Dreimalige Düngergaben vom März bis
Ende September genügen, damit die
Palme nicht mastig wird und ihren charak-
teristischen Wuchs verliert.

Die Zwergpalme wächst sehr langsam
und eher in die Breite als in die Höhe, da
bereits einige Jahre alte Pflanzen beginnen, von unten her Ausläufer zu treiben.
Dies entspricht ihrem von Natur aus buschigen Wachstum.

Ältere Zwergpalmen können durchaus
beim Liebhaber zum Blühen kommen,
Früchte sind aber, wie bereits erwähnt,
nur bei Fremdbefruchtung zu erreichen.

Schädlinge haben bei der Zwergpalme
in der Regel keine Chancen, es sei denn,
die Palme wird bei zu hoher relativer
Luftfeuchtigkeit gehalten. Dann nämlich
wird das Gewebe weicher, und cs ist für
die Saugrüssel der Schädlinge leichter zu
durchdringen.

Ernte und Verwendung

Zwergpalmen werden nicht zur Gewinnung von Früchten genutzt. Bei dieser

Palme werden die Bastfasern, die den Stamm dicht einhüllen, gewonnen. Auch die Fasern der Blattscheiden und der Blätter werden als sogenanntes vegetabilisches Roßhaar verwendet. Diese Fasern dienen als gröberes Spinnmaterial und zur Herstellung von Stoffen.

Beschaffung

Zwergpalmen werden regelmäßig im Fachhandel angeboten. Käuflicher Samen keimt in der Regel.

Licuala grandis
Großblättrige Strahlenpalme

Heimat

Insgesamt besteht die Gattung aus über 100 Arten, die von Indien über Südostasien, Neuguinea bis ins nördliche Australien verbreitet sind.

Die Pflanze

Licuala grandis ist eine kleinwüchsige, buschartige Palme mit einem dünnen, rohrartigen Stamm. Die Pflanze wird selten mehr als 3 m hoch. Die auffallenden Blätter sind nahezu kreisrund und, was bei Palmen selten ist, ungeteilt. Die dunkelgrünen Blätter können fast 1 m Durchmesser erreichen. Die Blätter sitzen an einem etwa 1 m langen Blattstiel, der am Grund und bis in den Mittelteil mit Dornen versehen ist (Abbildung Seite 52).

Die Blütenstände hängen über, sie sind verzweigt und werden bei älteren Palmen bis zu 1,5 m lang. An den Verästelungen der Seitenzweige sitzen die gelben, zwittrigen Blüten. Aus ihnen entstehen harte, im reifen Zustand glänzend karminrote Beeren, die bei Vollreife von der Pflanze abfallen.

Pflege

Die Großblättrige Strahlenpalme ist eine Pflanze des Unterbewuchses. Demzufolge reagiert sie auf intensive Sonneneinstrahlung empfindlich. Sie benötigt gedämpftes Licht und nur morgens und in den Abendstunden sollte sie von direkter Sonne erreicht werden. Die Palme verlangt ihrer Herkunft gemäß ganzjährig eine hohe relative Luftfeuchtigkeit und Temperaturen im Sommer um 25 bis 30 °C. Auch im Winter sollten Temperaturen von 18 bis 20 °C nicht unterschritten werden.

Die Strahlenpalme eignet sich nicht für die Zimmerhaltung. Sie leidet sogar in den wärmsten Sommermonaten, wenn sie ins Freie gebracht wird.

Im Sommer verlangt die Strahlenpalme sehr viel Wasser, auch im Untersatz sollte immer Wasser stehen, besonders bei hoher Umgebungstemperatur. Im Winter ist der Wurzelbereich trockener zu halten. Die Pflanze verträgt kein hartes und vor allem kein kaltes Gießwasser. Auch im Winter darf der Wurzelballen nicht auskühlen, ratsam ist es, Gießwasser etwas anzuwärmen und den Pflanzkübel auf jeden Fall auf eine isolierende Unterlage zu stellen.

Die Palme bleibt sehr lange in ihrem Pflanzkübel, der dabei gar nicht einmal besonders groß sein muß.

Das Pflanzsubstrat soll humos sein, es kann bis über ein Drittel Torf enthalten. Dabei soll es sich aber um sauren, hellbraunen, faserigen Hochmoortorf aus norddeutschen oder skandinavischen Vorkommen handeln. Torf aus süddeutschen Vorkommen eignet sich weniger, da dieser bei dem hohen Wasserverbrauch der Palme auf die Dauer verschlämmt, was zu Wurzelfäule führen kann. Das Substrat muß viel Wasser aufnehmen können und trotzdem stabil bleiben. Es darf keinesfalls zusammenfallen, da die Wurzeln sonst unter Sauerstoffmangel leiden.

Die Strahlenpalme wächst sehr langsam, eine Düngergabe mit einem nach der
sauren Seite tendierenden organischen
Dünger alle vier Wochen genügt. Da die
Palme bei ausreichenden Lichtverhältnissen auch im Winter wachsen kann, darf
man durchaus auch einmal in der dunklen
Jahreszeit einen Dümpergüß geben.

Bei der hohen relativen Luftfeuchtigkeit
des Kulturraumes werden Strahlenpalmen
von der Roten Spinne verschont, es stellen
sich höchstens einige Schildläuse an den
Adern der Blattunterseiten ein.

Ernte und Verwendung

Der Pfleger muß schon besonderes Glück
haben, wenn eine alte Strahlenpalme
blüht und Früchte ansetzt, aber unmöglich
ist das nicht. Die Früchte sind nur zur
Samengewinnung verwendbar.

Die Strahlenpalme stellt in jedem entsprechend klimatisierten Wintergarten ein
äußerst dekoratives Element dar.

In den Herkunftsländern werden aus
den großen Blättern Sonnenhüte hergestellt. Die als »Penang Layers« bekannten,
etwas schweren Spazierstöcke, stammen
von *Licuala acutifida*.

Beschaffung

Junge Pflanzen werden sporadisch von
entsprechenden Fachfirmen angeboten.

Sabal palmetto
Palmetto-, Sabalpalme

Heimat

Diese Palmen haben ihre Heimat im südlichen Nordamerika, in den Küstengebieten
von Florida und South Carolina. Insgesamt sind 25 Sabal-Arten in Mittelamerika, Venezuela und Kuba beheimatet. Die

hier beschriebene Art erreicht von allen
Sabal-Arten die nördlichsten Gefilde.

Die Pflanze

Sabalpalmen sind bis 25 m hohe Fächerpalmen, deren Stamm eine Stärke von
35 cm Durchmesser erreicht. Dieser ist je
nach Art am Grunde immer etwas gebogen, nur zwei Arten sind völlig stammlos.
Wenn die Blattbasen abgefallen sind, wirkt
der graue Stamm geringelt. Die sehr dichte
Krone besteht aus ungefähr 30 Blättern.
Das einzelne Fächerblatt kann bis zu 2 m
breit werden, während seine Länge selten
1,5 m übertrifft. Die Blätter sitzen an einem bis 2,5 m langen Blattstiel.

Der verzweigte Blütenstand mit weiß-
gelben, zwittrigen Blüten erreicht ungefähr die Länge der Blätter. Die zahlreichen
Früchte besitzen eine kugelige Form und
sind glänzendbraun.

Pflege

Wichtig ist für *Sabal palmetto*, wie für alle
Sabalpalmen, ein großes Pflanzgefäß, da
sie einen umfangreichen Wurzelballen
entwickeln und bei beengtem Wurzelwerk
nicht weiterwachsen. Dafür können Sabalpalmen aber sehr lange in ihren Pflanzgefäßen verbleiben. Die Palmen sind nicht
anspruchsvoll, ihre Temperaturansprüche
sind mäßig. So sollen die Temperaturen in
der Nacht nicht unter 10 °C fallen, nach
oben sind keine Grenzen gesetzt. Die
Pflanzen gehören von Mai bis zum Beginn
der ersten Fröste an eine sonnige Stelle im
Garten. Den Winter verbringen sie in einem ungeheizten Zimmer oder in einem
nur leicht temperierten Wintergarten.

Bei vollsonnigem Stand färben sich die
Fächer wunderbar dunkelgrün. Dauerregen vertragen Palmettopalmen nicht,
ebensowenig Nässe im Wurzelbereich bei
Temperaturen unter 15 °C, während sie bei
hohen Temperaturen viel Wasser benötigen.

Die relative Luftfeuchtigkeit braucht nicht besonders hoch zu sein, allerdings beantworten die Pflanzen zu trockene Luft mit einem Eintrocknen der Blattspitzen.

Das Substrat soll die Feuchtigkeit gut halten, ohne zu vernässen, ein hoher Lehmanteil ist von Vorteil. Eine Düngergabe alle vier Wochen von Mai bis in den September genügt völlig.

Schädlinge suchen die Pflanzen selten heim, bei langanhaltender Lufttrockenheit werden die jungen Austriebe gern von Spinnmilben befallen.

Ernte und Verwendung

Von der Sabalpalme wird buchstäblich jeder Teil verwertet. Die großen Blätter werden wegen ihrer haltbaren Fasern vielfältig genutzt, um Seilereiwaren aller Art, aber auch um Hüte herzustellen. Die Früchte werden frisch gegessen, der Saft kann als Medizin gegen Erkrankungen der Atemwege hilfreich sein. Auch bei Vergiftungen sollen die Früchte helfen. Der Stamm wird als Bauholz genutzt und sogar der Saft der ausgepreßten Wurzeln wurde gegen Kreislauferkrankungen eingesetzt.

Beschaffung

Sabalpalmen werden von Spezialfirmen angeboten. Auch manche Palmenfreunde bieten Jungpflanzen per Inserat in Gartenzeitschriften an.

Copernicia prunifera
Carnaubawachspalme

Heimat

Carnaubawachspalmen sind an Trockenheit besonders gut angepaßt. Sie kommen noch heute in großen Beständen, die ziem-

lich locker stehen, in den trockenen Gebieten von Nordostbrasilien vor. Größere Vorkommen außerhalb dieses Gebietes sind nicht bekannt.

Die Pflanze

Diese Palmenart bildet kompakte Stämme mit über einem halben Meter Durchmesser, sie kann dabei eine Höhe zwischen 10 und 15 m erreichen. Carnaubawachspalmen sind Fächerpalmen. Wächst der Stamm in die Höhe, bleiben die Blattbasen der abgefallenen Blätter noch lange am Stamm, so daß dieser auf bis zu zwei Dritteln seiner Länge damit bedeckt ist. Später wird dann der graue Stamm sichtbar, die Narben der abgefallenen Blattbasen lassen ihn geringelt erscheinen. Die Krone ist sehr dicht. Die fast kreisrunden Fächerblätter sind blaugrün gefärbt und weisen einen Durchmesser von bis zu 1,5 m auf. Sie sitzen an langen, bedornten Stielen. Junge, sich gerade entfaltende Blätter produzieren feine Wachsschuppen, von denen die Palme ihren Namen erhalten hat.

Die Blütenstände sind dreifach verzweigt, die zwittrigen Blüten sind zahlreich, aber klein. Die eiförmigen Früchte sind etwa 2 cm lang und von grüner oder gelbgrüner Färbung.

Pflege

Die Palme kann in den Sommermonaten im Freien an einer sonnigen, windgeschützten Stelle stehen. Volles Licht ist günstig. Auch im Winter verträgt die Wachspalme keinen Schatten anderer Pflanzen. Im Sommer kann die Temperatur nicht hoch genug sein, im Winter nimmt die Palme mit kühleren Temperaturen, die nicht unter 10 °C fallen dürfen, vorlieb. Dabei muß der Wurzelbereich fast trocken gehalten werden. Frost verträgt diese Kübelpflanze nicht, ebenfalls keinen Dauerregen im Sommer.

Carnaubawachspalmen wachsen sehr langsam, sie brauchen Jahre, bis sie die ersten Fächerblätter ausbilden. Sie können deshalb immer lange in ihren Pflanzkübeln verbleiben, vorausgesetzt, man verwendet weiches, kalkfreies Wasser und organische Düngemittel, um Versalzungen des Substrates zu vermeiden. Als Palme, die an Trockenheit angepaßt ist, entwickelt sie einen kompakten Wurzelballen, man sollte also die Pflanzkübel nicht zu klein wählen.

Das Substrat kann bis zur Hälfte Lehm enthalten, eine Beimischung von Styropor oder ähnlichem Material ist von Vorteil, da dadurch die Wasserdurchlässigkeit verbessert wird, denn Staunässe verträgt die Palme nicht. Auch im Sommer kann die Substratoberfläche schon mal abtrocknen, es ist noch keine Wachspalme an Trockenheit gestorben.

Zwei- bis dreimalige Düngergaben in der Wachstumsperiode genügen. Die Palme läßt sich durch höhere Düngergaben nicht treiben, sie verliert dann nur ihren gedrungenen Wuchs.

Von Schädlingen, abgesehen von Schildläusen, bleibt die Wachspalme verschont, da ihre Blätter sehr hart sind. Auch die Spinnmilbe hat kaum eine Chance, da die Palme an ausgesprochen trockener Luft gewöhnt ist, eine Eigenschaft, die sie zur Zimmerpflanze geeignet erscheinen läßt.

Ernte und Verwendung

Das Hauptprodukt der Wachspalme sind die in Schuppenform erscheinenden Wachsausscheidungen der jungen Blätter. Diese werden etwa dreimal im Jahr in mehrmonatigem Abstand vorsichtig geschnitten und danach getrocknet. Dabei schrumpft das Blattgewebe zusammen, wobei sich die Wachsschuppen lockern und dann abgeklopft werden können. Durch Weiterverarbeitung wie Einschmel-

zen und Reinigen entsteht das hochwertige Carnaubawachs, das infolge seines hohen Schmelzpunktes zur Herstellung von Möbel- und Autopolituren, aber auch zur Herstellung von Kohlepapier und kosmetischen Artikeln dient. Das außerordentlich harte Holz der Palme läßt sich als Bauholz verwenden. Das Herz der Pflanze wird als Palmkohl verwertet, aus dem Mark des Stammes läßt sich Sago auswaschen, der Saft wird als Sirup gewonnen und zu Alkohol weiterverarbeitet. Obwohl die Früchte einen bitteren Beigeschmack haben, werden sie gegessen. Sogar die Wurzeln finden in der Medizin Verwendung.

In den höhergelegenen Lagen der Anden findet sich noch eine wachsproduzierende Palme, *Ceroxylon alpinum*, die ebenfalls beerntet wird, allerdings ist dieses Produkt geringwertiger und findet vorwiegend in der Kerzenherstellung Verwendung.

Beschaffung

Copernicia-Palmen werden vereinzelt in Fachzeitschriften, vorwiegend von Palmenliebhabern, als Jungpflanzen angeboten. Im regulären Handel ist die Palme seltener zu finden.

Arenga pinnata
Zuckerpalme

Heimat

Zuckerpalmen sind mit mehreren Arten vom Himalaja über ganz Südostasien und Melanesien bis ins nördliche Australien verbreitet. Sie hatten früher eine wesentlich größere wirtschaftliche Bedeutung. Heute werden Zuckerpalmen nur noch lokal genutzt.

Die Pflanze

Es handelt sich bei der beschriebenen Art um eine sehr kompakt wirkende, massive Palme mit einer Endhöhe um die 20 m. Der Stamm ist von den großen Blattbasen bedeckt, die auch in abgestorbenem Zustand dort verbleiben, mitsamt den bedornten Blattbasisfasern, die als grobes, schwarzes Material zusätzlich den Stamm einhüllen. Zuckerpalmen sind Fiederpalmen mit einer nach oben gerichteten Krone, deren über 10 m lange Blätter sich nur wenig nach außen neigen.

Die bis 2,5 m langen Blütenstände entwickeln sich wie bei *Caryota urens* von oben nach unten. Sie bestehen aus zahlreichen Ähren männlicher und weiblicher Blüten. Die männlichen Blüten sind grün mit bronzefarbenen Blütenblättern, die weiblichen Blüten sind lichtgrün. Der Anteil von männlichen und weiblichen Blüten kann an jeder einzelnen Palme recht verschieden sein. Nachdem der letzte Blütenstand über dem Boden gefruchtet hat, stirbt die Palme ab.

Die Früchte der Zuckerpalme sind Beeren, die bis zu drei Samen enthalten. Roh werden sie wegen des hohen Gehaltes an Oxalatkristallen nicht gern gegessen. Dagegen kann man die noch nicht ganz reifen Früchte mit Zucker einkochen, wobei die Kristalle zerstört werden. So zubereitet gelten sie als Leckerbissen. Vorsicht beim Umgang mit unreifen *Arenga*-Samen ist anzuraten, der Saft wirkt giftig, wobei man sich über die Art des Giftes noch nicht restlos im klaren ist.

Pflege

Zuckerpalmen verlangen volltropische Bedingungen das ganze Jahr über, das heißt: Temperaturen um oder über 25 °C im Sommer, im Winter nicht unter 18 °C, ganzjährig hohe relative Luftfeuchtigkeit. Die Palme eignet sich nicht für die Zimmerkultur und kann auch im Hochsommer nicht ins Freie. Sie verlangt das ganze Jahr über viel Licht, Zusatzbeleuchtung im Winter hilft sehr, sie gut über die dunkle Jahreszeit zu bringen. Nach meinen Beobachtungen braucht sie mehr Licht als die wegen ihres Lichthungers sprichwörtliche Dattelpalme. Zuckerpalmen bilden aufgrund ihres imposanten Aussehens bereits in jungen Jahren einen Blickfang im ganzjährig warmen Wintergarten.

Arenga pinnata wächst unter ihr zusagenden Bedingungen relativ schnell.

Die Pflanzkübel müssen möglichst groß gewählt werden, bzw. es muß öfter umgetopft werden, da die Palme viel Wurzelraum verlangt, wenn sie ihr flottes Wachsen beibehalten soll. Der Pflanzkübel sollte auf einer isolierenden Unterlage stehen, Kälte bei Feuchtigkeit im Wurzelbereich erträgt die Pflanze nicht.

Das Substrat soll durchlässig sein. Gegen Kalk im Boden ist die Zuckerpalme lange nicht so empfindlich wie andere Palmen. Obwohl die Zuckerpalme ganzjährig einen feuchten Wurzelballen verlangt, sollten die Wassergaben im Winter reduziert werden, vorteilhaft ist angewärmtes Gießwasser.

An Schädlingen treten in der Regel nur Schildläuse auf, die sich meistens manuell entfernen lassen.

Ernte und Verwendung

Die Zuckerpalmen besaßen in früheren Zeiten mehr Bedeutung als heute. Lokal werden sie sehr geschätzt und genutzt. Das Hauptprodukt, der Zuckersaft, wird aus den männlichen Blütenständen, die um das zehnte Standjahr erstmals erscheinen, gewonnen. Diese werden am Grund abgeschnitten, dabei treten täglich über 5 Liter Saft, auf die Dauer eines Vierteljahres oder auch länger, aus. Die Schnittwunde muß dabei täglich erneuert werden. Liefert der abgeschnittene Blütenstand keinen Saft mehr, wird der darunterliegende angezapft. Pro Palme kann fast 2000 Liter Saft gerechnet werden. Dieser wird durch Erhitzen eingedickt und in Form von braunen Scheiben verkauft. Aus dem Saft kann auch über alkoholische Gärung Palmwein hergestellt werden. Die widerstandsfähigen Fasern werden zu Flechtarbeiten benutzt, besonders zu Schiffstauen, da ihnen Salzwasser nichts anhaben kann. Aus dem Stamm kann – neben der Verwendung als Bauholz – auch Sago gewonnen werden.

Beschaffung
Zuckerpalmen tauchen nur sehr selten in den Angeboten der Versandfirmen auf. Mehr Glück kann man haben, wenn man sich die Angebote der privaten Züchter in den Fachzeitschriften ansieht.

Elaeis guineensis
Afrikanische Ölpalme

Heimat
Ursprünglich reichte ihr Verbreitungsgebiet von den tropischen Gebieten Westafrikas beiderseits des Äquators bis nach Angola. Heute wird die Afrikanische Ölpalme in allen ihr zusagenden Klimazonen angebaut. Im nördlichen Südamerika bis zum Amazonas ist die in ihrer wirtschaftlichen Bedeutung weit zurückstehende Amerikanische Ölpalme beheimatet.

Die Pflanze
Hochgezüchtete Kultursorten der Afrikanischen Ölpalme werden zwischen 10 und 20 m hoch und haben einen etwa einen halben Meter dicken Stamm, primitivere Sorten erreichen etwa 30 m Höhe. Der Wuchs ist aufrecht. Ölpalmen sind Fieder-

palmen. Die dichte Krone mit bis zu 7 m langen Blättern bietet einen imposanten Anblick. Die unteren Fiederblätter biegen sich elegant nach außen und schräg unten, während die oberen Blätter zunächst senkrecht nach oben streben, ehe sie sich nach vollendetem Längenwachstum graziös nach außen neigen (Abbildung Seite 53).

Die Palme beginnt unter optimalen Lebensbedingungen bereits im dritten Lebensjahr mit der Ausbildung der ersten Blütenstände. Diese erscheinen zwischen den Blattbasen und sind in der Regel eingeschlechtlich, manchmal bilden sich männliche und weibliche Blüten an einem Blütenstand. Selbstbestäubung ist zwar beobachtet worden, in der Regel ist aber Fremdbestäubung nötig, da Blüten beider Geschlechter nicht gleichzeitig an einer Palme blühen.

Die Fruchtstände können bis zu einen halben Zentner schwer werden, sie setzen sich aus Tausenden von Einzelfrüchten zusammen. Die zuerst grünen Fruchtstände werden mit zunehmender Reife dunkelrot bis violett und liefern ein begehrtes Öl. Die Einzelfrucht ist etwa 4 cm lang und von unregelmäßiger Gestalt, da sich die Einzelfrüchte im Fruchtstand beim Wachstum gegenseitig pressen. Sie sind reif von orangefarbener Färbung mit je nach Sorte roten oder schwarzen Einsprengungen. Unter der sehr dünnen Schale liegt das stark ölhaltige Fruchtfleisch, das einen Steinkern umschließt.

Ölpalmen werden vor ihrem natürlichen Lebensende aus den Plantagen entfernt, in der Regel nach 50 bis 70 Jahren, da dann die Ernte der Fruchtbüschel infolge der zunehmenden Höhe zu aufwendig wird.

Pflege
Ölpalmen haben sich volltropischen Umweltbedingungen angepaßt. Deshalb sind sie ganzjährig unter Glas zu halten. Hohe

Früchte der Salakpalme; gut sichtbar ist die schlangenhautartige Schale.

Fiederblatt von Caryota urens oder Caryota mitis

Temperaturen im Sommer bei hoher relativer Luftfeuchtigkeit, wie sie zum Beispiel bei Orchideen des Warmhauses herrschen, bieten die optimalen Bedingungen. Im Winter dürfen die Temperaturen nur bei leicht feuchtem Wurzelballen 18 °C nicht unterschreiten. Soviel Licht wie möglich ist während des ganzen Jahres notwendig, im Hochsommer ist zum Schutz vor der Brennwirkung des Glases in den Mittagsstunden eine leichte Beschattung notwendig.

Ölpalmen bilden große Wurzelpostamente aus, sie vermögen sogar, in die Waagerechte gebracht, sich aufzurichten und senkrecht weiterzuwachsen, deshalb sind große und vor allem tiefe Kübel notwendig.

Dem Pflanzsubstrat kann bis zur Hälte Torf oder ein ähnlich saures Material beigegeben werden. Ölpalmen wachsen am Naturstandort sogar auf Moorböden.

Im Sommer braucht und verträgt die Ölpalme viel Wasser, möglichst Regenwasser, das aber immer Umgebungstemperatur haben sollte. Im Winter sollte das Gießwasser möglichst angewärmt sein. Bei fehlender Bodenheizung den Kübel auf eine isolierende Unterlage stellen. Obwohl die Ölpalme salzverträglich ist, wächst sie bei organischer Düngung besser, möglicherweise ist bei dieser Art der Ernährung das mikrobiologische Bodenleben besser ausgebildet. Vom frühen Frühjahr an bis in den Herbst, kann in vierwöchigen Abständen gedüngt werden, je nach Temperaturverhältnissen wächst die Ölpalme das ganze Jahr über bei feuchtwarmer Haltung, nur in den dunkelsten Monaten stockt das Wachstum.

Wegen der Anpassung an feuchtwarme Lebensbedingungen wird die Ölpalme bei zu trockener Luft häufig von Spinnmilben befallen, auch Woll- und Schildläuse nisten sich gern ein. Aber im allgemeinen sind Ölpalmen wesentlich anfälliger gegenüber Änderungen der Temperatur- und Feuchtigkeitsverhältnisse.

Ernte und Verwendung
Die reifen Fruchtbündel werden von Hand abgeschnitten und sofort in die Ölmühlen gegeben, da sich die Früchte schnell zersetzen. Die Früchte und auch die Kerne werden gequetscht, und das ablaufende hochwertige Öl durch Raffinieren zu Speisefett verarbeitet. Der dabei anfallende Preßkuchen wird an Tiere verfüttert.

Beschaffung
Ölpalmen werden kaum bei uns angeboten, manchmal offerieren Samenhandlungen Ölpalmensamen, wobei man nie weiß, wie alt der Samen ist. Im allgemeinen beträgt die Keimzeit bei Bodentemperaturen zwischen 25 und 30 °C zwischen drei und sechs Monate. Je älter der Samen, desto später keimt er, sofern er überhaupt noch lebt. Samen, die beim Eintauchen ins Wasser wie Korken an der Oberfläche schwimmen, sind abgestorben, alte, aber noch keimfähige Samen brauchen mitunter ein Jahr zur Keimung.

Bactris gasipaës
Pfirsichpalme

Heimat
Die Herkunft der Pfirsichpalme ist nicht bekannt, sie wird im nordöstlichen Südamerika vermutet. Weit verbreitet ist sie bis hinauf nach Mittelamerika; vor allem im Amazonasgebiet wird die Pfirsichpalme von Indios angebaut.

Die Pflanze
Pfirsichpalmen treiben ganze Gruppen von Stämmen, die bei einer Höhe von 10 bis 20 m eine Stärke bis 15 cm erreichen. Die Stämme sind dicht mit nadelähnlichen, schwarzen Stacheln versehen, die in ringförmiger Anordnung um den Stamm laufen. Dazwischen liegen die Narben der abgefallenen Blätter. Die Krone besteht aus einem Dutzend über 3 m langen Fiederblättern, die an einem 1 m langen Stiel stehen, der ebenfalls bestachelt ist. Die Spitzen der Blätter neigen sich fast senkrecht nach unten, was der Palme ein sehr graziöses Aussehen verleiht.

Die Blütenstände setzen sich aus Dreiergruppen von je zwei männlichen und einer weiblichen Blüte zusammen. Aus ihnen entwickeln sich einem Pfirsich ähnliche Früchte von orangeroter Färbung. Sie sind schwach dreikantig geformt. An einem Fruchtstand können bis zu 200 Einzelfrüchte stehen. Sie werden vielfach genutzt, sind aber wegen der dichten Bestachlung des Stammes schwer zu ernten. Neben den Formen, die Kerne in den Früchten enthalten, gibt es bereits samenlose Sorten.

Pflege
Pfirsichpalmen stehen ganzjährig unter Glas, sie benötigen volltropische Bedingungen zum guten Wachstum. Im Sommer gedeihen sie auch im Halbschatten zufriedenstellend, im Winter benötigen sie volles Licht. Die Temperaturen in dieser Jahreszeit sollten nicht weit unter 20 °C fallen, im Sommer können sie bis auf 35 °C ansteigen.

Die Pflanzkübel können mehr breit als tief gewählt werden, da Pfirsichpalmen von Natur aus dichte Gebüsche bilden.

Das Substrat kann bis zur Hälfte Lehm enthalten, es sollte durchlässig-humos sein.

Bei hohen Temperaturen benötigen Pfirsichpalmen viel Feuchtigkeit, im Winter dagegen sollte nur eine leichte Ballenfeuchtigkeit erhalten bleiben. Staunässe darf zu keinem Zeitpunkt entstehen. Durch den hohen Wasserverbrauch im Sommer ist es besser, mit Regen oder enthärtetem Wasser zu gießen, da Pfirsichpalmen gegenüber Salz- und Kalkanreicherungen im Substrat empfindlich sind.

Pfirsichpalmen sind flotte Wachser, daher wird in Abständen von drei bis vier Wochen gedüngt. Nur in der dunkelsten Jahreszeit setzt man mit der Düngung aus, damit die Pflanzen nicht zu mastig werden und ihren charakteristischen Wuchs nicht verlieren. Wenn es die Verhältnisse am Aufstellungsort zulassen, sind die Pflanzen sehr dankbar, wenn sie täglich ausgiebig mit weichem Wasser übersprüht werden.

An Schädlingen können sich Woll- und Schildläuse einstellen, deren Bekämpfung sich wegen der stark bestachelten Stämme etwas aufwendiger gestaltet.

Ernte und Verwendung

Pfirsichpalmen blühen und fruchten unter Liebhaberbedingungen nicht. In den Anbaugebieten von den Einwohnern seit langer Zeit kultiviert, stellen die Früchte oft die Hauptnahrung der Indios dar. Das Fruchtfleisch enthält sehr viel Stärke. Die Früchte werden in geröstetem und gekochtem Zustand verzehrt. Da sie sehr ölreich sind, läßt sich ein Speiseöl daraus pressen. Auch eine Vergärung in alkoholische Getränke ist möglich. Der rote Farbstoff im Fruchtfleisch eignet sich zum Färben von Lebensmitteln. Darüber hinaus ist das außerordentlich harte Holz sehr gefragt; es eignet sich als Bau- und Drechslerholz.

Beschaffung

Jungpflanzen werden selten im Handel angeboten, sie sind aber sehr dekorativ und langlebig, vorausgesetzt, man kann ihnen die geforderten klimatischen Bedingungen bieten.

Rhapis excelsa
Steckenpalme
Rhapis humilis
Niedrige Steckenpalme

Heimat

Palmen der Gattung *Rhapis* sind im südlichen China bis nach Thailand verbreitet. Die genaue Herkunft der *Rhapis humilis* ist noch nicht endgültig geklärt. Wegen ihrer geringeren Wärmeansprüche sind beide genannten *Rhapis*-Arten (es gibt insgesamt 17) weltweit als Zierpalmen für kühlere, halb- bis vollschattige Plätze verbreitet.

Die Pflanze

Alle *Rhapis*-Arten sind niedrige Palmen, die Ausläufer treiben und ganze Gebüsche bilden. Die Art *Rhapis excelsa* wird nicht über 5 m hoch, ihre Stämmchen werden nur etwa 5 cm dick. Die Stämmchen der *Rhapis humilis* erreichen nur etwa 3 cm Durchmesser, diese Art bleibt auch ausgewachsen niedriger. Die Niedrige Steckenpalme wirkt also im Ganzen etwas zierlicher, und ihre Stämmchen stehen dichter beisammen.

Die rohrartigen Stämmchen beider Arten sind von derben, die Stämme locker umhüllenden schwarzbraunen Fasern eingehüllt. Nur ganz alte Pflanzen zeigen einen glatten Stamm. *Rhapis*-Arten sind Fächerpalmen. Die Blattfächer haben

Jubaea chilensis mit mächtigem, grauem
Stamm

Blütenstand der Hanfpalme

Chamaerops humilis am Naturstandort;
typisch ist der gestauchte, niedrige
Wuchs.

Licuala grandis

einen Durchmesser von etwa 30 bis 40 cm und sind bei guter Belichtung dunkelgrün gefärbt. Die Fächer stehen an langen, dünnen grünen Stielen, die Krone macht einen etwas steifen Eindruck.

Die Blütenstände beider Arten unterscheiden sich unwesentlich, so wie sich auch die beiden Arten ziemlich gleichen. Die Blütenstände dieser zweihäusigen Palmen sind mehr oder weniger reich verzweigt. Männliche Blüten sind weiß, die weiblichen Blütenstände rosa. Aus ihnen entstehen mehr oder weniger runde bis elliptische Früchte von einigen Millimetern Durchmesser.

Pflege
Diese Palmen sind ideale Pflanzen für kühle Plätze, die nicht einmal besonders hell zu sein brauchen.

Die Temperaturen können im Sommer 30 °C erreichen, die Pflanzen ertragen das, aber sie gedeihen auch bei Temperaturen um 15 °C. Im Winter kann die Temperatur bis auf 5 °C absinken, allerdings muß dann der Wurzelballen fast trocken gehalten werden. Frost vertragen die Steckenpalmen nicht, aber sie können sehr zeitig im Frühjahr ins Freie kommen und müssen erst wieder bei drohenden tiefen Temperaturen im Spätherbst ins Winterquartier. Steckenpalmen kommen recht gut mit halbschattigen und sogar schattigen Standorten zurecht, wenn sie nur einmal am Tag auch direkte Sonne bekommen.

An die Luftfeuchtigkeit werden keine besonderen Ansprüche gestellt.

Die Pflanzkübel sollen mehr breit als tief sein, da diese Palmen von Natur aus unterirdische Ausläufer treiben und dadurch im Verlauf von Jahren ganze Gruppen bilden können. Das Substrat sollte sehr humos und durchlässig sein, Dauernässe und besonders Staunässe vertragen Steckenpalmen nicht.

Afrikanische Ölpalme

Alle drei Wochen wird gedüngt, organisch und nur auf den feuchten Wurzelballen.

Sehr schätzen die Steckenpalmen ein Besprühen der Blätter, einmal um keine Spinnmilben aufkommen zu lassen, und zweitens, um die Fächer vom Staub zu befreien.

Ernte und Verwendung
Aus den Stämmchen der Art *Rhapis excelsa* werden Stöcke und Schirme hergestellt.

Beschaffung
Beide *Rhapis*-Arten werden sporadisch im Fachhandel angeboten, allerdings meistens falsch bezeichnet, so daß man selbst feststellen muß, welche *Rhapis* man besitzt. In der Pflege sind beide Arten gleich problemlos.

Zitrusgewächse

Grundsätzliches zu Citrus-Arten als Kübelpflanze

Alle *Citrus*-Arten und -Sorten sind als Kübelpflanzen problematischer in der Haltung als ausgepflanzte Exemplare, besonders unter Glas.

Als Kübelpflanzen sind *Citrus*-Pflanzen außerordentlich empfindlich gegen eine Beengung ihres Wurzelraumes, mit allen seinen Nachteilen wie wechselnden Temperaturen, wechselnde Feuchtigkeitsverhältnisse und schwankende Sauerstoffversorgung der Wurzeln. Da die Zitrusgewächse im Wurzelbereich in Symbiose mit einem Pilz leben, der ihnen die Nährstoffe des Bodens aufschließt, ist auch die kleinste Störung dieses komplizierten Zusammenspiels von großer Bedeutung.

Die Pflanzerde soll leicht sein, mit einem Drittel Torfanteil, und sehr durchlässig. Zitrusgewächse gedeihen zwar auch in schwerem Lehm, wie etwa in den italienischen Anbaugebieten, aber dieser Lehm bewirkt, daß die Fruchtschale unerwünscht dick ausgebildet wird, und er macht auch die Handhabung der Pflanzen in ihren Gefäßen nicht gerade leichter. Bei Zitruspflanzen, die im Sommer im Freien stehen, saugt sich der Lehm bei Dauerregen derart voll, daß die Sauerstoffversorgung der Wurzeln gestört wird und es leicht zu Fäulnis kommt. Andererseits habe ich schon Trockenschäden bei im Freien stehenden Pflanzen bemerkt, obwohl die Regenfälle ausreichend waren. Das liegt daran, daß dichtbelaubte Pflanzen den größten Teil des Regenwasers über die Blätter ableiten. Da die Krone in der Regel größer ist als das Pflanzgefäß, versickert der größte Teil des Wassers nutzlos im Boden der Umgebung.

Aus all den genannten Gründen verwendet man so große Pflanzkübel wie möglich. Dadurch sparen Sie Arbeit durch öfteres Umpflanzen und Sie vermeiden die für die Gewächse unvermeidlichen Störungen. Außerdem bleiben die Pflanzen gesünder, selbst wenn das Verhältnis von Pflanze zu Topf momentan noch etwas unharmonisch aussehen sollte. Bei Pflanzkübeln, die an einer sonnigen Stelle stehen, sollten Sie die Sonnenseite mit etwas Pappe oder ähnlichem Material abdecken. Die meist schwarzen Kübel heizen sich bei stundenlanger Sonneneinstrahlung nicht unwesentlich auf, ein Vorgang, der dem Bodenleben sehr schadet.

Zitruspflanzen werden alle veredelt geliefert. Die meisten sind auf *Poncirus trifoliata*, die Dreiblättrige Zitrone, aber auch auf die Pomeranze, die Bitterorange, gepropft. Wenn nun aus irgendeinem Grund das Edelreis abstirbt, machen Sie nicht den Fehler, die vielleicht noch gesunde Unterlage fortzuwerfen. Versuchen Sie, diese zum Austreiben zu bringen, und Sie haben in einigen Jahren eine wunderschöne Pflanze, die auch blüht und Früchte trägt. Zitruspflanzen pflegt man Jahre und Jahrzehnte, sie werden immer schöner, und sie bringen mit zunehmendem Alter größere und mehr Früchte.

Manche Orangen lassen sich sortenrein durch Samen vermehren. Es ist immer wieder zu lesen, daß aus Samen gezogene Zitruspflanzen veredelt werden müssen, weil sie nicht blühen und fruchten und immer hübsche Grünpflanzen bleiben. Das ist botanischer Unsinn und beweist nur, daß es der Schreiber dieser Behauptung selbst nicht ausprobiert hat. Veredelt wird nur, damit man weiß, welche Obstsorte diese Pflanze dann mit Sicherheit liefern wird und damit die Pflanze überhaupt schneller fruchtet. Eine aus Samen gezogene Zitruspflanze blüht auch, allerdings wie jeder aus Samen gezogene Obstbaum erst nach einigen Jahren.

Zitrusgewächse blühen erstmals im Alter von sechs bis acht Jahren, gute Pflege vorausgesetzt. Die Qualität der Früchte ist allerdings vor der ersten Ernte nicht zu beurteilen, denn es ist in der Regel unbekannt, von welcher anderen *Citrus*-Art oder -Sorte der Pollen herrührt, der zur Bestäubung geführt hat. Meist handelt es sich um einen Bastard aus verschiedenen Sorten, der aber hervorragende Früchte tragen kann. Viele der heute auf dem Markt gängigen Zitrusfrüchte sind solche Bastarde.

Beim Erwerbsanbau erfolgt die Veredelung noch aus anderen Gründen, hier spielt auch die Resistenz der Unterlagen gegenüber Temperaturschwankungen und Krankheiten, zum Beispiel Gummifluß, eine Rolle. Aus Samen gezogene Keimlinge werden leicht von Schwächepilzen befallen (*Rhizoctonia, Fusarium*), die die Pflänzchen zum Umfallen bringen. Durch eine Sandabdeckung auf der Substratoberfläche des Aussaatgefäßes kann man dieser Gefahr begegnen.

Zitruspflanzen dürfen nicht mit Gießwasser befeuchtet werden, das kälter als die Umgebungstemperatur ist, es löst nahezu immer einen Wachstumsstillstand aus. Da die Gefahr der Fäulnisbildung im Wurzelbereich von Zitruspflanzen relativ hoch ist, sollte man stets daran denken, daß die *Citrus*-Arten Hartlaubgewächse sind, die eher an Trockenheit als an zu viel Nässe angepaßt sind. Ausnahmen werden bei den folgenden Einzelpflanzenbeschreibungen erwähnt.

Sehr bewährt hat es sich, beim Gießen nur entlang des äußeren Kübelrandes zu bewässern. Hier liegen die Saugwurzeln, während sich im Innern des Wurzelballens die Feuchtigkeit staut und wochenlang nicht verbraucht werden kann, da sich hier nur noch die Transportbahnen für das Gießwasser befinden. Jeder Apfelbaum im Garten macht das vor: Er läßt das Regenwassser im äußeren Kronenbereich von den Blättern fallen, weil sich hier seine aktiven Wurzeln befinden. Der Stamm und seine Umgebung bleiben trocken, darum kann man sich bei einem Gewitterregen unter einen Baum stellen, um trocken zu bleiben.

Häufig wird der immer gleiche Fehler von Liebhabern dieser Pflanzen begangen, der in vielen Fällen zum völligen Verlust, zumindest zum Absterben der Veredlung führt: Die Pflanzen kommen zu Beginn der warmen Jahreszeit ins Freie, wo sie gut gedeihen und bis zum Herbst bleiben. Werden dann die Nächte kälter, räumt man die Pflanzen, in der Meinung, ihnen Gutes zu tun, in den geheizten Wintergarten oder ins warme Haus, und das Erstaunen ist groß, wenn die Pflanzen nach Tagen oder Wochen plötzlich die Blätter abwerfen und sogar absterben.

Zitruspflanzen werden, wenn sie nicht ganzjährig unter Glas stehen oder in einem Gewächshaus sogar ausgepflanzt sind, kühl überwintert, bis auf einige, in den Pflanzenbeschreibungen erwähnte Ausnahmen. Die prachtvollen Pflanzen, die in den Sammlungen der Fürstenhäuser zu sehen waren, zeugen nicht nur vom Verständnis der alten Gärtner, die jede Pflanze individuell behandelten. Die Pflanzen kamen auch darum so gut über die dunkle Jahreszeit, weil die Heizungsmöglichkeiten natürlicherweise primitiv waren und die Temperaturen sich eher an der unteren Verträglichkeitsgrenze bewegten. Im Gegensatz dazu tun die meisten

Liebhaber dieser Pflanzen heute eher zuviel des Guten.

Die im Winter kürzeren Tage induzieren im Verein mit tieferen Temperaturen viele Blüten. Zu gut ernährte und im Winter zu warm gehaltene Zitruspflanzen blühen wenig. Erst nachdem die Blütenansätze zu erkennen sind, dürfen die Temperaturen wieder ansteigen. Ab diesem Zeitpunkt, der in unseren Breiten ins Frühjahr fällt, kann wieder mit organischem Dünger ernährt werden.

Citrus sinensis
Orange

Heimat

Orangen stammen aus den halbtropischen Gebieten des indo-malayischen Raumes und aus China. Sie wurden bereits im Altertum in das Gebiet um das Mittelmeer gebracht, zunächst wohl als Zierpflanzen. Heute wird die Orange weltweit in geeigneten Klimazonen angebaut. Sie ist die am meisten verzehrte Zitrusfrucht und stellt in manchen Ländern einen beachtlichen Posten in der Ausfuhrbilanz.

Die Pflanze

Citrus sinensis kann ein knorriger Baum von mehreren Metern Höhe werden. Je nach Art des Formschnittes hat der Orangenbaum einen kürzeren oder längeren Stamm. Die Pflanze weist entweder keine oder nur wenige Dornen auf. Die dunkelgrünen Blätter sind spitz-oval mit ganzem Rand und lederartig, im Austrieb hellgrün. Die Blätter sind dicht mit Ölzellen besetzt, die man, das Blatt gegen das Licht gehalten, mit bloßem Auge sehen kann. Da die Orange immergrün ist, erfolgt der Blattwechsel über das ganze Jahr verteilt.

Die Blüten, die im Frühjahr erscheinen – es gibt im Sommer auch eine kleine Nachblüte – sind wächsern hart und weiß. An den Rändern wirken die Blütenblätter rosa überhaucht. Die Blüten duften angenehm. Orangen bilden zwittrige Blüten aus. Besonders zu Beginn der Blütezeit, erscheinen durch Rückbildung auch rein männliche Blüten, die reichlich Pollen produzieren.

Nach der Befruchtung entwickelt sich je nach Sorte eine mehr oder weniger große Beere, die zunächst dunkelgrün und bei zunehmender Reife die typische orangerote Färbung annimmt. Die Reifezeit kann bis zu einem Jahr betragen. Das Fruchtfleisch besteht aus zahlreichen saftgefüllten Zotten, die jeweils in einzelnen Segmenten zusammengefaßt sind. Bei samentragenden Formen befinden sich im Innern jedes Fruchtfaches einzelne große Samen, bei anderen Sorten, wie zum Beispiel den Navelorangen, sind keinerlei Samenanlagen mehr vorhanden. Navelorangen können auch nicht mit eigenem oder mit dem Blütenstaub einer anderen Navel bestäubt werden, sie brauchen dazu eine andere *Citrus*-Art. Von den in jedem Fruchtfächer vorkommenden Samen ist nur ein einziger, gewöhnlich der größte, aufgrund natürlicher Befruchtung zustandegekommen, die anderen stammen aus der Samenanlagenwand, weisen also bei der Aussaat die gleichen Merkmale wie die Mutterpflanze auf.

Pflege

Die Orange verlangt ganzjährig, ob im Freien oder unter Glas, einen hellen, vor Dauerregen geschützten Platz. Der Sommerstandort kann eigentlich gar nicht hell genug sein. Volle Sonne ist deshalb notwendig, um den Zuckergehalt der Früchte zu steigern. Früchte, die wenig Sonne bekommen haben, schmecken nicht. Ebenso sind den Temperaturen nach oben keine

Citrus sinensis mit Früchten

Grenzen gesetzt, allerdings ist unter Glas in den heißesten Monaten in den Mittagsstunden eine leichte Schattierung unvermeidlich, um Verbrennungen zu verhüten. Unter solchen Haltungsbedingungen dürfen die Temperaturen die 40-Grad-Marke nicht übersteigen. In den Wintermonaten braucht die Orange als immergrünes Gewächs ebenfalls einen hellen, aber kühlen Platz, bei dem die Temperaturen bis auf 5 °C und kurzfristig auch darunter fallen können. Frost verträgt die Orange nicht.

Orangen sind schon aufgrund ihrer Herkunft nicht auf eine hohe relative Luftfeuchtigkeit angewiesen, deshalb kommt sie auch im hellen Zimmer zurecht.

Das Pflanzsubstrat kann bis zur Hälfte Torf enthalten. Orangen wachsen auch in Einheitserde gut, vorteilhaft ist die Zumischung von Perlite, damit die Sauerstoffversorgung immer gewährleistet bleibt. Im Sommer brauchen Orangen viel Wasser, am besten Regenwasser oder enthärtetes Wasser. Sie sind nicht allzu empfindlich gegen Kalk und Salzanreicherungen, aber auf Dauer können sie Schaden nehmen. In der dunklen Jahreszeit sollte man mit Wasser sehr sparsam umgehen, eine leichte Ballenfeuchtigkeit genügt vollkommen. Stehen Orangen zu trocken, rollen sich ihre Blätter, ohne weitere Schadsymptome zu zeigen, nach innen ein und fallen schließlich ab. Das sieht schlimmer aus, als es ist – wenn keine Schädigung der Wurzeln vorliegt, treiben die Pflanzen nur um so kräftiger im Frühjahr aus. Sind dagegen die Wurzeln durch zuviel Nässe beschädigt, ist die Pflanze meist nicht mehr zu retten.

In der Wachstumsperiode bis etwa Ende September kann alle vierzehn Tage gedüngt werden. Dann muß Schluß sein, damit die Triebe ausreifen können. Gibt man zu lange Dünger, leidet auch die Ausbildung der Blütenknospen für das nächste Frühjahr, die bereits im Vorjahr angelegt werden.

Da Orangen in Kübelkultur schon blühen, wenn im Freien noch kein Insekt fliegt (bei mir ist es bereits im Lauf des Februars der Fall), muß mit der Hand oder mit einem kleinen Pinsel bestäubt werden. Es genügt völlig, den reifen, pulvrigen Blütenstaub auf die Narben der Blüten zu bringen. Man kann alle Blüten befruchten, die Pflanze wirft, ähnlich unseren Obstbäumen, die Früchte ab, die sie nicht ernähren kann. Die Ausnahme Navelorange ist schon erwähnt worden.

Man kann Orangen auch in Form schneiden, zum Beispiel in dem man abgeblühte Äste herausnimmt. Allerdings sollte man immer einen ganzen Ast entfernen oder Neutriebe entspitzen, um Verzweigungen anzuregen. Nimmt man zu wenig Zweige heraus oder schneidet man nicht bis zum Ansatz der Seitenzweige zurück, bilden sich in der Regel auf der Oberseite der Reststücke Wasserschosse. Diese sind kenntlich an dem unverhältnismäßig dicken Stiel, den großen Blättern und dem senkrecht nach oben gerichteten Wachstum. Diese Wassertriebe müssen restlos entfernt werden, da sie nicht blühen (siehe auch Seite 21 f.).

Als Kulturpflanze wird die Orange, wie alle Zitruspflanzen von zahlreichen Schädlingen bedroht. An erster Stelle stehen die saugenden Schädlinge wie Blattläuse, Wolläuse und besonders Schildläuse, die sich an den Unterseiten der Blätter einnisten und durch ihre zuckerhaltigen Ausscheidungen den Nährboden für Rußtaupilz mit ihren schmierigen, schwarzen Belägen abgeben.

Ernte und Verwendung

Die reifen Orangen können, wie die käuflichen Früchte auch, frisch verwendet werden. Orangen müssen dann, wenn sie sich leicht vom Stiel lösen, geerntet und verbraucht werden. Sie halten sich nicht, wie zum Beispiel die Zitronen, monatelang ohne Qualitätsverlust am Baum. Industriell werden aus den Früchten Säfte, alkoholische Getränke und Konzentrate hergestellt. Aus den Schalen werden aromatische Öle destilliert. Die Orange ist die am häufigsten angebaute Zitrusfrucht. In geringem Umfang wird Orangenholz in der feinen Möbeltischlerei benutzt.

Beschaffung

Fachfirmen führen mehrere Sorten von Orangen regelmäßig im Angebot.

Citrus × imperialis
Lipo, Riesenzitrone

Heimat

Citrus × imperialis ist ein Bastard zwischen der Zitrone (*li* von Limone) und der großfrüchtigen Pampelmuse (*Po* von Pomelo). Infolge ihres höheren Wärmebedarfs, den sie von der Pampelmuse geerbt hat, wird die Lipo nur sporadisch, zum Beispiel im südlichen Spanien und in Israel, angebaut.

Die Pflanze

Citrus × imperialis hat seine Bezeichnung weniger vom Aussehen der Pflanze her als von dem wirklich imperialen Anblick seiner überdimensionalen Früchte. Die Pflanze selbst ist ein Strauch oder kleiner

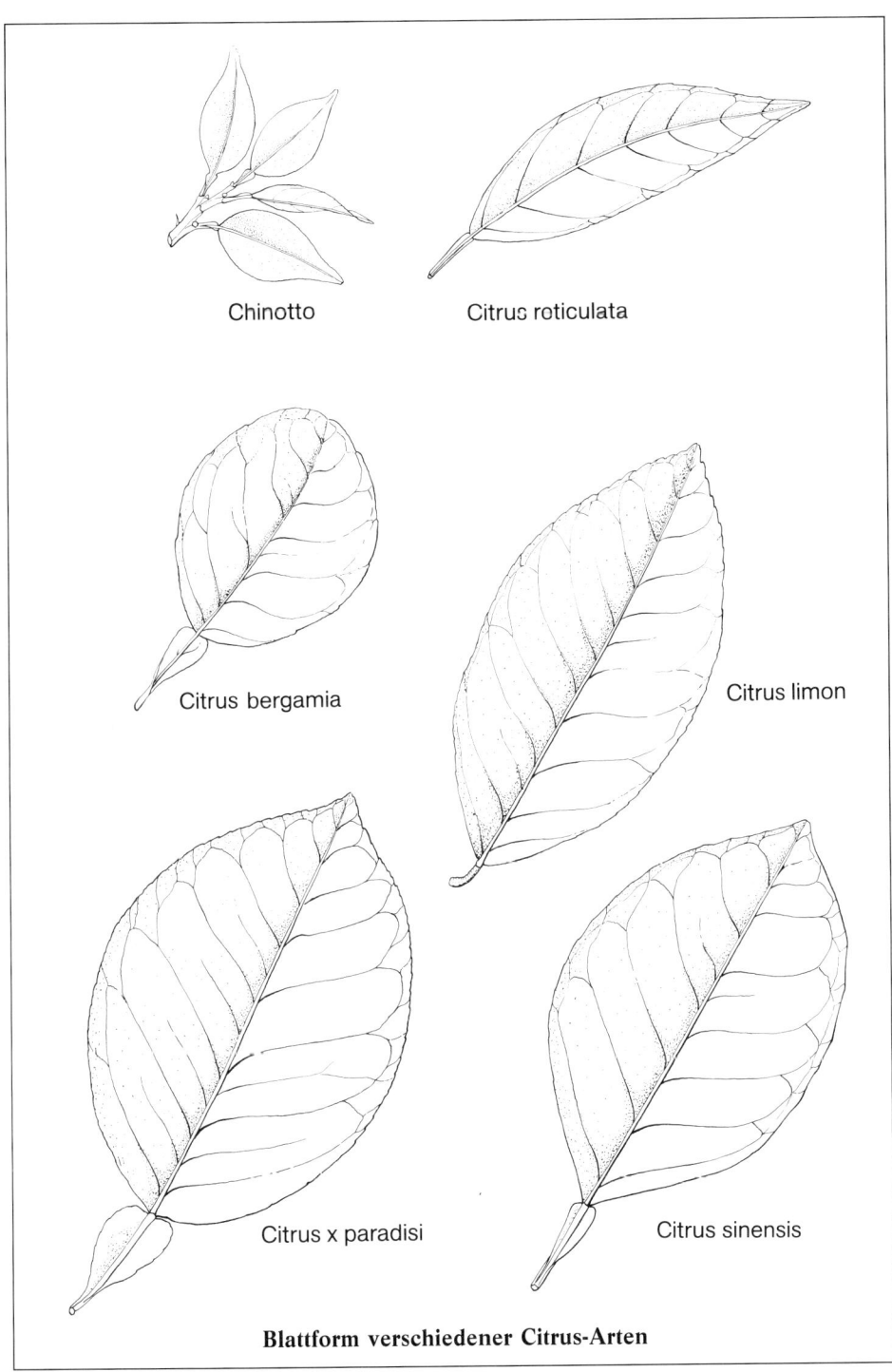

Chinotto   Citrus roticulata

Citrus bergamia   Citrus limon

Citrus x paradisi   Citrus sinensis

Blattform verschiedener Citrus-Arten

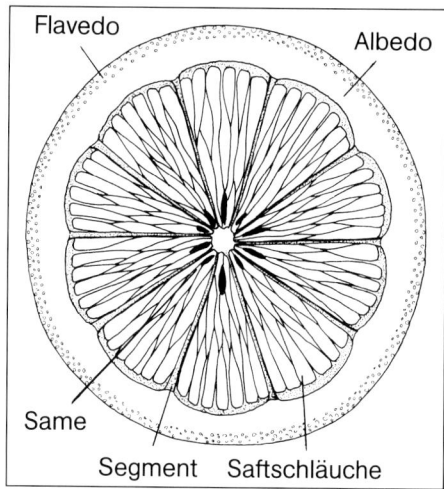

Aufbau der Citrus-Frucht

Baum mit einer bereits tief am Stamm ansetzenden Verzweigung. Die Äste und Zweige weisen starke, bis 3 cm lange Dornen auf. Der Busch ist reich verzweigt und erreicht selten mehr als 2,5 bis 3 m Höhe; er kann aber ebenso breit werden. Die Blätter ähneln Orangenblättern, sie sind aber länger, frischer grün und nicht so ledrig. Auch sie erhalten Ölzellen. Die großen Blüten entstehen in den Blattachseln.

Die einzelnen Blütenblätter sind weiß mit rötlichem Rand. Die ganze Blüte wirkt sehr massiv und erscheint wie aus Wachs geschnitten. Blütenstaub wird sehr reichlich gebildet. Die Lipopflanze blüht im Frühjahr, etwa ab Anfang Februar–März. Die Blüten können mit eigenem Pollen befruchtet werden.

Die Früchte haben die Form einer Zitrone, sie sind im reifen Zustand ebenfalls gelb, aber die Einzelfrucht kann ein Gewicht zwischen 300 und 400 g erreichen. Allerdings trägt die Lipo nicht so reich wie die Zitrone. Das Fruchtfleisch ähnelt im Geschmack einer Zitrone mit Pampelmusenaroma, es schmeckt aber nicht ganz so

sauer. Zur Reife benötigen die Früchte ein Jahr oder auch länger, die Dauer hängt von Wärme und Sonneneinstrahlung ab.

Pflege

Die Lipopflanze benötigt wie die Orange einen ganzjährig hellen Standort, allerdings würde ich sie nur in den wärmsten Monaten ins Freie an einen vor Wind und Dauerregen geschützten sonnigen Platz stellen. Bereits Ende August werden der Pflanze die Nächte wieder zu kühl. Während die Sommertemperaturen nicht hoch genug sein können, verlangt die Lipopflanze einen hellen Platz im Winter bei Temperaturen nicht unter 10 °C. Die Lipopflanze kommt auch gut an einem hellen Fenster zurecht, allerdings stellt sie etwas höhere Ansprüche an die Luftfeuchtigkeit, weshalb ihr öfteres Übersprühen sehr gut tut.

Die Pflanzen wachsen in jedem humosen, luftigem Substrat, das keine Staunässe entstehen läßt, empfindlich reagiert sie auf zuviel Kalk im Substrat.

Im Sommer sollte man reichlich mit weichem Wasser gießen, im Winter nur leicht feucht halten. Der Pflanzkübel soll auf einer isolierenden Unterlage stehen, denn feuchten und gleichzeitig kühlen Wurzelballen verträgt die Lipo nicht.

Die Schädlinge, von denen die Lipopflanze befallen werden kann, sind die gleichen wie bei der Orange. Auch die gleichen Düngungsintervalle wie bei der Orange führen zu guten Ergebnissen.

Ernte und Verwendung

Die Früchte der Lipo werden wie die der Zitrone verwendet. Sie können am Strauch hängen bleiben, bis sie von selbst abfallen. Die Qualität leidet darunter nicht, im Gegenteil – das Aroma steigert sich noch, besonders wenn bei genügend Sonneneinstrahlung der Zuckergehalt der Frucht weiter ansteigt.

Citrus limon; bereits junge Bäume tragen überreich.

Beschaffung

Die Lipo wird als 1 bis 1,5 m hoher Strauch von Spezialfirmen, die in Gartenzeitschriften inserieren, angeboten.

Citrus limon
Zitrone

Heimat

Die Zitrone stammt ebenfalls aus den indo-malayischen Monsungebieten und aus dem südlichen China. Bereits im Altertum wurde sie zunächst als Zierpflanze in die Gebiete um das Mittelmeer gebracht. Heute stellt die Zitrone eine der wichtigsten Welthandelsfrüchte dar.

Die Pflanze

Zitronen sind kurzstämmige, kleine Bäume oder große Sträucher mit dunkelgrünen, ledrigen Blättern und einem schwach ausgeprägten Blattstiel. Sowohl Blätter als auch Früchte weisen Ölzellen auf. Die Pflanzen sind mehr oder weniger bestachelt. Sie wechseln das ganze Jahr über das Laub, sind also immergrün.

Die Hauptblüte setzt im Frühjahr ein, die Bäume können im Sommer noch eine geringere Nachblüte bringen. Die Zitrone kann zur gleichen Zeit sowohl Blüten als auch grüne und reife Früchte aufweisen. Die ansehnlichen, weißen Blüten duften intensiv. Die Blüten sind zwittrig und sie können mit eigenem Blütenstaub, der stets sehr reichlich gebildet wird, befruchtet werden. Die mit einer Zitze versehene Beerenfrucht reift innerhalb eines Dreivierteljahres; sie kann aber ohne Qualitätseinbußen bis zu einem halben Jahr länger an der Pflanze verbleiben. Unter den vielen Zitronensorten tragen manche, besonders die primitiveren Sorten und Arten, starke Stacheln, so daß vorsichtig mit ihnen hantiert werden muß.

Pflege

Zitronen brauchen im Sommer einen sonnigen, warmen und vor Dauerregen geschützten Platz. Im Winter dagegen muß der Platz zwar hell, aber kühl sein. Die Wintertemperaturen können sich zwischen 5 und 10 °C über Null bewegen. Eine warme Überwinterung ist nur möglich, wenn der Baum ausgepflanzt unter Glas steht. Zitronen können bereits ins Freie, wenn die Nächte zwar noch kühl sind, aber kein stärkerer Frost mehr zu erwarten ist. Im Zweifelsfall vorsorglich mit einer Folie abgedeckt, überstehen Zitronen auch einmal einige Grade unter Null in der Nacht. Der Wurzelbereich darf allerdings keinerlei Frost bekommen.

An die Luftfeuchtigkeit stellt die Zitrone keine Ansprüche, empfindlich ist sie gegen starken Wind, der den Blättern viel Feuchtigkeit entzieht.

Unter Glas braucht die Zitrone im Sommer einen leichten Lichtschutz, im Frühjahr und im Herbst geben wir volles Licht. Im Freiland können Zitronen bis zum Eintreten von Nachtfrösten bleiben, danach kommen sie in einen kühlen Raum, keinesfalls in ein geheiztes Zimmer – das führt in der Regel zum Verlust der Pflanze.

In der Wachstumszeit braucht die Zitrone immer einen feuchten Wurzelbereich, allerdings darf keine Staunässe entstehen, sie wäre für die Pflanze tödlich. Darum muß das Substrat zwar das Wasser halten können, aber überschüssige Feuchtigkeit muß ablaufen können, darf also auch keinesfalls in einem Untersatz stehen bleiben.

Citrus-Habitus

Im Winter sollte nur eine leichte Feuchtigkeit entlang des Kübelrandes vorhanden sein. Wenn einige Blätter wegen Trockenheit abfallen, spielt das keine Rolle, die Pflanze treibt im Frühjahr um so stärker wieder aus.

Die bereits ab Februar erscheinenden, zwittrigen Blüten müssen mit der Hand bestäubt werden. Um viel und schwere Früchte zu erzielen, kann alle vierzehn Tage mit einem organischen Volldünger ernährt werden.

Wassertriebe, die auf der Oberseite von stärkeren Ästen sprießen, müssen entfernt werden, ebenso Zweige, die bereits stark gefruchtet haben. Blattlose Zweige an der Pflanze muß man nicht entfernen; solange sie grün sind, können sie viele Blüten treiben und stark fruchten.

Schildläuse, die sich besonders auf der Mittelader der Blattunterseiten einstellen, müssen sofort bekämpft werden, da sie mit ihren Aussscheidungen Rußtaupilze begünstigen, die die Oberseite der darunterliegenden Blätter mit ihren schwarzen Belägen überziehen, so daß die Assimilationstätigkeit stark eingeschränkt wird.

Ernte und Verwendung

Zitronen bleiben bei Kübelkultur so lange an der Pflanze, bis sie sich von selbst ablösen oder sich leicht vom Stiel trennen. Dann haben sie ein Höchstmaß an Saft und Aroma erreicht. Die gelbe Farbe ist hierbei kein Reifekriterium, denn die Früchte sind schon ein halbes Jahr vorher gelb gefärbt. Das Aroma selbstgezogener Früchte ist dem der Handelsware weit überlegen. Die im Geschäft angebotenen Zitronen werden noch unreif mit der Schere vom Baum geschnitten. Nur dadurch überstehen sie Transport und Lagerung. Es dürfte klar sein, daß diese Zitronen nie ihr volles Aroma erreichen. Selbst am Zimmerfenster, vorausgesetzt es ist kühl, lassen sich Zitronen über Wochen hinweg ernten. Außerdem halten sie sich im Gemüsefach des Kühlschranks weitere Wochen. Über die Verwendung braucht nichts weiter gesagt zu werden. Zitronen sind wohl überall bekannt.

Beschaffung

Pflanzen von *Citrus limon* findet man in fast allen Altersstufen regelmäßig im Angebot der Gärtnereien und Gartencenter.

Citrus reticulata
Mandarine

Heimat

Ebenfalls aus dem südostasiatischen Raum stammt die Mandarine, die heute mit nahezu 500 Sorten weltweit angebaut wird. In Südostasien werden übrigens weit mehr Mandarinen als Orangen verzehrt.

Die Pflanze

Mandarinen wachsen eher als Sträucher denn als Bäume. Ihr Wuchs wirkt mehr weidenartig mit herunterhängenden Zweigen. Sie sind je nach Sorte mehr oder

weniger stark bedornt. Die Blätter sind klein, etwa 5 cm lang und 2 cm breit mit ungesägtem Rand und kaum geflügelten Blattstielen.

Die kleinen, reinweißen Blüten erreichen etwa 2 cm im Durchmesser. Sie können mit Ausnahme der Clementine mit eigenem Blütenstaub befruchtet werden. Die Clementine braucht den Pollen einer anderen *Citrus*-Art. Die sich daraus entwickelnden Früchte sind ungefähr tischtennis- bis tennisballgroß, orangerot gefärbt, und bei den meisten Sorten löst sich die Schale sehr leicht vom Fruchtfleisch. Die Fruchtfächer sind leicht teilbar. Neuere Züchtungen, wie etwa die 'Ugli' bringen bereits orangengroße Früchte.

Die Pflege

Mandarinen werden bei Kübelkultur kaum über 2 m hoch, sie erreichen diese Maße aber auch im Breitenwachstum. Der Standort muß ganzjährig hell sein. Im Sommer kann der Strauch nach den Eisheiligen bis in den Oktober hinein an einem sonnigen Ort im Freien stehen. Wind und Dauerregen verträgt er nicht, insbesonders wenn zum Regen noch kühle Temperaturen kommen. Diese verträgt und braucht die Mandarine im Winter, in dieser Zeit kann die Temperatur bis auf 5 °C über Null fallen. Der Wurzelballen muß dann fast trocken gehalten werden. Frost verträgt die Mandarine in allen ihren Formen nicht. Mandarinen brauchen keine besonders hohen Luftfeuchtigkeitswerte. Mandarinen benötigen keine so großen Pflanzkübel wie viele andere *Citrus*-Arten, da sie ja nicht so groß werden. Das Substrat kann bis zur Hälfte Torf enthalten, es sollte gut durchlässig sein, damit keine Staunässe entsteht. Daher empfiehlt sich eine Beimischung von scharfem Sand, wie zum Beispiel Quarzsand. Diesen Sand gibt es in Zoofachgeschäften als Vogelsand zu kaufen. Im Som-

Citrus aurantium, eine kälteverträgliche Art

Poncirus trifoliata

mer muß der Wurzelbereich immer gut feucht gehalten werden. Bei längeren kühlen Perioden im Sommer sollte auf das Gießen so lange verzichtet werden, bis der Ballen abzutrocknen beginnt. Mandarinen sind gegen Trockenheit nicht besonders empfindlich, wichtiger ist ihnen eine gleichmäßige nicht zu hohe Ballenfeuchtigkeit. Regenwasser ist auch hier das beste. Bereits ab dem Austrieb im Frühjahr kann alle vierzehn Tage gedüngt werden, im September ist dann Schluß damit.

Schnittmaßnahmen verträgt die Mandarine besser als andere Zitruspflanzen, sie bildet danach wesentlich weniger Wassertriebe aus.

Die Bestäubung der Blüten muß wegen der frühen Blüte mit einem Pinsel vorgenommen werden. Man kann dazu den eigenen Blütenstaub der Pflanze verwenden, aber die Ergebnisse sind besser, wenn eine zweite blühende Mandarine, gleich welcher Sorte, zur Verfügung steht. Die

Pflanze wirft die Früchte ab, die sie nicht ernähren kann. Es muß also kein Krankheitszeichen sein, wenn Früchte im Stadium einer Erbse abfallen.

Einer zu trockenen Luft kann man durch Besprühen der Blätter begegnen.

An Schädlingen kommen an den Jungtrieben wieder Blattläuse vor. Ansonsten werden Schildläuse und bei trockener Luft Spinnmilben lästig, die besonders dann auftreten, wenn Pflanzen, die im Freien standen, im Herbst ins Zimmer oder in den Wintergarten kommen.

Ernte und Verwendung
Mandarinen benötigen zur Ausbildung von Früchten mit reichlich Zucker und Aroma viel Sonne. Pflanzen, die im Schatten oder Halbschatten stehen, wachsen zwar auch, aber die Früchte schmecken fad. Mandarinen werden vom Strauch genommen, wenn sie voll ausgefärbt sind (eine Ausnahme bildet die Sorte 'Ugli',

deren Früchte bei Vollreife schmutzig grünorange gefärbt sind). Bleiben die Früchte länger am Strauch, löst sich die Schale vom Fruchtfleisch, und dieses verliert Saft und wird strohig. Mandarinen neigen dazu, manchmal zuviel Früchte anzusetzen. Um dies zu vermeiden, kann bereits vorher ausgedünnt und im Abstand von acht Tagen gedüngt werden. Sind die Früchte mehr als erbsengroß, werden sie in der Regel auch ausgebildet. Wenige, aber große Früchte sind meist geschmacklich minderwertig. Mandarinen werden vorwiegend als Frischobst verwendet, nur die samenlosen kleinen Sorten werden zu Dosenware verarbeitet. Trotz der fast unübersehbaren Sortenauswahl erreichen nur ganz wenige Sorten das Aroma der ursprünglichen, allerdings sehr kernreichen Mandarine.

Beschaffung

Pflanzen werden in allen Größen und vielen Sorten von Spezialfirmen angeboten, die Ware ist durchweg brauchbar.

Citrus aurantium
Pomeranze, Bitterorange

Heimat

Bitterorangen stammen aus dem Fernen Osten und wurden von da aus zuerst in das Gebiet des heutigen Iran eingeführt. Heute wird die Pomeranze weltweit kultiviert, vorwiegend im afrikanischen Raum, aber auch in den typischen Anbaugebieten von Zitrusgewächsen, da sie häufig als Unterlage für Edelreiser benutzt wird.

Die Pflanze

Pomeranzen erreichen in etwa die Größe unserer Gartenapfelbäume. Sie sind reich verzweigt, und die Äste und Zweige tragen lange Dornen. Die Blätter sind dunkelgrün, im Austrieb hellgrün, etwa 10 cm lang und 6 cm breit und sie enthalten Ölzellen. Der Blattstiel ist breit geflügelt.

Die Blüten sind weiß, nicht besonders groß und können mit eigenem Blütenstaub befruchtet werden. Die Früchte sind apfelgroß, dunkelorange gefärbt und haben eine rauhe, grubige Schale. Das unter der dicken Schale liegende Fruchtfleisch ist infolge seines Naringingehaltes bitter und ungenießbar. Die Pflanzen können uralt werden, man kennt Bäume, die weit über hundert Jahre alt sind und noch zufriedenstellend fruchten.

Pflege

Pomeranzen eignen sich für Räume, die ganzjährig hell sind, aber im Winter gerade frostfrei gehalten werden. Die Pflanzen gehören im Sommer bereits ab April ins Freie an einen geschützten, sonnigen Platz. Dort bleiben sie bis zu den ersten Nachtfrösten im Herbst stehen. Kühle Nebeltage im Spätherbst machen der Pomeranze nichts aus, wenn der Wurzelbereich nur leicht feucht gehalten wird. Dasselbe gilt für den Winterplatz.

Trockene Zimmerluft macht der Pflanze wenig aus, sie ist aber dankbar für gelegentliches Übersprühen. Damit beugt man gleichzeitig dem Befall durch Spinnmilben, die durch Lufttrockenheit angezogen werden, vor.

Bitterorangen stellen keine Ansprüche an das Substrat, es sollte nur locker und kalkarm sein. Deshalb sollte auch auf die Dauer mit weichem Wasser gegossen werden.

Im Sommer benötigt die Bitterorange als Folge ihrer dichten und großblättrigen Belaubung reichlich Wasser, ein Zuviel an Gießwasser muß jedoch ungehindert abfließen können. Trockenheit im Winter induziert viele Blüten im Frühjahr.

Eine jährliche Auflage eines käuflichen Rinder- oder Geflügelmistes auf die Substratoberfläche führt zu gesundem Bodenleben und damit zu gesunden Pflanzen. Verwenden Sie auf keinen Fall Mist aus Massentierhaltungen. Dieser kann Antibiotika enthalten, die das Bodenleben beeinträchtigen. Die Folge ist, daß auch die betroffenen Pflanzen Schaden nehmen.

Da die Pflanzen spät blühen, sind in der Regel schon Insekten zur Bestäubung vorhanden. Die Früchte reifen langsam, sie brauchen ein Jahr und mehr und können, da sie für den Pfleger nicht besonders gut zu verwerten sind, zur Zierde lang an der Pflanze hängen bleiben.

Zu lange Neutriebe können mit dem Fingernagel abgezwickt werden, die Pflanze treibt dann buschiger aus.

Die eventuell auftretenden Schädlinge sind die gleichen wie bei anderen Zitruspflanzen.

Ernte und Verwendung

Für den Frischverzehr sind Pomeranzen nicht geeignet. Aus ihnen und nicht etwa aus Orangen wird die bekannte, besonders in Großbritannien hergestellte Orangenmarmelade gewonnen. Die dicken Schalen werden auch zur Herstellung von Orangeat benutzt. Die Spirituosenindustrie benutzt Pomeranzen zur Aromatisierung der Liköre Curaçao und Cointreau.

Im gewerblichen Zitrusanbau werden die aus Samen vermehrten Pflanzen als Unterlagen für Edelreise verwendet. Sollte einmal aus irgendeinem Grund das Edelreis einer Zitruspflanze absterben und die Unterlage grün bleiben, versuchen Sie, diese zum Austrieb zu bringen. Wenn dies gelingt und der Austrieb große Blätter mit einem breit geflügelten Blattstiel zeigt, haben Sie wahrscheinlich eine Bitterorange vor sich, aus der sich eine wunderschön blühende und fruchtende Pflanze entwickeln kann.

Beschaffung

Fachfirmen bieten Pflanzen von Bitterorangen in allen Größen ganzjährig an.

Citrus aurantiifolia
Limette

Heimat

Die Limette ist hauptsächlich in Mexiko und in der Karibik heimisch, wo auch heute noch die Haupterzeugungsgebiete der Früchte liegen. Die Pflanze ist an warmfeuchtes Klima angepaßt.

Die Pflanze

Limetten, fälschlicherweise oft Limonen genannt, sind stark verzweigte Sträucher oder kurzstämmige Bäume, die selten über 3 m Höhe und Breite hinausgehen. Die ganzrandigen, etwa 10 cm langen und halb so breiten Blätter sind ledrig, dunkelgrün und besitzen Ölzellen. Zweige und Äste sind mehr oder weniger stark bedornt.

Die kleinen, weißen Blüten sitzen einzeln oder zu mehreren in den Blattachseln der einjährigen Zweige. Sie produzieren wenig Pollen, so daß eine andere Citrus-Art zum Befruchten von Vorteil ist. Je nach Sorte führen die tischtennisballgroßen Früchte Samen (wie die Sorte 'Mexiko', oder sie sind samenlos (Sorte 'Tahiti'). Limetten sind auch im reifen Zustand grasgrün mit einem flaschengrünen, sehr sauren und saftigen Fruchtfleisch.

Pflege

Limetten benötigen ganzjährig ein feuchtwarmes Klima, sie können deshalb auch in den wärmsten Monaten nicht ins Freie, da sie bei kühlen Nächten bereits leiden. Im Sommer kann die Temperatur auf über 35 °C steigen, wobei unter Glas eine leichte Beschattung in den Mittagsstunden angebracht ist. Limetten eignen sich nicht für die Zimmerkultur, wohl aber für den luftfeuchten Wintergarten. Auch im Winter sollte die Temperatur nicht unter 15 bis 18 °C sinken, wobei die relative Luftfeuchtigkeit ganzjährig nicht unter 60 Prozent sinken darf. Viel Licht ist auch in den Wintermonaten nötig.

Limetten wachsen nicht allzu schnell, daher können sie lange in ihren Pflanzkübeln bleiben. Voraussetzung dazu ist allerdings weiches Wasser und organische Düngung. Der Pflanzkübel sollte auf einer isolierenden Unterlage stehen, da Limetten empfindlich auf kühle Temperaturen im Wurzelbereich reagieren, vor allem wenn noch Nässe dazu kommt. Eine Düngergabe alle drei Wochen genügt völlig, auch im Winter kann einmal gedüngt werden.

Die Blüten erscheinen bereits im Februar. Die Reife der Früchte dauert etwa ein Dreivierteljahr. Für die Befruchtung ist es zu empfehlen, eine gute Pollenspenderin, wie sie die Grapefruit darstellt, zu pflegen, um die Blüten der Limette zu bestäuben. Beide Pflanzen blühen bei gleichen Umgebungstemperaturen gleichzeitig.

Spinnmilben können die Pflanzen befallen; sie kommen bei höherer relativer Luftfeuchtigkeit weniger leicht auf. Außerdem wird die Limette wie anderere Zitruspflanzen von Schildläusen gern heimgesucht.

Ernte und Verwendung

Die sehr sauren Limetten sind als Frischobst zum Rohverzehr nicht geeignet. Ihr Saft kann dagegen roh in der Küche oder als Getränkezusatz wie der Saft der Zitrone verwendet werden. Der besonders in Amerika industriell hergestellte und sehr beliebte »Lime Juice« wird aus diesen Früchten erzeugt.

Limetten sind reif, wenn sie von selbst abfallen oder wenn sich die Frucht leicht vom Zweig lösen läßt. An der Farbe läßt sich der Reifegrad nicht feststellen, da die Früchte auch bei Vollreife grün bleiben. Sie sollten bald nach der Ernte verbraucht werden, da sie sich auch im Kühlschrank nicht gut halten und das Aroma rasch nachläßt.

Beschaffung

Jungpflanzen der Limette, meistens der Sorte 'Tahiti', gibt es bei Fachbetrieben, die häufig in Gartenzeitschriften inserieren.

Citrus × paradisi
Grapefruit

Heimat

Die Grapefruit stellt botanisch keine ursprüngliche Art dar; sie ist in Amerika als Varietät gezüchtet worden. Heute ist sie in Gebieten, in denen Zitruskulturen betrieben werden, weltweit verbreitet.

Die Pflanze

Der Name Grapefruit kommt aus dem Amerikanischen und bezieht sich auf die traubenförmigen (grape = Traube) Blütenstände. Die Grapefruitpflanzen entwickeln sich im Freilandanbau zu bis über 10 m hohen Bäumen. Auch in Kübelkultur können alte Exemplare über 2 m hoch und breit werden. Die Blätter der Grapefruit sind groß, dunkelgrün, ganzrandig und mit Ölzellen ausgestattet. Das Blatt selbst sitzt auf einem kurzen, verbreiterten Blattstiel, der selbst fast ein zweites Blatt vortäuscht. Die Pflanze ist dicht beblättert. Während des ganzen Jahres werden besonders die ältesten Blätter durch neuen Blattaustrieb ersetzt.

Die traubenförmigen Blütenstände erscheinen im Frühjahr in den Blattachseln der vorjährigen, aber auch der diesjährigen Triebe. Die wächsern harten Blüten erreichen etwa 2 cm im Durchmesser. Die Blütenfarbe ist ein reines Weiß. Die Einzelblüten produzieren Blütenstaub in überreichem Maß. Von den bis zu zehn Einzelblüten pro Blütenstand entwickeln sich aus reinen Platzgründen nur etwa zwei Fruchtknoten zu einer Frucht, die etwa doppelt so groß wie eine Orange ist. Grapefruits sind rund und bei Reife gelb. Es gibt samenlose und samentragende Formen, ebenso schwach rotfleischige Früchte, die durch Einkreuzen von Blutorangen-Sorten entstanden sind. Grapefruits lassen sich nicht wie Mandarinen und Orangen in einzelne Fruchtsegmente aufteilen.

Pflege

Auch diese *Citrus*-Art benötigt einen ganzjährig hellen Platz, wobei sie viel Sonne braucht, um schmackhafte Früchte auszubilden. Im Sommer sollte man die Grapefruit nur in den wärmsten Monaten ins Freie stellen, kühlere Nächte, wie sie bereits Ende August vorkommen, sind ungünstig; ebenso windige und dem Dauerregen ausgesetzte Plätze.

Während im Sommer die Temperaturen hoch sein können, genügen im Winter Temperaturen zwischen 10 und 15 °C, allerdings bei nur leicht feuchtem Wurzelballen. In der Wachstumszeit braucht die Grapefruit viel Wasser, jedes stärkere Austrocknen führt zu Laubfall, der im Sommer nicht mehr ausgeglichen werden kann.

Grapefruitpflanzen stellen keine besonderen Ansprüche an die relative Luftfeuchtigkeit.

Entsprechend ihrer Größe braucht die Grapefruit auch große Pflanzgefäße. Humoses kalkfreies und durchlässiges, mit etwas Lehm versetztes Pflanzsubstrat kommt den Bedürfnissen der Pflanze entgegen. Das Substrat soll einerseits durchlässig sein, um die Sauerstoffversorgung der Wurzeln zu sichern, es muß andererseits aber auch Feuchtigkeit speichern können, ohne zu vernässen. Die Bodenreaktion sollte im neutralen bis leicht sauren Bereich liegen, deshalb ist auf die Dauer immer Regenwasser das beste, im Winter wird das Gießwasser leicht angewärmt.

Die Blüten der Grapefruit können mit eigenem Blütenstaub befruchtet werden. Grapefruitblüten produzieren soviel Blütenstaub, daß der Pollen einer einzigen Blüte für ein Dutzend Bestäubungen ausreicht.

Gute Ernten sind nur bei regelmäßiger Düngung vom Frühjahr bis Ende September gesichert. Ab Oktober wird das Düngen eingestellt, damit das Holz des diesjährigen Triebes ausreifen kann. Die an der Pflanze sitzenden Früchte entziehen im Herbst keine Nährstoffe mehr, sie sind ausgewachsen und reifen jetzt. Die Früchte benötigen ein Jahr bis zur Ausreife.

Spinnmilben können die Pflanzen bei niedriger relativer Luftfeuchtigkeit befallen.

Ernte und Verwendung

Grapefruitpflanzen fruchten in der Kübelkultur ausgezeichnet, außerdem können sie jahrzehntealt werden. Die Frucht kann ohne Qualitätseinbuße so lange an der Pflanze hängen, bis sie von selbst abfällt. Der Geschmack steht der Handelsware in nichts nach, wenn die Früchte genug Sonne bekommen haben.

Beschaffung

Fachfirmen führen Grapefruitpflanzen regelmäßig im Angebot, sie sind allerdings ziemlich teuer.

Citrus maxima
Pampelmuse, Pomelo

Heimat

Pomelos stammen aus den tropischen Klimagebieten Südostasiens, wo sie in vielen Formen vorkommen. In Israel, in einem Tal bei Jericho, werden sie in großen Mengen für den Export angebaut.

Die Pflanze

Pomelos entwickeln sich in den Anbaugebieten zu Bäumen von etwa 10 m Höhe. Die Pflanze besitzt als einzige von allen *Citrus*-Arten beim Austrieb behaarte Zweige. Dornen werden nicht ausgebildet. Die dunkelgrünen, ledrigen Blätter werden bis zu 20 cm lang und fast 10 cm breit. Sie sitzen an einem Blattstiel, der so breit ist, daß er förmlich ein zweites Blatt vortäuscht.

Die großen, wächsernen, weißen Blüten erscheinen mit den Neutrieben immer zu mehreren an einem traubigen Blütenstand. Es entwickelt sich aber infolge der Fruchtgröße immer nur eine Frucht pro Blütenstand. Die Früchte können Kindskopfgröße erreichen, bei einem Stückgewicht von 2 bis 3 kg. Die dicke, aber weiche Schale umschließt ein saftiges, mildsäuerliches Fruchtfleisch. Im Gegensatz zur Grapefruit lassen sich die einzelnen Fruchtsegmente leicht teilen. Pomelos können mit eigenem Blütenstaub befruchtet werden, bessere Ergebnisse werden aber bei der Übertragung von Pollen anderer *Citrus*-Arten erreicht.

Pflege

Da die Pomelo aus tropischen Klimazonen stammt, muß sie auch als Kübelpflanze diese Bedingungen erhalten. Die Pflanze kann im Sommer kaum ins Freie

gestellt werden, kühle Nächte schaden, es tritt Wachstumsstillstand ein. Dabei können die Temperaturen im Sommer über 30 °C steigen, auch im Winter sollten sie nicht unter 18 °C sinken. Obwohl an hohe Luftfeuchtigkeit angepaßt, kommt die Pomelo mit niedrigen Werten aus, wenn sie langsam daran gewöhnt wird. Unterhalb von 60 Prozent sollte die relative Luftfeuchtigkeit nicht sinken, man läuft dabei Gefahr, daß der junge Austrieb vertrocknet.

Der Pflanzkübel, der nicht zu klein gewählt werden sollte, steht am besten auf einer isolierenden Unterlage, zum Beispiel einem Stück Teppichboden. Pomelos tolerieren keinen Kalk, weder im Gießwasser, das im Winter immer angewärmt sein sollte, noch im Substrat.

Die Pflanzen vertragen bis zur Hälfte Torf im Substrat. Ein Drittel der Substratmischung sollte scharfer, kalkfreier Sand ausmachen, damit alles überflüssige Wasser sofort abfließen kann.

Bedingt durch die großen Blätter braucht die Pflanze vom Frühjahr bis zum Herbst viel Wasser, im Winter muß man mit Gießen sehr vorsichtig sein, da ein feuchter Wurzelballen immer mit Abkühlung verbunden ist, ein Umstand, den die Pomelo nicht verträgt.

Obwohl organischer Dünger in seiner Zusammensetzung nicht immer konstant bleibt, geht man doch mit diesem Düngertyp kaum das Risiko ein, die Wurzeln zu verbrennen oder den Boden im Lauf der Zeit zu versalzen. Vom Austrieb bis in den Herbst hinein kann alle vierzehn Tage gedüngt werden. Die Pomelo stellt erst spät ihr Wachstum ein. Als ursprünglich tropische Pflanze wächst sie auch ganzjährig, sofern ihr Wärme und Kunstlicht im Winter zur Verfügung stehen.

Die Pflanzen sind meiner Erfahrung nach besonders empfindlich, wenn laufend Gießwasser um den Stamm gegossen wird. Obwohl Grapefruitpflanzen auf Unterlagen veredelt sind, scheint das Edelreis in dieser Hinsicht einen nachteiligen Einfluß auszuüben. Im Gegensatz dazu traten bei Pflanzen, die am Rand des Pflanzkübels gegossen werden, nie Verluste in dieser Hinsicht auf. Andere veredelte *Citrus*-Arten scheinen nicht so empfindlich zu sein, der Grund dafür ist mir nicht bekannt.

Pomelos blühen bei Kübelhaltung im zeitigen Frühjahr, die Blüten müssen also von Hand bestäubt werden. Es wird reichlich Pollen gebildet. Jede Blüte kann befruchtet werden, die Pflanze wirft dann selbst die jungen Früchte ab, die sie nicht ausbilden kann. Es dauert ein Jahr, bis die Früchte reif sind. Die anfänglich grüne Schale verfärbt sich mit zunehmender Reife gelbgrün, bei viel Sonne fast gelb.

Da die großen Blätter nach dem Austrieb noch lange weich bleiben, stellen sie einen besonderen Anziehungspunkt für Blattläuse dar. In den ersten vierzehn Tagen nach dem Austrieb brauchen die Blätter bei Haltung unter Glas oder am großen Südfenster in den Mittagsstunden eine leichte Schattierung, danach sind sie hart und ledrig und damit unempfindlich.

Ernte und Verwendung
Die Früchte können an der Pflanze hängen, bis sie abfallen; sie können aber auch abgenommen werden, sobald sie sich leicht vom Stiel lösen. Haben die Früchte viel Sonne erhalten, schmeckt auch das Fruchtfleisch süßer, es ist aber auch bei Vollreife ein leicht bitterer Geschmack festzustellen. Pomelos lassen sich leicht schälen.

Beschaffung
Jungpflanzen mit etwa 1 m Höhe werden von Fachfirmen angeboten, die sich auf tropische und subtropische Gehölze spezialisiert haben und die in Gartenzeitschriften inserieren.

× **Citrofortunella microcarpa**
Calamondinorange

Heimat
Calamondinorangen stammen aus Ostasien, in großem Stil werden sie auf den Philippinen angebaut. Aufgrund ihrer leichten Kultur und ihrer Beliebtheit als Topf- und Kübelpflanze werden sie heute zu Millionen unter Glas gezogen und vermarktet.

Die Pflanze
Calamondinorangen sind Sauerorangen und entwickeln sich in ihrer Heimat zu 3 m hohen und breiten Sträuchern, die in der Lage sind, Tausende von Früchten zu tragen. Der Strauch ist bereits knapp über dem Boden verzweigt und bildet einen dichten Busch. Die Pflanze ist dornenlos. Die Blätter sind spitz-oval bis eiförmig, etwa 6 cm lang und etwa 4 cm breit mit ganzem Rand. Die Oberseite ist dunkelgrün und glänzend.

Die Blüten haben nur etwa 1 cm Durchmesser, sie sind reinweiß mit goldgelben Staubgefäßen. Calamondinorangen sind selbstfruchtbar. Die tischtennisballgroßen Früchte mit dünner Schale verfärben sich von Grün mit zunehmender Reife in ein tiefes Orangerot. Die Früchte tragen in den Fruchtfächern Samen, zum Frischverzehr sind sie wegen ihrer Säure weniger geeignet. Die Pflanze blüht das ganze Jahr über; sie trägt gleichzeitig Blüten und Früchte in den verschiedensten Entwicklungsstadien.

Pflege
Der Strauch verträgt zwar keinen Frost, aber er ist gegen kühlere Temperaturen, auch wenn sie einmal länger andauern, nicht besonders empfindlich. Allerdings

darf dann nicht länger andauernde Nässe, zum Beispiel Dauerregen, hinzukommen. Calamondinorangen kommen nach den Eisheiligen an einen sonnigen, vor Wind geschützten Platz, eventuell vor eine Wand, die Wärme zurückstrahlt. Dort bleibt der Strauch bis zu den ersten Herbstfrösten. Den Winter verbringt er in einem hellen, aber kühlen Raum, in dem die Temperatur nicht über 10 °C ansteigt.

Liegt die relative Luftfeuchtigkeit für längere Zeit unter 60 Prozent, kümmert die Pflanze, tägliches Einsprühen mit weichem Wasser fördert dagegen das Wachstum.

Für die erfolgreiche Pflege sind kalkfreies Wasser und ein kalkfreies Substrat wichtig. Calamondinorangen neigen von Natur aus schon zur Ausbildung von gelben Blättern, bei zuviel Kalk im Substrat tritt dann schnell die gefürchtete Chlorose auf, die sich meist auch mit eisenhaltigen Düngern nicht mehr beheben läßt. Die Ansprüche an das Substrat sind dennoch nicht groß, jedes handelsübliche, torfhaltige Substrat eignet sich. Es muß nur wasserdurchlässig sein und darf auf Dauer nicht zu Verdichtung und Vernässung neigen, um die Sauerstoffversorgung im Wurzelbereich sicherzustellen.

Zuviel Nässe im Wurzelballen vertragen die Pflanzen nicht, dagegen kann schon einmal die Substratoberfläche abtrocknen, bevor wieder gegossen wird.

Da die Calamondinorange ganzjährig blüht und fruchtet, kann im Sommer alle acht Tage gedüngt werden; auch im Winter schadet es nicht, wenn in vierwöchigem Abstand nachgedüngt wird.

Die Blüten können mit eigenem Pollen bestäubt werden, aber auch jeder andere Pollen von Zitruspflanzen eignet sich dazu. Calamondinorangen können durch Schnitt in Form gebracht werden. Sie neigen weit weniger als andere *Citrus*-Arten zur Bildung von Wassertrieben.

Ernte und Verwendung

Als Sauerorange eignen sich die Früchte von Calamondinorangen weniger zur Verwendung als Frischobst. Sie können aber durchaus roh gegessen werden, der Geschmack ist herbsüß. Dazu müssen die Früchte aber vollreif sein, das heißt, sie lösen sich leicht vom Stiel oder fallen von selbst ab. In der Regel werden sie bei uns als Dekorationsobst in der feinen Küche oder Konditorei verwendet. Es läßt sich aber auch eine hervorragend schmeckende Konfitüre aus den Früchten zubereiten.

Beschaffung

Heute werden Jungpflanzen nahezu in jedem Blumenfachgeschäft angeboten, obwohl die Calamondinorange nicht zu den einfach zu pflegenden *Citrus*-Arten gehört. Auch in botanischen Gärten sind ausgewachsene Pflanzen von Calamondinorangen ausgesprochene Seltenheiten.

Poncirus trifoliata
Dreiblättrige Zitrone

Heimat

Diese Pflanzen sind im Norden Chinas heimisch, sie wurden von dort nach Japan eingeführt. Wegen ihrer Kältetoleranz und da sie stark bedornt ist, wurde die Dreiblättrige Zitrone dort als Heckenpflanze benutzt. Heute ist sie in allen Gebieten, in denen Zitrusanbau erwerbsmäßig betrieben wird, weit verbreitet, da sie vor allem als Veredlungsunterlage die Kälteverträglichkeit der Edelreise wesentlich erhöht.

Die Pflanze

Wie der Name schon sagt, besitzt die Pflanze dreigeteilte gefingerte, kleine dun-

kelgrüne Blätter, die entfernt an Efeu erinnern. Diese Zitrone wächst als ein dicht
verzweigter Strauch, der um die 3 m Höhe
erreichen kann. Je nach Umgebungsbedin-
gungen setzt die Verzweigung bereits dicht
über dem Boden ein, oder es bildet sich ein
kurzer Stamm. Zweige und Äste tragen
scharfe Dornen, so daß alte Exemplare
manches Mal undurchdringliche Büsche
bilden (Abbildung Seite 64).

Die kleinen, weißen Blüten erscheinen
in den Blattachseln der einjährigen oder
der Neutriebe. Sie besitzen goldgelbe
Staubgefäße und sind zwittrig. Aus den
Fruchtknoten entwickeln sich tischtennisballgroße, ungenießbare harte, mit einem
zarten Flaum versehene Früchte, die im
reifen Zustand das typische Zitronengelb
zeigen. Ältere Büsche tragen reich, die
Früchte bleiben lange an der Pflanze.

Pflege

Aufgrund ihrer Herkunft kann die Dreiblättrige Zitrone bereits ab März an einer
vollsonnigen Stelle an einer Mauer oder
eine Terrasse stehen. Dort bleibt sie bis
zum Auftreten stärkerer Fröste. Temperaturen um oder unter 0 °C schaden nicht,
wenn der Frost den Wurzelballen nicht
erreichen kann. Die Pflanzen werfen im
Herbst ihr Laub ab und können daher
auch an einem dunkleren Platz überwintert werden. In Weinbaugebieten kann
man es auch mit Auspflanzen an einer
besonders geschützten Stelle, wie zum Beispiel in einem Atriumgarten versuchen.
Mit etwas Winterschutz, wenn stärkere
Fröste drohen, kommt sie dort sicher über
die kalte Jahreszeit.

An die Luftfeuchtigkeit werden keine
besonderen Ansprüche gestellt, aber bei
trockener Luft besteht eher die Gefahr,
daß Spinnmilben die Pflanze befallen.

Die Dreiblättrige Zitrone bildet einen
kompakten Wurzelballen, deshalb sollte
das Pflanzgefäß nicht klein sein, dann

kann die Pflanze jahrelang darin verbleiben.

Das Substrat kann bis zur Hälfte aus
Lehm bestehen, aber die Pflanze stellt
keine besonderen Ansprüche an die
Pflanzerde – ob Lehm oder Torf spielt
keine Rolle, nur Staunässe darf keine entstehen.

Während die Pflanze im Sommer viel
Wasser, aber keine Dauernässe verträgt,
ist im Winter mit Wassergaben sehr sparsam umzugehen. Es liegt eigentlich auf der
Hand, denn die Pflanze braucht nur so viel
Feuchtigkeit, damit ihre feinen Saugwurzeln nicht vertrocknen. Wenn sie mehr
Wasser benötigt, meldet sich die Zitrone
selbst, nämlich beim Austrieb im Frühjahr
und keinesfalls vorher. Gegen hartes Gießwasser ist *Poncirus trifoliata* nicht so empfindlich wie die anderen Zitruspflanzen,
aber auf die Dauer verträgt sie zuviel Kalk
im Gießwasser und damit im Substrat
nicht.

Ein Düngerguß alle vier Wochen oder
eine Mistauflage jedes Frühjahr auf die
Substratoberfläche genügen für die Nährstoffversorgung.

Da Dreiblättrige Zitronen zu Beginn
des Frühjahrs Blätter und Blüten treiben
und dann in der Regel ins Freie kommen,
sind bereits Insekten zu dieser Jahreszeit
vorhanden, die die Bestäubung der zwittrigen Blüten sichern. Bei guter Ernährung
fruchten die Pflanzen reichlich, bei der
Kultur im Kübel lassen sie sich allerdings
etwas länger dafür Zeit. Die Pflanzen vertragen einen Rückschnitt gut, allerdings
läßt dann bedingt durch den verstärkten
Neutrieb die Blüten- und Fruchtbildung
zunächst nach.

Die Pflanzen sind gegenüber Schädlingsbefall ziemlich robust, allenfalls an
den Neutrieben stellen sich Blattläuse ein,
deren Saugtätigkeit Verkrüppelungen an
den Trieben hervorruft. Abhilfe ist in diesem Fall leicht zu schaffen.

Ernte und Verwendung

Für den Liebhaber haben die Früchte der Dreiblättrigen Zitrone nur Schmuckwert. Höchstens als Duftspender im Kleiderschrank können sie einige Zeit Verwendung finden.

Die Pflanze selbst hat große Bedeutung als Veredlungsunterlage für den Zitrusanbau in Gebieten, in denen es dann und wann zu leichten Frösten kommen kann. Zu einer Pflanze kann man kommen, wenn bei einer veredelten Zitruspflanze einmal die Krone abstirbt und die Unterlage noch grün bleibt. Man kann dies unschwer durch leichtes Kratzen an der Rinde feststellen: Die darunterliegende Leitbündelschicht muß noch saftig frischgrün erscheinen. Pflegt man diese Unterlage weiter, wird sie austreiben, und in einigen Jahren steht dann vielleicht eine prachtvolle *Poncirus trifoliata* in Ihrem Kübel.

Beschaffung

Spezialfirmen führen Jungpflanzen ganzjährig im Angebot.

Fortunella margarita
Ovaler Kumquat
Fortunella japonica
Runder Kumquat

Heimat

Die insgesamt sechs Arten der Gattung stammen aus China. Davon bilden einige, darunter die beiden oben angeführten, eßbare Früchte aus. Kumquats werden heute, auf *Poncirus* veredelt, erwerbsmäßig angebaut, teilweise sogar bis in die Randgebiete der für den Zitrusanbau geeigneten Klimabereiche.

Die Pflanze

Kumquats ähneln in Wuchs- und Blattform am ehesten den echten, kerntragenden Mandarinen mit ihrem weidenartigen Wuchs. Als Kübelpflanzen wachsende *Fortunella*-Pflanzen meist strauchartig, aber durch laufendes Ausbrechen der Seitentriebe am Stamm können die Pflanzen im Lauf der Zeit auch als Hochstamm gezogen werden. Sie erreichen dabei Höhen zwischen 2 und 3 m. Die schmalen Blätter sind etwa 6 cm lang und nur 2 cm breit, dunkelgrün und auf der Unterseite heller. Sie sitzen an einem runden, ungeflügelten Stiel.

Die weißen Blüten mit goldgelben Staubgefäßen erscheinen im Frühjahr in den Blattachseln und können mit eigenem Blütenstaub befruchtet werden. Die Früchte sind bei den hier beschriebenen Arten rund oder oval und haben etwa Pflaumengröße. Bei Vollreife färben sie sich tieforange. Die Früchte weisen in jedem Fruchtfach Samen auf. Kumquats sind die einzigen Zitrusfrüchte, die mit der Schale verzehrt werden. Auch in der Küche werden sie ganz verarbeitet.

Pflege

Da *Fortunella*-Arten sehr kältetolerant sind, können die Pflanzen bereits im April an eine geschützte Stelle im Garten oder auf die Terrasse kommen, wo sie bei vollsonnigem Stand bleiben bis die ersten Fröste einsetzen. Bei Temperaturen knapp unter 0 °C braucht der Kumquatstrauch noch nicht ins Winterquartier, wenn die Kälte nur nachts und kurzfristig auftritt. Dabei wird die Pflanze mit einer Folie oder ähnlichem Material abgedeckt. Frost darf den Wurzelbereich nicht erreichen. Die Überwinterung erfolgt in einem hellen Raum, in dem die Temperatur nicht über 5 °C zu steigen braucht, allerdings darf sie auch nicht unter die Null-Grad-Marke für längere Zeit fallen.

Trockene Luft macht den Pflanzen nicht besonders zu schaffen, die jungen Triebe entwickeln sich aber gesünder bei Luftfeuchtigkeitswerten von über 50 Prozent.

Die Kübelgröße wirkt sich auf die Endgröße der Pflanze aus: je mehr Raum die Wurzeln zur Verfügung haben, desto besser wächst der Kumquat, eine Feststellung, die für alle *Citrus*-Arten gilt.

Im Sommer wird der Wurzelbereich immer gleichmäßig feucht gehalten, auch einige Tage Landregen schaden nichts. Im Winter müssen die Wassergaben vorsichtig dosiert sein, die Pflanze behält ihr Laub, aber in dieser Jahreszeit will und braucht sie nur leichte Feuchtigkeit. Das Gießwasser muß kalkarm oder kalkfrei sein, das humose, durchlässige Substrat ebenfalls. Düngergaben alle vier Wochen bis Ende September genügen.

Da die beiden *Fortunella*-Arten sehr früh blühen, müssen die Blüten mit der Hand bestäubt werden, oder man drückt einfach die kleinen Blüten zwischen Zeigefinger und Daumen zusammen. Da die Narbe kaum über die Staubgefäße hinausragt, läßt sich auf diese Art schnell und zuverlässig der Pollen auf die Narbe bringen. Die Früchte wachsen anfänglich sehr schnell, brauchen aber dann doch fast ein Jahr bis zur Reife.

Kumquatpflanzen können mit der Schere in Form gebracht werden. Sie treiben danach kaum Wasserschosse, aber da viele Blüten an den Neutrieben erscheinen, läßt der Fruchtertrag nach einem starken Schnitt zu wünschen übrig.

Blatt- und Schildläuse treten gelegentlich auf, während Spinnmilben Fortunellen nicht sehr stark befallen, wenn die Luft nicht allzu trocken ist.

Ernte und Verwendung
Die Früchte der *Fortunella* können lange an den Pflanzen hängen, den besten Geschmack haben sie, wenn sie abgefallen

sind. Der Geschmack ist dann süßlich mit einem pikant herben Beigeschmack in der Schale, die mitgegessen wird. Kumquats lassen sich im übrigen kaum schälen, die dünne, saftige Schale schmeckt hervorragend. Die im Handel angebotenen Früchte fallen, da sie nicht vollreif geerntet werden, im Geschmack deutlich gegenüber den selbstgezogenen ab, sie werden in erster Linie als Dekoration verwendet. Kumquats fruchten auch im Kübel ausgezeichnet. Von einer mehrjährigen, gut gepflegten Pflanze sind schon einige Pfund zu ernten. Auch eine hervorragende Konfitüre läßt sich aus den herbsüßen Früchten herstellen.

Beschaffung
Jungpflanzen sind teilweise schon regelmäßig in größeren Gartencentern, ab und zu auch in Blumenfachgeschäften, zu haben; es handelt sich dabei in den meisten Fällen um den Ovalen Kumquat. Wer den Runden Kumquat haben will, muß schon bei Spezialfirmen suchen. Im Geschmack, über den sich aber streiten läßt, liegt der Ovale Kumquat deutlich über seinem Konkurrenten. Die Pflanzen selbst gleichen sich, mit Ausnahme der Fruchtform, völlig.

Citrus medica
Zedratzitrone, Zitronatzitrone

Heimat
Ebenfalls aus dem asiatischen Raum stammend, kam die Zedratzitrone schon im Altertum als Zier- und Heilpflanze in das Mittelmeergebiet. Dort wird sie heute noch zur Gewinnung von Öl und ihrer dicken Schale wegen als Zutat in der feinen Küche angebaut.

Die Pflanze

Der kleine Baum oder Strauch verzweigt sich bereits tief unten am Stamm. Die Blätter gleichen denen der Zitrone, sie sitzen an einem ungeflügelten Blattstiel. Der Neuaustrieb ist bei guter Belichtung rötlich, die Zweige besitzen steife Dornen.

Die weißen, mittelgroßen Blüten erscheinen im Frühjahr meist einzeln an den Blattachseln der vorjährigen Triebe. Sie sind selbstfruchtbar. Aus den Fruchtknoten entwickeln sich große, längliche, in eine Zitze auslaufende Beerenfrüchte mit einer dicken, grubigen Schale, die bei Reife goldgelb gefärbt ist. Die Stärke der Schale ist so umfangreich, daß kaum noch Fruchtfleisch vorhanden ist. Dieses ist sehr sauer, wird aber mangels Masse nicht verwertet.

Die ebenfalls sehr nahestehende Form *Citrus ethrog*, eine nicht ganz so große, aber ebenfalls dickschalige Zitrone mit kleinem Fruchtfleischanteil bildet einen unentbehrlichen Bestandteil bei Festen des jüdischen Glaubens. Sie wird dabei rituell verwendet.

Pflege

Die Pflege der beiden dickschaligen Zitronen gleicht völlig der von *Citrus limon*.

Ernte und Verwendung

Zedratzitronen werden aufgrund ihrer dicken, aber sehr aromatischen Schale in der feinen Küche verwendet. Die Frucht wird geschält, das Fruchtfleisch entfernt und die Schale mehrmals in immer konzentrierter werdender Zuckerlösung eingekocht, bis sie glasig durchsichtig geworden ist. Als Zitronat kommt sie dann in den Handel. Die Früchte, die lange an der Pflanze verbleiben, stellen aufgrund ihres imposanten Aussehens einen nicht zu übersehenden Blickfang dar. Zedratzitronen fruchten im Kübel ohne Schwierigkeiten.

Beschaffung

Es gibt noch einige *Citrus*-Sorten mehr im Handel, besonders die verschiedenen Einkreuzungen von Mandarinen, zum Beispiel die Satsumas. Bastarde zwischen *Fortunella margarita* und *Citrus aurantiifolia* werden als Limequat bezeichnet, eine saure Frucht, die für die Herstellung von Säften verwendet wird. Die Kultur gleicht der von Mandarinen, Limequat ist aber etwas kältetoleranter als die Art. Genauso gepflegt wird *Citrus myrtifolia*, eine Sauerzitrone, die myrtenähnliche, wie Dachziegel aufeinander liegende, kleine Blätter aufweist. Die tischtennisballgroßen Früchte hängen oft in so großer Zahl an der Pflanze, daß von Hand ausgedünnt werden muß, damit die anderen Früchte Platz zu ihrer Entwicklung haben. Das gleiche gilt für Clementinen, die im Kübel bis 3 m groß werden können und dabei überreich tragen. Sie reifen von allen Zitrusgewächsen am frühesten im Jahr. Allerdings sind Clementinen selbstunfruchtbar. Sie produzieren auch wenig Pollen. Zur Bestäubung eignen sich Zitronen- oder Grapefruitpflanzen, da diese beiden Arten Blütenstaub in ausreichendem Maß bilden.

Genußmittel

Coffea arabica
Kaffee

Heimat
Die Urheimat des Kaffeestrauches ist die halbtropische Region in den Ländern um das Rote Meer. Von den rund 60 Arten der Gattung *Coffea* werden nur einige wenige plantagenmäßig angebaut, vor allem in Afrika und Südamerika. Dort stellt die jährliche Kaffeernte einen wichtigen Posten in der Handelsbilanz der jeweiligen Staaten dar.

Die Pflanze
Die Wildform von *Coffea arabica* wird um die 6 m hoch. Der Kaffeestrauch wächst pyramidenförmig, die Verzweigung setzt schon sehr tief am Stamm ein. Die Seitenzweige stehen waagerecht oder leicht nach unten geneigt. Am Hauptstamm entwikkeln sich Wasserschosse, die senkrecht nach oben wachsen. Die etwa 10 cm langen, glänzenden Blätter sind tief dunkelgrün und auf der Unterseite heller gefärbt. Sie sitzen an einem kurzen Stiel. Der Rand der lanzettlichen Blätter ist oft gewellt und sie besitzen eine deutliche Spitze.

Die reinweißen Blüten, die in Büscheln in den Blattachseln stehen, weisen einen schwachen, jasminartigen Duft auf. Die Blüten werden durch den Wind oder durch Insekten bestäubt. Die Frucht, im Sprachgebrauch Kaffeekirsche genannt, besitzt zwei Samenanlagen. Die sich darin entwickelnden Bohnen liegen mit einer flachen Seite gegeneinander und sind an der Gegenseite nach außen gewölbt. Die Kaffeekirsche, die auch die Größe einer Kirsche fast erreicht, ist zunächst grün und wird dann über gelbe Tönungen purpur- bis dunkelrot. Zur Reife benötigt die Frucht etwa neun bis zwölf Monate.

Coffea liberica wird bis zu 15 m hoch, *Coffea excelsa* erreicht etwa 20 m Höhe. *Coffea canephora*, die den Robusta-Kaffee liefert, bleibt etwas kleiner, während *Coffea stenophylla* in etwa die Höhe der *Coffea-arabica*-Sorten erreicht.

Pflege
Die mit Dreiviertel der Welternte dominierende Kaffee-Art *Coffea arabica* stellt eine ideale Kübelpflanze dar, die auch bei unseren Verhältnissen eine Höhe von über 2 m erreichen kann.

Der Strauch muß ganzjährig entweder im hellen Zimmer oder im Wintergarten gehalten werden, ein Aufenthalt im Freien tut ihm nicht gut. Als ursprüngliche Unterholzpflanze braucht der Kaffee nicht unbedingt volle Sonne, allenfalls im Herbst, Frühjahr und Winter geben wir ihm soviel Licht wie möglich, im Sommer muß der Strauch beschattet werden. Die Temperaturen brauchen im Sommer nicht weit über 25 °C zu steigen, im Winter sollten 15 °C nicht unterschritten werden, und die relative Luftfeuchtigkeit sollte nicht unter die 50-Prozent-Marke fallen.

Der Strauch benötigt einen großen und tiefen Pflanzkübel, da sich sein Wurzelsystem sowohl in die Breite als auch in die Tiefe erstreckt. Der Pflanzkübel steht besser auf einer isolierenden Unterlage, denn der Wurzelbereich reagiert empfindlich auf Staunässe, besonders bei kühlen Umgebungstemperaturen. Die Wurzeln sind sehr sauerstoffbedürftig, deshalb sollte man auf gleichmäßig feuchte und nicht nasse Verhältnisse achten.

Das Substrat sollte sehr viel Humus enthalten, aber auch mit einem Drittel Lehmanteil kommt die Pflanze gut zurecht. Auf jeden Fall muß das Substrat wasserdurchlässig und gut durchlüftet sein und darf auch nach Jahren nicht zusammenfallen und sich verdichten. Kaffeepflanzen vertragen weder im Boden noch im Gießwasser Kalk. Sehr positiv reagiert der Kaffeestrauch auf organische Düngung in der Zeit von März bis September. Man düngt alle drei bis vier Wochen einmal.

Ab dem vierten Standjahr ist mit dem Erscheinen der ersten Blüten zu rechnen. Man kann den Pollen mit einem feinen Pinsel auf die Narbe übertragen, dies sollte aber gleich beim Aufblühen der Blüten geschehen, da die Einzelblüte bei höheren Temperaturen nur einen Tag lang blüht. Blütezeit ist das späte Frühjahr. Die Zeitspanne bis zur Reife der Früchte beträgt ein Jahr.

Kaffeesträucher werden aus Stecklingen oder Samen gezogen. Die Pflanzen können auch, wenn sie zu hoch werden sollten, gekappt werden. In den Anbaugebie-ten geschieht dies regelmäßig, um die Ernte zu erleichtern. Die am Stamm austreibenden und nach oben wachsenden Triebe werden regelmäßig ausgebrochen, es sei denn, man benötigt einen neuen Spitzentrieb. Will man Kaffee mit Stecklingen vermehren, so muß man immer einen nach oben wachsenden Trieb dazu verwenden, denn nur dieser behält dieses senkrechte Wachstum bei. Stecklinge von Seitentrieben bewurzeln zwar, sie behalten aber lebenslang ihr nach der Seite gerichtetes Wachstum. So kann man sogar hübsche Ampelpflanzen damit ziehen.

Kaffee aus Samen zu vermehren, hat nur Sinn, wenn man ganz frisches Saatgut, eventuell von einem botanischen Garten oder von der eigenen Pflanze, hat. Bohnen bleiben höchstens einige Wochen keimfähig, sie verlieren täglich etwas von ihrer Keimkraft. Lassen Sie deshalb die Finger von im Handel erhältlichen Kaffeesamen, das ist in der Regel hinausgeworfenes Geld, auch wenn »Keimschutzpackung« auf dem Umschlag steht.

Kaffeesträucher werden bei Lufttrockenheit von Spinnmilben befallen, auch Wolläuse saugen bevorzugt an den Unterseiten der Blätter.

Coffea arabica: Zweig mit Früchten, Aufbau der Kaffeekirsche

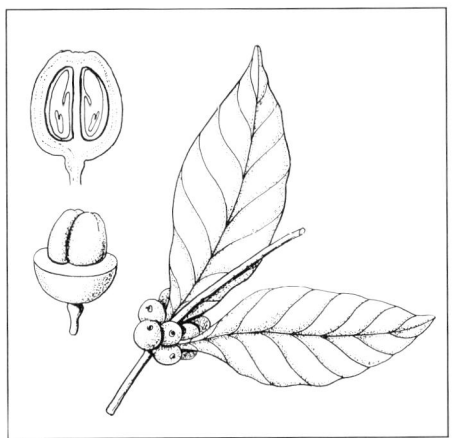

Ernte und Verwendung

Wer sich die Mühe machen will, eigenen Kaffee zu ernten und zu trinken, pflückt die »Kirschen«, sobald sie eine dunkelrote Färbung angenommen haben (Abbildung Seite 81). Zur Aussaat vorgesehene Bohnen, von denen zwei in jeder Frucht stecken, werden sofort gesät. Um trinkfertigen Kaffee zu gewinnen, kommt man um eine unangenehme Arbeit nicht herum, nämlich das Befreien der Bohnen aus dem Fruchtfleisch. Das geht verhältnismäßig leicht; man quetscht die Frucht zwischen zwei Fingern und die Bohnen gleiten heraus. Aber jede Bohne ist noch von einer dünnen Silberhaut umgeben, die unbedingt entfernt werden muß. Dazu legt man entweder die Bohne für einige Tage in Wasser, bis sich die Haut lockert und durch Reiben zwischen den Handflächen entfernt werden kann, oder man trocknet die Bohnen einige Tage lang und wendet dann dieselbe Methode an. Die Silberhaut muß vollständig entfernt werden, denn sie würde beim anschließenden Rösten verbrennen und den Bohnen einen unangenehmen Beigeschmack verleihen. In einer Eisenpfanne werden die Kaffeebohnen unter Beigabe von ganz wenig Öl und unter ständigem Rühren solange bei etwa 200 °C geröstet, bis sie die bekannte dunkelbraune Färbung angenommen haben. Erst durch den Röstprozeß bilden sich die Geschmacksstoffe in der Bohne. Nach anschließendem, vollständigem Abkühlen ist der eigene Kaffee fertig zum Mahlen.

Beschaffung

Junge Kaffeepflanzen der Arabica-Sorten werden von Fachfirmen und bereits sporadisch in größeren Gartencentern angeboten. Größere Blumengeschäfte können auf Nachfrage oft eine Pflanze besorgen.

Camellia sinensis
Tee

Heimat

Chinesischer Tee stammt, wie der Name schon sagt, aus China, dort vor allem aus dem südchinesischen Bergland, wo er sich bereits seit Jahrtausenden in Kultur befindet. Im südostasiatischen Raum wurde eine weitere Teeart mit größeren Blättern entdeckt, *Camellia assamica*. Kreuzungen beider Arten werden heute weltweit kultiviert – in Afrika, der GUS und Südame-

rika, der qualitativ beste Tee kommt aber immer noch aus Ost- und Südostasien.

Die Pflanze

Camellia sinensis, mit der wir uns hier befassen, wird ohne Schnitt ein etwa 10 m hoher, unseren Birken im Aussehen nicht unähnlicher Baum. Die spitz-ovalen Blätter sind hart, gezähnt, etwa 8 cm lang und 4 cm breit, auf der Oberseite dunkelgrün, während die Unterseite grüngrau erscheint. Der Strauch wird in der Kultur durch Schnitt auf etwa 1,5 m Höhe gehalten, um die Ernte zu erleichtern. Nur Pflanzen, die zur Samengewinnung unbeschnitten bleiben, bilden einen starken Stamm aus, die als Busch gehaltenen Pflanzen verzweigen sich bereits dicht über dem Boden, so daß ein breiter, dicht verzweigter Busch entsteht.

Die etwa 2 cm im Durchmesser großen weißen Blüten tragen zahlreiche, goldgelbe Staubgefäße. Sie erscheinen in den Blattachseln bereits an jungen Pflanzen.

Die Samen besitzen ungefähr die Größe einer Haselnuß und sitzen zu dritt in einer zuerst grünen, bei Reife braunen und dann aufspringenden Kapsel.

Um immer die gleiche Qualität bei der Vermehrung zu halten, werden Teesträucher heute überwiegend über Stecklinge von ausgewählten Sträuchern angezogen. Man erkennt die aus Stecklingen gezogenen Sträucher einer Plantage an der absolut gleichmäßigen Färbung ihres Laubes.

Pflege

Die heute kultivierten Pflanzen sind fast ausschließlich Hybriden aus Kreuzungen zwischen dem Chinesischen Tee mit dem charakteristischen harten Blatt und dem Assam-Teestrauch, der größere, weiche Blätter hat und aufgrund seiner Herkunft höhere Ansprüche an das Klima stellt.

Teesträucher stellen keine ganz einfachen Pfleglinge dar, besonders bei Kübelkultur. Chinesische Teesträucher vertragen kurzfristig sogar Frost bis - 5 °C, dieser darf aber den Wurzelbereich nicht erreichen. Die Pflanzen stehen im Sommer an der sonnigsten Stelle der Terrasse oder des Balkons, wo sie so früh im Jahr wie möglich bis zum Eintreten stärkerer Fröste im Herbst stehen bleiben. Im Winter genügt ein frostfreier, aber sehr heller Raum, das Wüstenklima in einem geheizten Wohnzimmer bekommt dem Teestrauch im Winter nicht.

Tee sollte in großen Pflanzgefäßen mit einer funktionierenden Dränage gehalten werden, in kleinen Gefäßen haben die empfindlichen Wurzeln keinen Raum. Tee bildet einen sehr starken Ballen aus, und die erforderliche gleichmäßige Feuchtigkeit läßt sich bei größeren Gefäßen in Räumen mit trockener Luft besser halten.

Absolutes Muß ist ein kalkfreies, humoses Substrat und ganzjährig kalkfreies Gießwasser. Tee darf weder im Sommer noch im Winter im Wurzelbereich übernäßt werden. Der Tod der Pflanze wäre vorprogrammiert. Die Hauptschwierigkeit bei der Kultur des Teestrauches ist die Einhaltung einer über das ganze Jahr gleichmäßigen Feuchtigkeit im Wurzelbereich. Bei Kübelkultur sollte Tee ausschließlich mit organischem Dünger versorgt werden, da die Pflanzen auf jede Art von mineralischem Dünger auf die Dauer mit schlechterem Wachstum reagieren.

Teesträucher kommen sehr früh in Blüte. Zur sicheren Befruchtung ist es vorteilhaft, eine zweite blühende Pflanze zuhaben. Zur Stecklingsvermehrung werden jüngere Triebe mit einem oder zwei Blättern in humoses Substrat gesteckt und bei nicht mehr als 20 °C im Schatten gehalten. Nach zwei bis vier Wochen sollten sie bewurzelt sein. Die obersten drei Augen eines Triebes schneidet man dazu ab, am besten bewurzeln sich, von der Spitze her gezählt, das vierte bis achte Auge.

Tee wird wenig von Schädlingen befallen, Schildläuse lassen sich von den harten Blättern leicht entfernen. Bei zu trockener Luft treten Spinnmilben auf.

Herstellung eigenen schwarzen Tees: Die Triebspitzen mit den zwei obersten Blättern werden nach dem Welken zwischen den Handflächen gerollt.

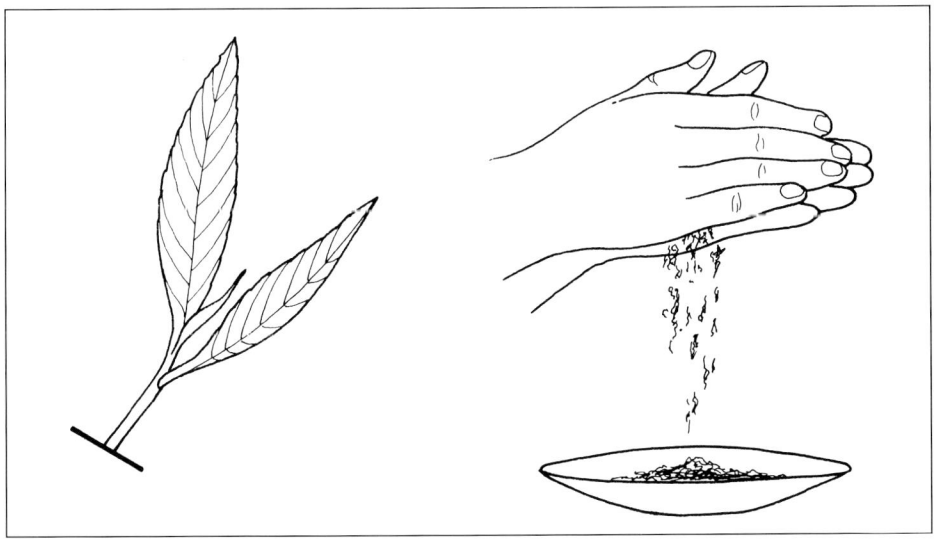

Ernte und Verwendung

Tee wird deshalb plantagenmäßig in Strauchform gezogen, weil er als freiwachsender Baum nicht genug Erntegut liefern würde. Auch in Kübelkultur kommt man um den drei- bis viermaligen Schnitt pro Jahr nicht herum, will man selbst Teeblätter ernten. Das Ziel sind immer gut verästelte und dichte Sträucher. Als Erntegut benutzt man nur die Spitzen und die zwei obersten Blätter eines Neutriebes. Die Regel, die vom traditionellen Teeanbaugebiet der Briten, in Darjeeling in alle Welt ging, gilt also auch heute noch uneingeschränkt bei Qualitätstee: two leaves and a bud (zwei Blätter und die Spitze). Ob man nun schwarzen oder grünen Tee gewinnt, hängt nur von der Art der Verarbeitung ab, das Ausgangsmaterial stammt von ein und derselben Pflanze.

Für die Herstellung eigenen schwarzen Tees kann man folgendermaßen vorgehen: Die Spitze mit den zwei obersten Blättern wird als Ganzes mit den Fingernägeln abgezwickt. Um die erforderliche Menge Tee zu erhalten, sind selbstverständlich mehrere gutgewachsene Sträucher nötig. Das Erntegut wird zum Welken an einen schattigen, luftigen Ort gebracht und bleibt dort so lange, bis sich die Blätter schlaff anfühlen. Auf keinen Fall die Blätter in den Backofen geben, sie dürfen nicht warm werden. Das Welken kann je nach Witterung bis zu 24 Stunden dauern, die Blätter dürfen nicht brechen, wenn man sie in der Hand zusammenballt. Anschließend werden die Blätter zwischen den Handflächen kreisförmig unter leichtem Druck gerollt. Dadurch werden die Blattzellen gesprengt, und der Zellsaft kommt mit der gesamten Blattfläche in Berührung. Durch Hinzutreten von Luftsauerstoff kommt es zu einer chemischen Reaktion, die bei der nachfolgenden Fermentation das Aroma, die Farbe und die Wirkung des Endproduktes wesentlich beein-

flußt. Man muß schon mit einer Viertel- bis halben Stunde für das Rollen rechnen. Danach wird der Tee fermentiert. Dies geschieht bei Temperaturen zwischen 25 und 30 °C und fast 100 Prozent Luftfeuchtigkeit. Dazu benutze man eventuell ein Glasgefäß oder einen Behälter aus ähnlich neutralem Material. Durch die Fermentation erhalten die Blätter ihre typische braunschwarze Färbung, auch der Teegeruch stellt sich nun ein. Man muß genau beobachten, wann die Blätter die richtige Färbung annehmen, um die Fermentation rechtzeitig abzubrechen. Anschließend wird der Tee bei etwa 90 °C getrocknet, bis auch der letzte Rest Feuchtigkeit verschwunden ist. Der Tee ist für die Zubereitung fertig.

Grüner Tee wird in weit größerem Ausmaß als schwarzer Tee in China und Japan getrunken. Er entsteht, wenn die Blätter in einer Pfanne bei 60 °C unter ständigem Rühren erhitzt werden. Dabei bleibt die grüne Blattfarbe erhalten, die in den Blättern enthaltenen Enzyme werden inaktiviert. Danach werden die Blätter wieder mit leichtem Druck zwischen den Handflächen gerollt, bis kein Saft mehr austritt. Beim vorhergegangenen Rösten dürfen die Blätter nicht dürr werden, nur welken und dabei heiß werden. Das Ganze dauert zwischen 5 und 15 Minuten. Nach dem Rollen werden die Blätter entweder an der Sonne oder im Heißluftherd bei etwa 60 °C getrocknet, danach werden sie an einem luftigen und schattigen Platz abgekühlt, das Produkt ist jetzt gebrauchsfertig.

Beschaffung

Teepflanzen werden von Fachfirmen, aber auch vom Gartenversandhandel angeboten. Während des Transportes können die Pflanzen die Blätter zum Teil abwerfen. Sie sind dann halbschattig und bei hoher Luftfeuchte und mäßigen Wassergaben bis zum Neuaustrieb zu pflegen.

Coffea arabica mit reifen und unreifen
Kaffeekirschen

Kakao; typisch die Fruchtbildung an
Stamm und stärkeren Ästen

Theobroma cacao
Kakao

Heimat

Der Kakao ist ein Unterholzgewächs der
tropischen Wälder Mittel- und Südamerikas. Als eigentliches Ursprungsgebiet
werden das Tiefland des Orinoko und die
Westindischen Inseln angesehen. Heute ist
die Kakaokultur in den Topen weit verbreitet.

Die Pflanze

Der Kakaobaum erreicht im allgemeinen
eine Höhe zwischen 4 und 8 m, in manchen
Fällen sogar bis 12 m. Der Stamm kann bis

zu 30 cm Durchmesser annehmen. Die
ausgebreitet wachsende Krone ist dicht
belaubt. Die Blätter sind groß, mäßig ge-
stielt, bis zu 30 cm lang und 10 cm breit. Sie
sind im Austrieb rot, später dunkelgrün
und besitzen eine ausgeprägte Träufelspitze. Ausgewachsen fühlen sie sich wie
Pergament an. Das Blatt hat die Fähigkeit,
sich nach dem Lichteinfall zu drehen.

Die Blüten sind klein, von gelblichwei-
ßer Farbe und völlig geruchlos. Sie entstehen, je nach Kakao-Art am Stamm oder an
Zweigen. Die Stammblütigkcit, die sogenannte Cauliflorie findet man bei den
Edelkakao-Sorten, die man als Criollo bezeichnet. Bei den zweigblütigen Arten (Ra-
miflorie) handelt es sich um Arten des
Konsum-Kakaos, den Forasteros. Dazwischen gibt es noch alle Erscheinungsfor-

men, da Kakao-Arten seit Beginn des plan-
tagenmäßigen Anbaus immer wieder ge-
kreuzt wurden (Abbildung Seite 11). Die
Blüten öffnen sich nachmittags gegen fünf
Uhr, die Bestäubung erfolgt abends oder in
der Nacht. Lange Zeit war überhaupt
nicht klar, wie die Bestäubung vor sich
geht, ob Selbstbestäubung oder Befruchtung durch Insekten erfolgt. Letzteres er-
wies sich schließlich als richtig. Kakaobäume blühen in den Anbaugebieten das
ganze Jahr über, aber der Fruchtansatz ist
im Verhältnis zur Zahl der Blüten sehr
gering.

Je nach Art und Sorte sind die Schoten-
früchte rund bis gurkenförmig, bis zu
20 cm lang und im reifen Zustand rot oder
gelb gefärbt. Die gesamte Frucht kann ein
Gewicht bis zu 500 g aufweisen, die dicke
Fruchtschale ist hart. In den Früchten finden sich in einer schleimigen Pulpa die in
fünf Reihen angeordneten Samen, die im
Handelsgebrauch Bohnen genannt werden. Die Samen des Kakaobaumes sind
das eigentliche Produkt, weshalb der
Baum angebaut wird.

Pflege

Aufgrund seiner Herkunft verlangt der Kakao streng tropische Verhältnisse. In einem Wintergarten, in dem Orchideen des
Warmhausbereiches gehalten werden, findet er die ihm zusagenden Lebensbedingungen. Im Zimmer läßt sich die Pflanze
auf Dauer nicht am Leben erhalten. Die
Umgebungstemperaturen sollen im Sommer und Winter nicht unter die 20 °C-
Marke fallen. Nach oben sind keine Grenzen gesetzt, sofern eine relative Luftfeuchtigkeit vorherrscht, die nicht unter 80 Prozent liegt. Sehr wichtig ist auch, daß die
Temperatur im Wurzelbereich nicht weit
unter 20 °C absinkt. Sehr positiv wirkt es
sich aus, wenn der Pflanzkübel auf einer
heizbaren Unterlage steht. Als Unterholzpflanze stellt der Kakao keine hohen

Lichtansprüche. Im Winter sollte er unbe-
schattet stehen, im Sommer muß bei Sonnenschein beschattet werden, sonst gibt es
Brandflecken auf den großen, dekorativen
Blättern.

Wie fast alle Pflanzen der Regenwaldre-
gion braucht der Kakao mehr breite als
tiefe Gefäße. Regenwälder entwickeln sich
auf völlig sterilem Untergrund, der meist
auf Sanden aufgebaut ist und bereits in
einer Bodentiefe von 30 bis 50 cm Tiefe
beginnt. Darüber liegt die dünne Humus-
schicht, die sich rasch abbaut, aber in
gleichem Maß von absterbendem organischem Material ersetzt wird. Dies ist der
Grund, warum diese Böden sofort verar-
men, wenn der Wald abgeholzt wird.
Wenn der Laubfall ausbleibt, wird der nun
bloßliegende Humus in kürzester Zeit zerstört. Der fortwährende Kreislauf eines
Regenwaldes erhält sich seit Jahrmillionen
selbst. Der sterile, praktisch nährstofffreie
Untergrund bildet auch den Grund,
warum die mächtigen Urwaldriesen die
gewaltigen, am Stamm entlang verlaufen-
den Brettwurzeln ausgebildet haben: Die
Brettwurzeln sorgen für die nötige Standfestigkeit, denn die Bäume können keine
in die Tiefe gehenden Wurzeln ausbilden
wie unsere heimischen Gehölze, da der
dazu nötige Unterboden fehlt. Tropen-
bäume können daher nur im Verband mit
anderen Bäumen stehen, die sich gegenseitig stützen. Bleiben nach dem Abholzen
größere Bäume vereinzelt stehen, stürzen
sie bald um.

Kakaobäume brauchen gemäß der Hu-
musauflage am Heimatstandort ein nach
der sauren Seite tendierendes Substrat mit
hohem Torfanteil. Die Pflanzen bilden nur
eine kurze Pfahlwurzel, aber viele Seiten-
wurzeln aus. Trotz der hohen Wasserauf-
nahmefähigkeit des Substrates darf niemals Staunässe entstehen. Hartes Wasser
bringt die Pflanzen auf Dauer um, weil
insbesondere ältere Pflanzen kaum mehr

umgetopft werden müssen. Obwohl Kakaopflanzen das ganze Jahr über neue Triebe hervorbringen können, setzt das Wachstum hierzulande in den Wintermonaten aus. Daher braucht nur von März bis November gedüngt zu werden, ansonsten reicht eine auf die oberste Substratschicht gebrachte Lage organischen Düngers aus.

Kakao-Jungpflanzen treiben etagenförmig: Nachdem der Mitteltrieb entwickelt ist, setzt die Bildung von Seitenzweigen ein. Erst nach einigen Standjahren entwickelt der Kakao von sich aus einen buschigen Wuchs. Er kann früher dazu gebracht werden, da er einen Formschnitt im Frühjahr sehr gut verträgt.

Die ersten Blüten können bereits nach einigen Jahren auftreten. Wer es mit der Bestäubung probieren will, braucht entweder eine Lupe oder sehr gute Augen: Die Blüten können mit der Hand bestäubt werden, aber dazu müssen die äußeren Blütenblätter entfernt werden. Trotzdem bleibt der Fruchtansatz schwach. Es scheint dabei auch auf die Sorte anzukommen, denn in einigen botanischen Gärten fruchten Kakaopflanzen regelmäßig, in anderen ist der Fruchtansatz spärlich, oder es erfolgt überhaupt keiner.

Schädlinge befallen Kakaopflanzen selten, nur die zarten Neuaustriebe sind durch Blattläuse gefährdet. Auch Spinnmilben können sich einstellen. Man liest immer wieder, dieser Schädling ließe sich durch Erhöhung der Luftfeuchtigkeit bekämpfen. Nach meinen Beobachtungen muß dies eine vorbeugende Maßnahme sein.

Erziehungsformen bei Kakao: Mehrstammschnitt (links), Hochstammschnitt (Mitte) und Kronenschnitt (rechts)

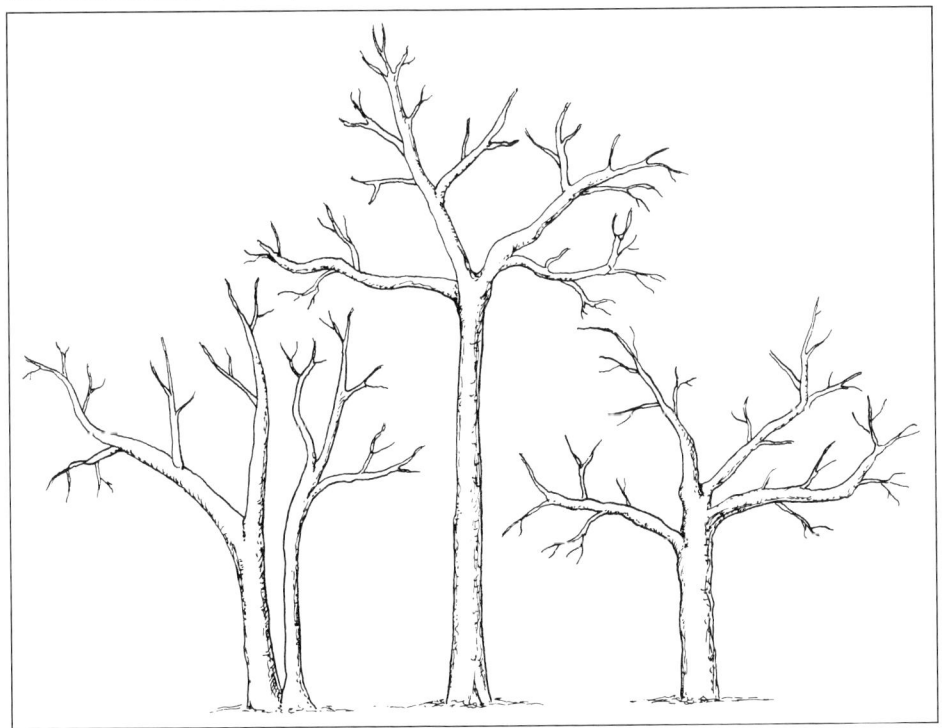

Ernte und Verwendung

Die Kakaobohnen werden industriell auf-
bereitet, um daraus Schokolade oder ähnliche Produkte zu gewinnen. Der Pfleger
einer Kakaopflanze hat keine Möglichkeit,
eine Frucht zu verwerten, es sei denn, er
verwendet die Bohnen zur eigenen Aussaat. Die Früchte benötigen an Kübelpflanzen etwa ein Jahr bis zur Reife, in den
Anbaugebieten reifen sie in ungefähr der
halben Zeit.

Die wirtschaftlich wichtigste Art ist
Theobroma cacao, aber auch andere Kakao-Arten werden zur Fruchtgewinnung
angebaut. Aus dem süßen und etwas
schleimigen Fruchtmus, in dem die Samen
eingebettet sind, wird ein lokal viel getrun-
kenes, aromatisches Erfrischungsgetränk
hergestellt, auch Süßspeisen werden
daraus zubereitet.

Beschaffung

Kakaopflanzen kommen äußerst selten in
den Handel. Die Vermehrung geschieht
mit frisch aus der Schote entnommenen
Samen, die man sich vielleicht von einer
Reise mitgebracht hat. Kakaobohnen verlieren nach einigen Wochen ihre Keimkraft. Etwas länger halten sie, wenn sie in
der ungeöffneten Schote aufbewahrt werden. Die Vermehrung von bereits vorhandenen Pflanzen geschieht am einfachsten
durch Markottieren.

Ilex paraguariensis
Yerbamate, Mate-Teestrauch

Heimat

Die Pflanze ist im mittleren Südamerika,
vor allem in Höhenlagen über 500 m verbreitet. Zeitweilig wurde im 17. und in der
ersten Hälfte des 18. Jahrhunderts in Para-
guay soviel Mate produziert, daß schon
damals von einem Monopol gesprochen
werden konnte. Daher rührt auch die Bezeichnung Jesuitentee.

Die Pflanze

Ilex paraguariensis ist ein immergrüner, hell-
rindiger Baum, der bis zu 15 m Höhe erreichen kann. Die Blätter sind länglich, ver-
kehrteiförmig und von ledriger Beschaffenheit. Sie werden etwa zwischen 5 und 10 cm
lang und 4 bis 5 cm breit. Am Zweig stehen
die Blätter wechselständig; sie weisen einen
gekerbten Rand auf. Die Mittelrippe tritt auf
der Blattunterseite deutlich hervor.

Die Pflanzen sind zweihäusig. In den
Blattachseln entwickeln sich die büscheli-
gen Blütenstände, die jeweils etwa 50 Einzelblüten aufweisen. Die Früchte sind
etwa 5 mm große Steinfrüchte, die bei der
Reife erst rot und dann schwarz werden.
Die in ihnen enthaltenen Samen sind sehr
hart, was die Keimung wesentlich er-
schwert. Deshalb werden die Früchte vor
der Aussaat gern an Hühner verfüttert, um
die Samen aufzuschließen und damit die
Keimdauer und das Keimergebnis günstig
zu beeinflussen.

Pflege

Ilex paraguariensis ist ursprünglich eine
Unterholzpflanze der höheren Lagen Südamerikas. Sie liebt also keine zu große
Helligkeit und keine allzu hohen Temperaturen. Temperaturen, die im Winter
nicht weit unter 10 °C fallen und im Sommer nicht über 25 °C steigen, sagen der
Pflanze zu. Wenn der Frost den Pflanzkübel nicht erreichen kann, halten einige
Jahre alte Matepflanzen auch Fröste bis
- 5 °C. Wegen seiner Kältetoleranz kann
der Matestrauch vom frühen Frühjahr bis
zum späten Herbst an einem halbschattigen Platz im Freien stehen. Der Aufstellungsort muß regensicher sein, Dauerregen verträgt die Pflanze nicht.

Ilex paraguariensis

Die relative Luftfeuchtigkeit sollte nicht unter 50 Prozent absinken, denn als Unterholzgewächs ist die Pflanze an eher feuchtere Luft gewöhnt.

Das Substrat kann lehmig oder torfhaltig sein. Es muß immer durchlässig bleiben und darf keinen Kalk enthalten, genausowenig wie das Gießwasser. Im Wurzelbereich fordert der Matestrauch im Sommer wie im Winter eine gleichmäßige, leichte Feuchtigkeit. Alle vier Wochen kann bis zum Herbst gedüngt werden, man kann sich aber die ganze Arbeit sparen, indem man im Frühjahr auf die oberste Substratschicht eine Lage Kuhdung oder ähnliches packt. Man kann diesen Dünger in geruchloser Form in jedem Gartencenter kaufen.

Der Matestrauch kann regelmäßig beschnitten werden, damit er den Größenverhältnissen des Aufstellungsortes angepaßt bleibt. Früchte sind nur zu erwarten, wenn zumindest ein männlicher und ein weiblicher Baum gleichzeitig blühen, wobei Kübelpflanzen von Hand befruchtet werden sollten, zumal es ohnehin selten vorkommt, daß Mutter- und Vaterpflanze gleichzeitig blühen. Mit seinen harten, ledrigen Blättern wird der Mate kaum von saugenden Insekten befallen. Eher setzt ihm zu gut gemeintes Gießen zu. Die Oberfläche des Ballens kann ruhig abtrocknen, bevor wieder zur Gießkanne gegriffen wird.

Ernte und Verwendung

Man kann seinen eigenen Matetee herstellen, wenn man die Blätter und dünnen Zweige in handliche Stücke zerlegt, und diese über einem Feuer oder in einer Pfanne bei starker Hitze zunächst so lange röstet, bis die Epidermis der Blätter aufspringt. Dabei muß die Temperatur so geregelt werden, daß die grüne Farbe der Blätter erhalten bleibt, das heißt, die Blätter dürfen keinesfalls verbrennen. Beim Rösten in einem Drahtsieb über offenem Feuer erhält der Mate einen zarten Rauchgeschmack, der dem in der Pfanne erhitzten Produkt fehlt. Danach wird der Tee bei etwa 90 °C so lange getrocknet, bis die einzelnen Blätter oder dünnen Zweige gut brechen, ohne sich zu verbiegen. Danach wird der Tee gleichmäßig gestampft und dabei zerkleinert. Dies geschieht so lange, bis alles Material gleichmäßige Größen aufweist. Anschließend muß der Mate noch etwa ein halbes Jahr in einer gut schließenden Dose bei Zimmertemperaturen nachreifen, bis er genußfertig ist. Geerntet wird immer nur in den Wintermonaten, wenn das Laub voll ausgereift ist und das intensivste Aroma aufweist. Mate wird in Südamerika ausgesprochen viel getrunken. Ihm wird nachgesagt, daß er mit seinen Inhaltsstoffen den Gauchos mit ihrem, berufsmäßig bedingten fast ausschließlichen Fleischgenuß das fehlende Gemüse ersetzen kann.

Beschaffung
Matepflanzen werden äußerst selten im Handel angeboten. Wo diese Pflanzen einmal auftauchen, sollte man sofort zugreifen, es kann lange dauern, bis wieder *Ilex paraguariensis* ins Angebot kommen.

Cola nitida (Cola vera)
Kolabaum

Heimat
Die ursprüngliche Heimat der *Cola nitida* als der wirtschaftlich dominantesten Art unter den *Cola*-Arten sind die afrikanischen Länder Sierra Leone, Elfenbeinküste, Liberia und die daran angrenzenden

Gebiete mit feuchtheißem Klima. Andere, wirtschaftlich weniger bedeutende Arten sind bis Zentralafrika, vor allem in den Regenwäldern, verbreitet.

Die Pflanze
Die Bäume sind ihrer Herkunft gemäß immergrün und werden zwischen 15 und 20 m hoch. Die dunkelgrünen, ledrigen und glänzenden Blätter sind länglich-oval und haben wie fast alle Pflanzen aus Gebieten mit hohem Regenfall Träufelspitzen ausgebildet. Sie werden zwischen 10 und 30 cm lang und etwa 5 cm breit. Die Blätter können sich wie die das Kakaobaumes durch Drehung des Stieles auf das einfallende Licht einstellen.

Die traubigen oder rispenartigen Blütenstände entwickeln sich an jungen Zweigen aus den ruhenden Blattachseln. Die gelbweißen, sternförmigen Blüten sind entweder zwittrig oder rein männlich. Kolabäume sind wie der Kakaobaum in der Lage, das ganze Jahr über zu blühen, plantagenmäßig angebaute Bäume in Gebieten mit Trocken- und Regenzeiten blühen beim Übergang von der Trocken- zur Regenzeit. Die Frucht setzt sich aus sternförmig angeordneten Balgkapseln zusammen, die bis zu einem Dutzend, meistens aber weniger Samen enthalten, die in einer süßsäuerlichen, nach Äpfeln riechenden Pulpa liegen. Diese Samen, im Handelsjargon Kolanüsse genannt, sind das begehrte Produkt des Baumes.

Pflege
Kolabäume benötigen, gemäß ihrer Herkunft, warmfeuchte Kulturbedingungen und ausreichende Beschattung in den Sommermonaten, während sie im Herbst und im Frühling volles Licht genießen sollten. Die Temperaturen können im Sommer bei einer relativen Luftfeuchtigkeit von über 70 Prozent auf Werte um die 30 °C und darüber steigen, im Winter soll-

ten sie nicht weit unter 20 °C fallen. Die Temperatur im Wurzelbereich muß ganzjährig bei 15 °C und darüber liegen, vor allem bei Nässe sind darunterliegende Werte für die Pflanze gefährlich.

Der Pflanzkübel braucht nicht besonders umfangreich zu sein. Günstig wirkt sich eine heizbare Pflanzenmatte unter dem Kübel aus. Sie hält die empfindlichen Pflanzen bei flottem Wachstum, und der Verbrauch an Energie ist minimal.

Das Pflanzsubstrat sollte kalkfrei und humos sein, also einen hohen Torfanteil enthalten. Man verwende Weißtorf, ein Material, das noch nicht so stark verrottet ist wie Schwarztorf aus den bayrischen Gebieten. Da Kolabäume in ihren Anbaugebieten immer ein reichliches Wasserangebot vorfinden, erübrigt sich für die Pflanzen die Ausbildung eines umfangreichen Wurzelballens. Wichtig ist aber für die Kübelkultur die Erhaltung einer gleichmäßigen Feuchtigkeit das ganze Jahr über, wenn auch im Winter sparsamer gegossen werden muß. Auf die Dauer kann nur weiches Wasser verwendet werden.

Vom Frühjahr bis zum Herbst sollte alle vier Wochen organisch gedüngt werden, auch im Winter düngt man ein- bis zweimal bei halbierter Dosis. Die gesamte Pflege gleicht in etwa derjenigen des Kakaobaumes, mit dem zusammen Kola teilweise im Verband plantagenmäßig angebaut wird.

Kolabäume sind gegenüber Wurzelverletzungen, wie sie zum Beispiel beim Umpflanzen passieren, sehr empfindlich. Sie können dabei sogar absterben, daher ist größte Vorsicht zu empfehlen.

In den Anbaugebieten bringt der Kolabaum seine ersten Blüten ungefähr nach dem fünften Pflanzjahr, in Kübelkultur kann es doppelt so lange dauern. Da es bei diesen Pflanzen männliche, weibliche und zwittrige Exemplare gibt, läßt sich über eine spätere Ernte nichts sagen, bevor man kein blühendes Exemplar vor sich hat.

Die großen Blätter werden gern von saugenden Insekten und Spinnmilben befallen.

Ernte und Verwendung

Nach dem Befruchten brauchen die sich entwickelnden Früchte in den Anbaugebieten etwa ein halbes bis ein dreiviertel Jahr bis zur Reife. Dieser Zustand ist erreicht, wenn die Bauchnaht der Balgkapseln aufplatzt und die Samen sichtbar werden. Auch das Umfärben der gesamten Frucht von Grün auf Gelb ist ein Zeichen der Reife. In einer Frucht sitzen gewöhnlich etwa 20 Samen. In den Anbaugebieten werden die sogenannten Samen, die »Kolanüsse«, von der Bevölkerung frisch als Ganzes oder in Scheiben geschnitten gekauft. Ihre anregende Wirkung beruht auf einem Koffeingehalt von bis zu 2,5 Prozent und höher. Noch höher liegt der Gehalt an Gerbsäure. Früher wurden in Afrika die Samen der *Cola*-Pflanzen als Zahlungsmittel gebraucht. Bei uns wurde die Kola wegen ihrer pharmazeutischen Wirkungen eingeführt, weltweit bekannt wurde die Pflanze und ihre Samen durch die beliebte koffeinhaltige Limonade aus Amerika.

Beschaffung

Kolapflanzen sind nur über einen botanischen Garten zu beschaffen; eventuell besorgen Samenhandlungen auf Vorbestellung den Samen, der sofort, ohne Rücksicht auf die Jahreszeit, gesteckt wird.

Obst

Ananas comosus
Ananas

Heimat

Die Ananas ist ein Gewächs aus den trokkeneren Zonen des tropischen Amerika. Auf den Karibischen Inseln kommt sie heute noch in wilder oder verwilderter Form und teilweise als lästiges Unkraut vor. Ihr Anbau hat sich heute weltweit auf tropische und mit klimahärteren Sorten sogar bis in die subtropischen Gebiete ausgedehnt.

Die Pflanze

Die Ananas gehört zu den Bromeliengewächsen (Bromeliaceae). Sie wächst mit einem kaum sichtbaren Stamm in einer Rosette mit steifen, bis zu 1 m langen und bis zu 6 cm breiten, graugrünen Blättern. Bei vielen Sorten weisen die Blätter eine sägezahnähnliche Randbestachelung auf; bei der heute meistangebauten Sorte 'Smooth Cayenne' sind die Blattränder glatt, bei der Ernte ein nicht zu unterschätzender Vorteil, da bei unvorsichtigem Hantieren durchaus Verletzungsgefahr durch die harten Blätter besteht.

Der nach etwa 18 Monaten aus der Mitte der Rosette treibende Blütenstand ist etwa 30 cm lang und trägt ährenförmig angeordnete, kleine Blüten von rosa Färbung. Jedes Blütchen entwickelt eine Beere, die mit allen benachbarten Beeren und der fleischig werdenden Blütenachse zu einer massigen, äußerlich schuppenförmigen, zylindrischen oder kegelförmigen Scheinfrucht verwächst. An der Spitze die-

ser Frucht wächst eine Rosette kleiner Blätter, die Krone. Als Folge weiterer Wachstums bildet die Pflanze zahlreiche Schößlinge, die teils aus dem Wurzelbereich, teils aus den Blattachseln und unterhalb oder oberhalb der Frucht wachsen. Diese Schößlinge ersetzen die Mutterpflanze, die nach Art der Bromeliaceen nach der Fruchtreife abstirbt. Die Ernährung der Ananas geschieht nicht nur über die Wurzeln, die Pflanze ist auch in der Lage, Nährstoffe und Wasser über Blattschuppen aufzunehmen.

Pflege

Die Ananas benötigt als ausgewachsene Pflanze etwa einen Quadratmeter Platz. Der Standort muß unbedingt vollsonnig sein wenn die Pflanze fruchten soll. Dabei können die Temperaturen ohne weiteres bis auf 40 °C klettern. Nachts fördern Temperaturen unter 20 °C die Blühwilligkeit, vorausgesetzt, die Pflanzen sind alt genug, um überhaupt blühfähig zu sein. Fallen die Nacht- oder auch die Tagestemperaturen bis auf 15 °C, hört die Ananas auf zu wachsen.

Der Ananas ist es bei unseren Verhältnissen auch im Sommer im Freien nachts zu kalt. Sie eignet sich aber vorzüglich als Zimmerpflanze, wenn man genug Platz und ein helles Südfenster zur Verfügung hat, da sie Lufttrockenheit verträgt. Sie gedeiht aber auch gut bei hoher relativer Luftfeuchtigkeit. Die Pflanze sagt selbst, ob die Lichtverhältnisse ihren Bedürfnissen entsprechen: Färben sich die normal graubereiften Blätter nach Grün um, steht die Pflanze zu dunkel.

Das Pflanzgefäß braucht nicht tief zu sein, die Ananas bildet keine Pfahlwurzel aus, die Faserwurzeln streifen knapp unterhalb der Oberfläche in die Breite. Man kann ohne weiteres zwei Pflanzen in einem Kübel kultivieren, eine Gruppenpflanzung sieht bei der Ananas optisch sogar besser aus. Ananaspflanzen bilden keine großen Wurzelballen aus, machen sich also keine Konkurrenz.

Die Ananas gehört zu den Xerophyten. Sie ist in der Lage, monatelange Trockenheit schadlos zu überstehen. Sie schließt tagsüber ihre Spaltöffnungen, um möglichst wenig Wasser zu verdunsten, und nimmt daher das für die Photosynthese erforderliche Kohlendioxid nachts auf. Dieses wird im sogenannten Crassulaceensäurestoffwechsel gebunden, damit es am folgenden Tag bei entsprechendem Lichtangebot zur Assimilatbildung verwendet werden kann. Kaum eine andere Nutzpflanze ist so empfindlich gegenüber zuviel Gießwasser wie die Ananas. Im

Ananas comosus, Beginn der Fruchtbildung

Winter kann das Gießen nahezu eingestellt werden, die Oberfläche des Substrates sollte abtrocknen. Nur eine ganz leichte Ballenfeuchtigkeit, gerade so, daß die feinen Faserwurzeln nicht absterben, ist zu erhalten.

Kalk mag die Pflanze weder im Gießwasser noch im Substrat, das sowohl humos als auch lehmhaltig sein kann (Kakteenerde eignet sich). Das Substrat muß überschüssiges Wasser sofort ableiten können, damit keine Staunässe entsteht. Das Gießwasser kann man der Ananas entweder in den Trichter der Blattrosette geben oder direkt auf die Topferde. Dabei ist ein Düngerguß alle zwei Monate angebracht.

Die Blüte kann induziert werden, indem man zum Beispiel eine schwache Karbidlösung in den Trichter füllt. Die Blüte setzt dann etwa sechs Wochen später ein, immer vorausgesetzt, die Ananas hat das blühfähige Alter erreicht. Bei zu jungen Pflanzen nützt dieses Verfahren nichts.

Sind kleine Kinder im Haus, sollte man sich die Kultur der Ananas überlegen, da die starren und spitzen Blätter sehr stark stechen können. Bei guter Pflege können selbstgezogene Ananas in drei bis vier Jahren zur Blüte kommen. Allerdings sollte man mit dem Induzieren der Blüten, wie oben beschrieben, nicht im Frühjahr, sondern im Spätsommer oder Herbst beginnen, da dann die Früchte in den Sommermonaten des nächsten Jahres reifen und bei viel Sonne viel mehr Aroma enthalten. Im Winter reifende Früchte bilden nicht viel Geschmack und Süße aus. Die Ananas entwickelt ihre Früchte ohne Zutun des Pflegers, sie muß also nicht von Hand bestäubt werden. Mit der Bildung der Frucht setzt gleichzeitig die Entwicklung der Schößlinge ein, da die Mutterpflanze nach der Ernte abstirbt.

Von Schädlingen wird die Ananas kaum befallen.

Ernte und Verwendung

Ananas werden in großem Stil wegen ihrer Früchte und zur Fasergewinnung angebaut. Zur Faserproduktion vorgesehene Pflanzen werden unter Schattendächern gezogen. Die von der Blattmasse befreiten, langen Fasern glänzen und haben eine geschmeidige Beschaffenheit. Daneben wird noch das Enzym Bromelin gewonnen, das vor allem in der Medizin und in der Lebensmittelindustrie verwendet wird. Das Hauptproduktionsinteresse gilt den Früchten, die als Frischobst und in der Konservenindustrie weltweit vermarktet werden.

Auch in Kübelkultur kommen Ananas zum Fruchten, wenn sie nur genug Sonne bekommen. Voll ausgereifte Früchte übertreffen mit ihrem Aroma die handelsübliche Ware, da diese aus Transportgründen nicht vollreif geerntet werden kann. Die Früchte färben sich bei beginnender Reife allmählich von Grün nach Goldgelb. Sie dürfen aber nach Ausbildung der gelben Farbe noch nicht geerntet werden. Erst wenn beim Drücken mit dem Finger auf eine der Schuppen ein Tropfen Saft aus der Frucht quillt, ist die Ananas reif und kann verbraucht werden. Die Frucht benötigt etwa ein Jahr bis zur Reife.

Beschaffung

Ananaspflanzen findet man nicht im Handel, man zieht sich die Pflanzen selbst aus der Krone, die jeder Frucht aufsitzt. Dazu benötigen wir eine Ananasfrucht, die garantiert noch keinem Frost ausgesetzt war. Wir kaufen sie in den Sommermonaten. Mit einem scharfen Messer trennen wir den Blattschopf so ab, daß vom Fruchtfleisch noch ein keilförmiger Strunk daranbleibt. Darauf wird alles Fruchtfleisch vorsichtig entfernt. Jetzt ist die Mittelachse, sozusagen der Stiel des Blattschopfes sichtbar. Dieser wird bis kurz vor der Basis der untersten kleinen Blättchen eingekürzt. Jetzt ziehen wir zwei bis drei Reihen dieser kleinen Blätter nach unten ab. Dadurch entsteht ein neuer Stiel, der aber nun einige umlaufende Reihen von erhabenen bräunlichen Punkten zeigt. Dies sind die Sproßpunkte der spä-

Anzucht einer Ananaspflanze aus der Frucht

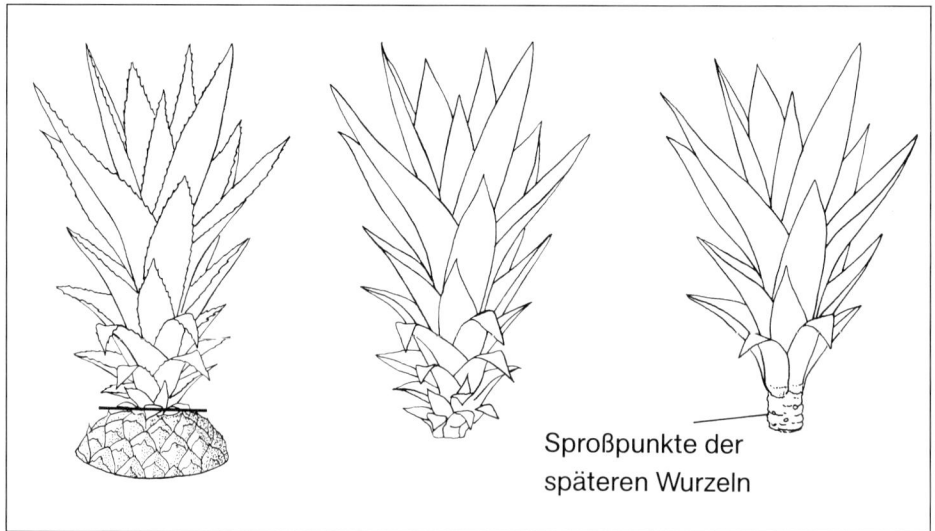

Sproßpunkte der späteren Wurzeln

teren Wurzeln. Durch das Abziehen der unteren Blätter kann jetzt Feuchtigkeit an diese Sproßpunkte gelangen, die so zum Austreiben veranlaßt werden.

Den so vorbereiteten Blattschopf lassen wir zwei bis drei Tage an der Luft, damit die Schnittfläche abtrocknen kann und beim späteren Eintopfen keine Infektion auftritt. Für den Anfang genügt ein 10-cm-Topf. Ein Abzugloch im Boden ist wichtig, damit keine Staunässe entsteht. Ist der Blattschopf pflanzbereit, feuchten wir die Erde leicht an und stecken ihn, gleichzeitig etwas andrückend, in das Substrat. Er soll an einem warmen, hellen, aber vor Sonne geschützten Platz stehen. Ein übergestülpter Klarsichtbeutel, unter dem Topfrand zusammengebunden, sorgt für die erwünschte hohe Luftfeuchtigkeit. Dadurch verdunsten die Blätter weniger Wasser. Das ist wichtig, solange Wurzeln noch fehlen.

Wenn der Blattschopf zu wachsen beginnt, ist dies ein deutliches Kennzeichen dafür, daß sich Wurzeln gebildet haben. Man darf bis dahin die Geduld nicht verlieren, doch nach etwa vier Wochen sollte der Schopf bewurzelt sein. Wenn die Jungpflanze sichtbar wächst, können wir die Folie abnehmen.

Musa acuminata, 'Dwarf Cavendish'
Zwergbanane

Heimat

Von den vielen Arten der Gattung *Musa* soll nur die oben angeführte besprochen werden, da sie sich aufgrund ihrer Herkunft und ihrer geringen Größe für die Kultur als Kübelpflanze am besten eignet.

Die Bananen stammen aus dem südostasiatischen Raum und wurden schon in vorchristlicher Zeit nach Afrika eingeführt. Von dort gelangten sie erst um die Mitte unseres Jahrtausends auf den amerikanischen Kontinent, wo sich heute riesige kommerzielle Bananenplantagen befinden. Aber auch in allen Weltteilen, deren klimatische Bedingungen den Anbau zulassen, werden Bananen in großem Stil kultiviert. Die Zwergbanane wird auf den Kanarischen Inseln für den Export gezogen, ursprünglich stammt sie aus dem südlichen China.

Die Pflanze

Alle Bananen weisen ein knollig verdicktes Rhizom auf, aus dem fruchtende Schößlinge treiben. Dieses Rhizom kann sehr umfangreich werden und bis zu 1 m Durchmesser erreichen. Der Scheinstamm von bis zu 1,5 m Länge wird aus den Blattscheiden der großen Blätter gebildet. Diese sind rinnenförmig gebogen und ineinander geschachtelt, sie bilden so den Stamm. Die Blätter sitzen an einem kurzen, aber kräftigen Blattstiel, sie werden über 2 m lang und etwa 50 cm breit. Beim Austrieb sind sie noch ungeteilt, ihre Blattspreite reißt aber bald an vorgegebenen Adern durch den Wind auf, die Blätter erscheinen dann wie gefiedert.

Etwa ein Dreivierteljahr nach dem Austrieb durchwächst der Blütenstand den Scheinstamm, um zunächst nach oben zu wachsen, ehe sich die Spitze durch das eigene Gewicht nach unten zu senken beginnt. Der Blütenstand weist zahlreiche weinrote, löffelförmige Hochblätter auf, die zuerst anliegen, sich später spreizen und die zahlreichen, in zwei Reihen sitzenden Blüten freigeben. Die ältesten, also die ganz oben sitzenden Blüten sind zur Fruchtbildung befähigt, ohne daß eine Bestäubung stattzufinden braucht. Die am Blütenstand noch sitzenden Blüten sind

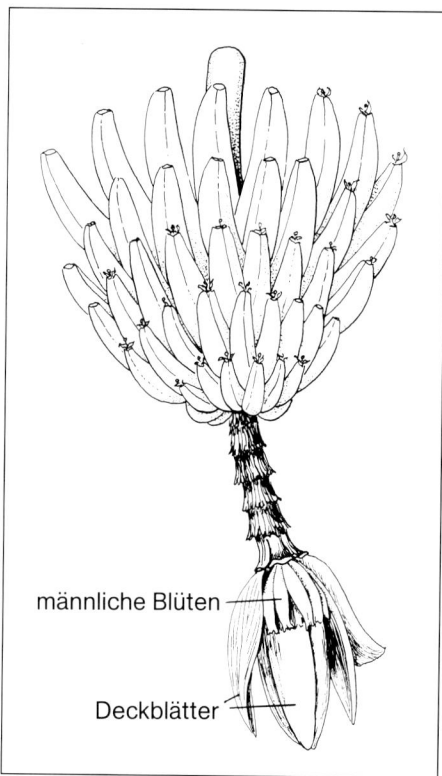

männliche Blüten ————

Deckblätter ————

Blüten- und Fruchtstand der Banane

entweder männlich oder zwittrig, wobei
diese aber auch ganz fehlen können. Jede
Banane kann nur einen Fruchtstand hervorbringen und stirbt nach der Reife ab.
Der Fruchtstand besteht aus Teilen, im
Handelsgebrauch als »Hände« bezeichnet,
die aus 5 bis 15 Einzelfrüchten bestehen.
Der gesamte Fruchtstand setzt sich aus 5
bis 20 »Händen« zusammen. Da die
Früchte parthenokarp, also ohne Befruchtung entstehen, enthalten sie auch keine
Samen, vielleicht eine Folge der jahrtausendealten Kultur. Samentragende Bananen bilden ihre Früchte nach normaler
Bestäubung.

Jedes Rhizom treibt beim Absterben der
fruchtenden Pflanze mehrere Schößlinge,
die zur Vermehrung benutzt werden.

Pflege

Grundsätzlich gedeiht die Banane in einem feuchtwarmen Klima am besten.
Sommertemperaturen über 30 °C und
Nächte, in denen die Temperatur nicht
unter 20 °C fällt, bieten ideale Bedingungen. Die Zwergbanane erträgt zwar noch
Nachttemperaturen bis um 10 °C, dabei
kommt aber das Wachstum zum Still-
stand. Wenn keine Fröste mehr zu erwarten sind, kann die Pflanze an der sonnigsten Stelle im Freien stehen, unter Glas
braucht sie Sonnenschutz mit Ausnahme
von Herbst und Frühjahr. Im Winter empfiehlt sich Zusatzbelichtung. Im geheizten
Zimmer hält sich die Zwergbanane nicht
gut, obwohl ihr die Temperaturen zusagen
würden. Aber die Luft ist viel zu trocken,
die großen Blätter vertragen das nicht,
ohne Schaden zu nehmen. Sie sind dann
auch ein gefundenes Fressen für Spinnmilben. Bananen erfrieren bereits bei + 2 °C,
man muß sie also im Herbst eher früher
als später ins Haus nehmen.

Der Pflanzkübel muß groß sein, sowohl
in bezug auf die Breite, als auch in der
Höhe. Jedes Substrat, das eine lockere,
humose Struktur mit einer guten Wasserdurchlässigkeit aufweist, ist geeignet. Bananen sind rasante Wachser, deshalb müssen sie im Sommer alle acht Tage gedüngt
und laufend gegossen werden. Der Wurzelbereich soll immer feucht sein, und
zwar auch im Winter, wenngleich in dieser
Jahreszeit erst gegossen werden sollte,
wenn die Substratoberfläche abzutrocknen beginnt. Bananen vertragen aber keinerlei Staunässe, die fleischigen Wurzeln
würden sofort zu faulen beginnen. Kalk im
Substrat und besonders im Gießwasser
(man bedenke den großen Wasserbedarf
im Sommer) vertragen Zwergbananen auf
Dauer nicht.

Es dauert einige Jahre, bis die Pflanze
eine Größe erreicht, die sie zum Blühen
befähigt, da das Wachstum unter unseren

Bedingungen wesentlich langsamer vor sich geht. Erst dann bildet sich der Blütenstand, der den ganzen Scheinstamm durchwächst. Noch ein Tip: Nehmen Sie den größten Pflanzkübel, der zu haben ist, die Pflanze wird zwischen 2 und 3 m hoch, und wenn sich noch der imposante Blütenstand bildet, wird die Pflanze leicht kopflastig. Außerdem wirft sie bereits der leiseste Windhauch um. Wenn dann noch der sich gerade bildende Blütenstand abbricht, ist das doppelt ärgerlich.

Bananen werden bei trockener Luft von der Roten Spinne befallen. Sonst verirrt sich höchstens einmal eine Blattlaus auf die Blätter, aber im allgemeinen sind Zwergbananen nicht sehr anfällig für Schädlinge.

Ernte und Verwendung

Von der Blüte bis zur reifen Frucht vergeht in unserem Klima etwa ein Jahr. Der Fruchtstand kann geerntet werden, wenn die Einzelfrüchte tiefgelb sind und die Schale auf leichten Druck nachgibt. Es ist aber auch möglich, einzelne reife Früchte zu ernten und die übrigen an der Pflanze zu lassen, bis sie reif sind. Bananen reifen aber auch in einem warmen Raum nach. Die Früchte der Zwergbanane besitzen ein ausgezeichnetes Aroma. Wenn die Pflanze fruchtet, bildet sie bereits einige Schößlinge aus, von denen der bestgewachsene abgetrennt und zur Weiterkultur umgepflanzt wird.

Eine Erscheinung, die noch nicht restlos geklärt ist, betrifft die Stammbildung der Schößlinge. Es hat sich herausgestellt, daß Schößlinge, die einen nach oben sich verengenden Stamm ausbilden, später besser fruchten als Bananen mit einem völlig geraden Stamm. Deshalb ist es ratsam, bei der Auswahl der Nachzucht gezielt vorzugehen. Es ist unbedingt umzupflanzen, da sonst die Entwicklung der neuen Pflanze unter dem Platzmangel im Wur-

Musa acuminata mit Fruchtstand

zelbereich leidet, Kümmerwuchs wäre die Folge.

Beschaffung

Die in den Gartencentern häufig angebotenen Bananen gehören durchwegs der Art *Ensete ventricosum* an. Diese Pflanzen erreichen 8 m Höhe und mehr und brauchen dazu mehrere Jahre. Sie überschreiten somit die räumlichen Möglichkeiten des Hobbygärtners. Nach Jahren kommen sie zum Blühen, bilden aber keine eßbaren Früchte aus. Die Früchte enthalten aber keimfähige Samen. Die im Gartenfachhandel erhältlichen Tütchen mit Samenkörnern der Banane, die auf der Vorderseite der Packung ein Bild mit Früchen der Banane tragen, sollen dem unkundigen

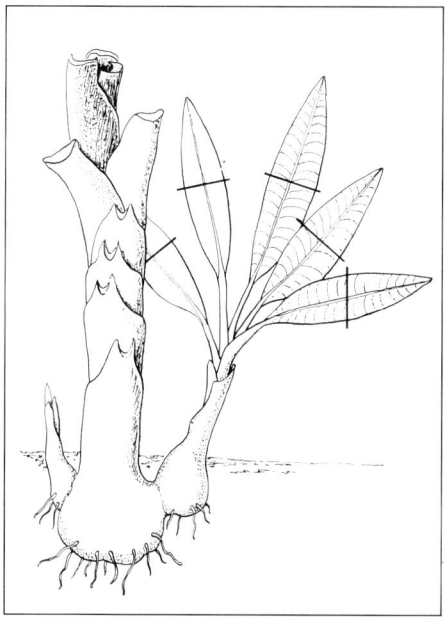

Bereits bewurzelte Schößlinge der Banane: rechts reif zur Abnahme. Bei trockener Luft sollte man die Blätter des Schößlings beim Abnehmen um die Hälfte einkürzen, um ihren Wasserverbrauch zu verringern.

Pflanzenliebhaber vortäuschen, er könne aus diesen Samen Obstbananen ziehen. Obstbananen bilden aber niemals Samen aus, sie werden alle vegetativ vermehrt. Spezialfirmen bieten Pflanzen von Obstbananen in mehreren Sorten an.

Ficus carica
Feige

Heimat
Feigenbäume stammen aus Vorderasien und sind schon seit dem Altertum in den Mittelmeerländern verbreitet, wo sich auch in unserer Zeit das Hauptanbaugebiet der Eßfeigen befindet.

Die Pflanze
Eßfeigen sind milchsaftführende, stark verzweigte, weichholzige Bäume oder Sträucher mit einer mehr oder weniger offenen Krone. Sie können zwischen 10 und 15 m Höhe erreichen. Die großen Blätter sitzen an langen Stielen, sie sind drei- bis fünffach gelappt und fühlen sich rauh an. Feigenbäume werfen im Herbst ihr Laub ab (Abbildung Seite 96).

Es gibt eine ganze Reihe von Sorten, deren Blütenstände nur weibliche Blüten enthalten. Diese müssen von Gallwespen befruchtet werden, die sich in den kurzgriffligen Blüten von Holzfeigensorten mit Pollen beladen haben. Die dadurch entstehenden Früchte sind die sogenannten Smyrnafeigen, die Samen enthalten, der nußartig schmeckt. Es gibt aber auch zahlreiche Sorten, nämlich die adriatischen Feigen, die ohne Bestäubung ihre Früchte reifen lassen. Diese Feigen enthalten keine Samen. Die Jungfeigen sitzen in den Blattachseln und entwickeln sich in unserem Klima bis zum Sommer, in den Anbauländern sind bis zu drei jeweils verschieden hoch ausfallende Ernten möglich. Es gibt noch einen dritten Feigentyp, bei dem sich die Früchte im Frühjahr ohne Befruchtung, die Sommerfeigen aber nur nach Bestäubung entwickeln können.

Pflege
Feigen stellen ideale Kübelpflanzen dar. Sie werfen im Winter ihr Laub ab und können daher dunkel überwintert werden. Außerdem tragen sie bereits als Jungpflanzen Früchte, die sich im Vergleich zur käuflichen Ware durch mehr Aroma und Süße auszeichnen, da sie bis zur Vollreife an der Feige verbleiben, während die Handelsware kurz vorher abgenommen werden muß, um den Transport zu überstehen. Feigen vertragen zwar keinen stärkeren Frost, aber vorübergehend tiefere Temperaturen schaden nicht. Im Sommer

brauchen sie viel Wärme und Sonne, im Winter reichen Temperaturen zwischen 5 und 10 °C aus. Im Spätherbst kann die Feige schon blattlos bis zu den ersten Frösten im Freien stehen, dabei kann man sie gleich in Form schneiden. Gemäß ihrer Herkunft stellt die Feige an die Luftfeuchtigkeit keine großen Ansprüche, sie kann ohne weiteres als Zimmerpflanze an einem hellen Südfenster gehalten werden.

Der Pflanzkübel sollte möglichst groß sein, da die Feige ein umfangreiches Wurzelwerk entwickelt. Bei frei ausgepflanzten Bäumen kann der Wurzelbereich bis in eine Tiefe von 6 m und mehr reichen und einen Umfang von bis zu 15 m ausmachen. Das Substrat kann humos sein, darf aber auch bis zur Hälfte Lehm enthalten. Die Feige verträgt Kalk im Substrat, aber keine Staunässe. Im Sommer benötigen die Pflanzen aufgrund ihrer umfangreichen, dichten Belaubung viel Wasser, im Winter nur soviel, damit die feinen Faserwurzeln nicht absterben. Erst bei Triebbeginn, der auch in einem dunklen Überwinterungsraum einsetzt, kann wieder mehr Wasser gegeben werden.

Feigen vertragen den Rückschnitt übrigens recht gut. Allerdings dürfen dabei nicht die in den Blattachseln sitzenden, noch nicht entwickelten Fruchtansätze entfernt werden. Diese fallen nicht etwa irgendwann ab, sondern entwickeln sich im folgenden Jahr zu vollwertigen Früchten.

Feigenbäume werden gerne von Wollläusen befallen, diese sitzen nicht nur an den Blattadern, sondern auch am alten Holz in Rissen und Schrunden. Bei zu trockenem Stand treten Spinnmilben auf.

Ernte und Verwendung

Die in den Blattachseln der Neutriebe sitzenden Feigen wachsen bis zum Juli–August zu flaschengrünen, aber noch harten Früchten heran. In unserem Klima ist nur

eine Ernte jährlich möglich. Werden die Feigen reif, blähen sie sich innerhalb einiger Tage auf und werden um ein Drittel größer. Gleichzeitig schlägt die Farbe von Grün je nach Sorte in Gelbgrün oder in ein dunkles Blau um. Die Feigen werden aber erst abgenommen, wenn sie auf leichten Druck nachgeben und sich leicht vom Stiel lösen lassen. Feigen dürfen nicht am Strauch bleiben, sie beginnen nach kurzer Zeit zu gären und verderben. Auch abgenommene Feigen müssen gleich verbraucht werden. Zur Trocknung und damit zur Haltbarkeit bestimmte Früchte bleiben in den Anbaugebieten an den Bäumen hängen, bis sie anfangen, zu schrumpfen. Sie fallen ab und werden gesammelt und an der Sonne getrocknet. Dazu werden die samenbildenden Smyrnafeigen verwendet, denn die in der getrockneten Feige vorhandenen Samen erzeugen beim Kauen einen leichten Nußgeschmack, was das Gesamtaroma verbessert. Frische Feigen werden außerdem zu Konfitüre verarbeitet, Trockenfeigen werden auch geröstet und können dann als Kaffee-Ersatz verwendet werden (Feigenkaffee).

Beschaffung

Jungfeigen werden überall im Fachhandel in mehreren Sorten angeboten.

Morus nigra
Schwarzer Maulbeerbaum

Heimat

Die Pflanze stammt aus der Gegend des heutigen Iran, sie wurde aber schon seit langem im Mittelmeerraum als Obstbaum kultiviert. Heute ist der Maulbeerbaum in allen tropischen Höhenlagen und den subtropischen Gebieten als Obstlieferant be-

Feige

Morus nigra, reife und unreife Früchte

kannt. Der zur Seidenraupenzucht verwendete Weiße Maulbeerbaum stammt auch China und wird vor allem als Nahrungspflanze für die Raupe des Seidenspinners angebaut.

Die Pflanze

Maulbeeren werden ohne Schnittmaßnahmen bis zu 10 m hoch. Sie gleichen in bezug auf Wuchsform und die Form der Blätter unserer heimischen Birke. Dabei können die Blätter der Maulbeere auf ein und derselben Pflanze verschieden geformt sein – glattrandig, gelappt oder herzförmig. Die Blätter sind auf der Oberseite dunkelgrün, auf der Unterseite sind sie heller und mit leichtem Flaum versehen.

Die Blüten, die im Frühjahr erscheinen, sind eingeschlechtig oder zwittrig. Die männlichen Blüten stehen in länglichen Scheinähren, die eiförmigen, weiblichen Blüten entwickeln sich fast sitzend. Die Frucht ähnelt einer kleinen Brombeere und weist einen ausgesprochen süßen Geschmack auf. Maulbeeren werfen im Win-

ter ihr Laub ab, sie treiben aber bereits im zeitigen Frühjahr wieder aus. Auch bei der Kultur im Kübel erreichen die Pflanzen Höhen von über 3 m. Passen sie nicht mehr in den Überwinterungsraum, werden sie im Frühjahr zurückgeschnitten.

Pflege

Maulbeeren benötigen nur vom zeitigen Frühjahr bis in den späten Herbst einen hellen, vor Wind geschützten, warmen Platz im Freien. Volle Sonne schadet im Freiland nicht, unter Glas ist jedoch in den Sommermonaten Lichtschutz nötig, da die Blätter relativ zart sind. Frost verträgt die Maulbeere nicht, die Temperaturen können aber im Winterquartier bis in die Nähe der Null-Grad-Grenze absinken. Im Sommer sind den Temperaturen nach oben keine Grenzen gesetzt. Es ist dann nur eine Frage des Wassernachschubes, da die Pflanzen bei Hitze viel Wasser verdunsten. Die Pflanze kann bis Frostbeginn im Freien bleiben. Droht Frost, wandert sie in den Überwinterungsraum, der gar nicht hell zu sein braucht. Maulbeeren sind nicht an größere Luftfeuchtigkeit gebunden, aber es tut der Pflanze sichtlich gut, wenn sie einen Gewitterschauer abbekommt oder angesprüht wird. Witterungsschäden sind bei der Maulbeere nicht zu befürchten, da ihre Zweige sehr biegsam sind.

Es ist vorteilhaft, die Kübelgröße nicht zu klein zu wählen, da die Maulbeere von selbst einen Stamm und eine schöne Krone ausbildet und bei kleinen Pflanzgefäßen dann leicht kopflastig wird.

Das Substrat muß humusreich sein und gut die Feuchtigkeit speichern können, ohne zu vernässen. Kalk vertragen die Pflanzen weder im Gießwasser noch im Substrat über längere Zeit hinweg.

Gedüngt wird von April bis Ende August, bei späteren Düngergaben besteht die Gefahr, daß das Holz nicht mehr ausreift, was die Blüte des darauffolgenden Jahres gefährden könnte. Dies gilt für alle Obstgehölze. Auch die Wassergaben werden Ende September verringert, das Laub färbt dann in Gelb um und fällt ab. Im Winter darf nur eine leichte Ballenfeuchtigkeit erhalten werden.

Die Blüte fällt bei unserem Klima in den April–Mai, die Früchte reifen bis Ende Juli–August.

Bei zu trockener Luft kann die Maulbeere von der Roten Spinne befallen werden. Dieses Problem tritt aber nur bei einer Haltung unter Glas auf, im Freiland habe ich bei Maulbeeren weder Blattläuse noch Spinnmilben je beobachten konnten.

Ernte und Verwendung

Die Früchte der Schwarzen Maulbeere können roh gegessen oder zu Konfitüre verarbeitet werden. Bei der Weißen Maulbeere eignen sich nur die Früchte bestimmter Sorten für den Verzehr. Die Früchte der Schwarzen Maulbeere sind reif, wenn sie tiefschwarz und weich geworden sind. Aufbewahren lassen sich

Maulbeeren nur tiefgefroren. Sie schmekken ausgeprägt süß und saftig.

Beschaffung

Die Pflanzen werden im Frühjahr durch ausgereiftes Steckholz vermehrt. Sowohl Schwarze als auch Weiße Maulbeerbäume bieten Fachfirmen nahezu ganzjährig als ältere und jüngere Pflanzen an.

Annona cherimola
Cherimoya
Annona squamosa
Schuppenannone

Heimat

Die beiden auch bei uns erhältlichen *Annona*-Arten sind zugleich im Handel am meisten gefragt. Die Cherimoya stammt aus den höheren Lagen Perus und Ekuadors, der Schuppenapfel stammt aus Indien und dem südostasiatischen Raum. Cherimoyas sind kältetolerant und werden daher in größerem Stil im Mittelmeerraum angebaut, zum Beispiel in Spanien und Israel. Einige unbedeutendere Arten sind in Afrika heimisch.

Die Pflanze

Annona-Arten entwickeln sich zu kleinen Bäumen oder Sträuchern mit helleren oder dunkleren ganzrandigen und etwas ledrigen Blättern von mehr oder weniger spitz-ovaler Form. Die Pflanzen verzweigen sich bereits knapp über dem Erdboden.

Die Blüten erscheinen einzeln oder zu mehreren in den Blattachseln. Sie weisen sechs fleischige Hüllblätter und zahlreiche Staubgefäße auf. Die gelbe oder weißgelbe Einzelblüte ist ziemlich groß. Die daraus

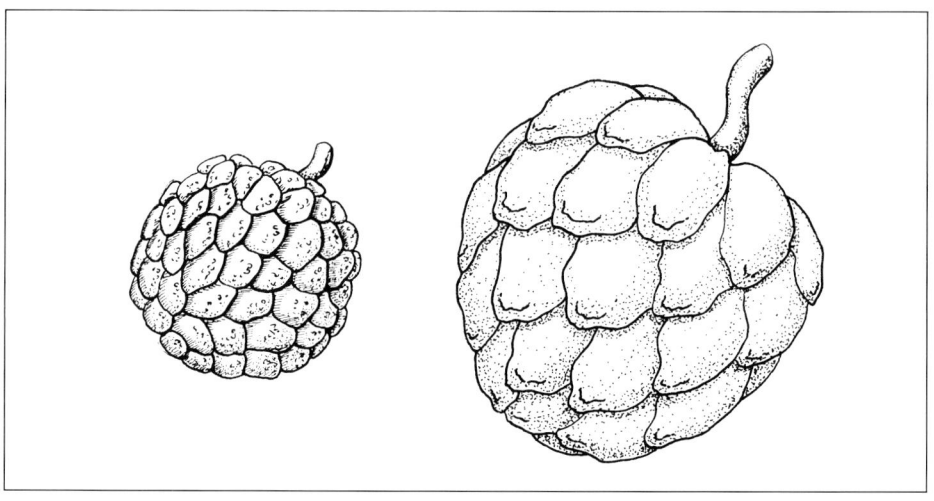

Frucht von Schuppenannone (links) und Cherimoya (rechts)

entstehenden Früchte sind Sammelfrüchte mit einer schuppenartigen oder netzartigen Oberfläche. Bei der Cherimoya sind die Früchte etwa orangengroß, *Annona squamosa* dagegen erzeugt tischtennisballgroße Früchte. Das Fruchtfleisch ist weiß, in ihm sind die großen schwarzen Samen eingebettet. Pflanzen von *Annona squamosa* bleiben in ihren Ausmaßen hinter denen von *Annona cherimola* zurück, sie wirken insgesamt kleiner und zierlicher.

Pflege

Die Cherimoya braucht gemäß ihrer Herkunft nicht soviel Wärme wie *Annona squamosa*. Während die Cherimoya in den Sommermonaten ins Freie gestellt werden kann, ist dies bei der anderen Art nicht ratsam. Beide vertragen im Sommer volles Licht, besonders die Cherimoya, die aus Hochebenen kommt, in denen die Sonneneinstrahlung besonders intensiv ist. Unter Glas ist in den Mittagsstunden eine leichte Beschattung angebracht, um Verbrennungen der Blätter zu vermeiden. Nachts können bei der Cherimoya die Temperaturen bis auf 10 °C und darunter zurückgehen, die Schuppenannone dagegen verlangt tropische Verhältnisse, also Nachttemperaturen nicht unter 18 °C. Im Winter verliert die Cherimoya bei Temperaturen unter 10 °C die Blätter. Schon im zeitigen Frühjahr aber treiben die Pflanzen üppig neu aus.

Die relative Luftfeuchtigkeit muß bei *Annona squamosa* wesentlich höher liegen als bei *Annona cherimola*, aber auch diese schätzt ein gelegentliches Übersprühen. Als Zimmerpflanze an einem hellen Südfenster ist *Annona cherimola* wesentlich besser geeignet.

Der Wurzelballen ist nicht allzusehr ausgeprägt. Da aber besonders die Cherimoya auch im Kübel um die 3 m Höhe erreichen kann, ist ein großer Kübel anzuraten, da die Pflanze sonst allzuleicht kippt. Das Substrat kann bis zur Hälfte aus Torf bestehen, es darf nicht zur Vernässung neigen, das verträgt besonders die Cherimoya nicht. Der Wasserbedarf ist bei beiden Arten mäßig, eine konstante leichte Ballenfeuchtigkeit im Sommer und Winter hält die Wurzeln gesund. Auf Dauer muß zum Gießen weiches Wasser verwendet werden. Gedüngt wird alle vierzehn Tage von April bis Ende September.

Blüten erscheinen an drei- bis fünfjähri-
gen Pflanzen im Frühjahr und Frühsommer, die Früchte reifen im Frühjahr des
nächsten Jahres. Zur sicheren Befruchtung, die immer mit der Hand erfolgen
sollte, empfiehlt sich die Haltung von zwei
gleichaltrigen Pflanzen. *Annona squamosa*
fruchtet zuverlässig auch als Einzelpflanze, braucht dazu aber wesentlich
mehr Wärme, besonders im Wurzelbereich. Deshalb sollte das Gießwasser nie
kälter sein als die Umgebungstemperatur.

Gegen Schädlingsbefall sind beide *Annona*-Arten nicht besonders empfindlich.

Ernte und Verwendung

Die Früchte der Cherimoya färben sich bei
der Reife von Grün in Graugrün oder in
ein dunkles Graubraun um und sie geben
reif leichtem Druck nach. Dabei sollte
man aber nicht zu gewaltsam vorgehen,
denn die Druckstellen der Früchte färben
sich dunkel und die Stellen werden unan-
sehnlich. Unter der gemaserten Schale
liegt ein reinweißes, cremiges Fruchtfleisch, das bei Vollreife wie ein Cocktail
aus Erdbeeren mit Sahne schmeckt. Die in
der Frucht liegenden Samen können zur
Nachzucht verwendet werden.

Die Früchte der Schuppenannone sind
etwa tischtennisballgroß und besitzen
ebenfalls eine grün gemaserte, weiche
Schale. Das gelblichweiße Fleisch mit
ebenfalls in der Frucht verteilten Samen
schmeckt aromatisch, aber im Vergleich
zur Frucht der Cherimoya süßer.

Annona-Früchte dürfen nicht im Kühlschrank aufbewahrt werden, sie vertragen
Temperaturen unter 10 °C nicht und verderben.

Beschaffung

Beide Pflanzenarten werden im Fachhandel angeboten, die Cherimoya findet man
seltener im Angebot als *Annona squamosa*. Dafür werden Früchte der Cheri-

moya auf großen Obstmärkten manchmal
angeboten, und man kann sich dann Pflanzen aus den in aller Regel keimfähigen
Samen ziehen.

Diospyros kaki
Kakipflaume

Heimat

Die Kakipflaume stammt aus Japan. Heute
werden die Bäume vor allem in subtropischen Gebieten in Asien, Amerika und im
Mittelmeergebiet in großem Stil angebaut.

Die Pflanze

Kakipflaumen sind Bäume mit runder
Krone, sie können zwischen 5 und 15 m
Höhe erreichen. Der Stamm ist nur kurz,
er wird im Alter über 30 cm dick. Das etwa
15 cm lange Blatt ist eiförmig, ganzrandig,
auf der Oberseite dunkelgrün und glänzend, durch ihre Behaarung wirkt die Unterseite heller gefärbt (Abbildung Seite
113).

Die gelblichweißen Blüten erscheinen
in den Blattachseln, ihr Durchmesser beträgt etwa 3 cm. Die Bäume kommen in
zweihäusigen, einhäusigen und zwittrigen
Formen vor. Männliche Blüten erscheinen
in Büscheln, weibliche Blüten stehen immer einzeln. Die Früchte sind orangengroße Beeren, die sich im reifen Zustand
goldgelb bis tomatenrot färben. Die
Früchte bleiben an der Pflanze hängen, die
im Herbst das Laub abwirft, was einen
eigenartigen Anblick ergibt.

Pflege

Die Pflanzen sind mit ihren Lebensan-
sprüchen an das subtropische Klima angepaßt. Sie wollen im Sommer ins Freie, wo
sie bis zum Eintritt des Laubfalles bleiben.

Auch danach können sie bei milder Witterung bis zu den ersten Frösten draußen bleiben. Im laublosen Zustand vertragen die Pflanzen Temperaturen nahe dem Nullpunkt. Frost allerdings nehmen sie nicht hin, vor allem nicht im Wurzelbereich. Die Überwinterung erfolgt bei Temperaturen um 5 °C, der Überwinterungsraum braucht nicht hell zu sein. Der Austrieb setzt bereits im zeitigen Frühjahr ein. Schon zu diesem Zeitpunkt können die Pflanzen ins Freie, aber bei Frostgefahr müssen die Neutriebe mit Folie abgedeckt werden.

Kakibäume brauchen aufgrund ihres umfangreichen Wurzelballens große Pflanzkübel. Bei zunehmendem Alter fängt die kompakte Krone viel Wind, und die Pflanze kippt leicht, was besonders ärgerlich ist, wenn sie bereits Früchte trägt.

Das Substrat soll humos sein und darf nicht zur Verdichtung neigen, damit es nicht zu Staunässe kommt. Kakibäume stehen im Sommer in voller Sonne, wobei sie aufgrund ihres dichten Laubes viel Wasser brauchen, das ebenso wie das Substrat kalkfrei sein muß. Auch im Winterquartier wird der Wurzelballen mit etwas Wasser versorgt, man gießt nur soviel, daß die Wurzeln nicht absterben.

Die Bäume blühen im Frühsommer, eine spärliche Blüte setzt schon im Alter von einigen Jahren ein. Die Früchte entwickeln sich im Laufe des Jahres bis in den Winter hinein, sie reifen auch weiter, wenn die Pflanze bereits völlig laublos steht.

Auf Schädlingsbefall ist vor allem an den weichen Neutrieben zu achten, auch die relativ weichen Blätter sind für saugende Insekten attraktiv.

Ernte und Verwendung

Blüten und damit Früchte sind nur zu erwarten, wenn die Düngung bereits Ende August eingestellt wird, damit die Triebe gut ausreifen. Die Früchte sind erst im letzten Stadium genießbar, sie enthalten viel Gerbsäure und der hohe, bis 20 Prozent betragende Zuckeranteil wird erst gegen Ende der Reifezeit eingelagert. Die Früchte müssen dunkelrot sein und auf leichten Fingerdruck nachgeben. Unreife Früchte reifen nicht nach, reife Kakis müssen sofort verbraucht werden, sie halten sich nicht. Ebensowenig dürfen sie im Kühlschrank gelagert werden. Bei zweihäusigen Sorten enthalten die Früchte keimfähigen Samen. Im ostasiatischen Raum werden die Früchte getrocknet und stellen in dieser Form ein sehr beliebtes Trockenobst dar.

Beschaffung

Jungpflanzen werden im Fachhandel angeboten, es handelt sich dabei meist um Sorten, die parthenokarp, also ohne Bestäubung durch andere Bäume, fruchten.

Cyphomandra betacea
Baumtomate

Heimat

Die Heimat der Baumtomate liegt in Mittel- und Südamerika, besonders in der Andenregion. Die Pflanze ist heute weltweit in tropischen und subtropischen Gebieten zu finden, teilweise wird sie zu kommerziellen Zwecken angebaut.

Die Pflanze

Baumtomaten wachsen zunächst krautig, später erholzen sie und entwickeln sich zu kleinen Bäumen oder Sträuchern. Die herzförmigen Blätter sind bis 30 cm groß, weich und länglich. Sie sondern beim Reiben einen unangenehmen Duft ab. Die

Pflanze wird etwa 3 bis 5 m hoch und ist spärlich verzweigt.

Die Blüten erscheinen in den Blattachseln an traubenartigen Blütenständen. Sie weisen einen angenehmen Duft auf. Die Früchte sind in der Größe etwa Hühnereiern vergleichbar. Sie entwickeln sich in Trauben von drei und mehr Früchten, die im reifen Zustand gelbrot oder purpurrot gefärbt sind. Das Fruchtfleisch hat eine tomatenähnliche Konsistenz. Die Pflanzen werden durch Samen oder Stecklinge vermehrt, die Tragfähigkeit setzt bei dieser Art der Vermehrung nach eineinhalb Jahren ein.

Pflege
Die Pflanzen gedeihen am besten unter subtropischen Bedingungen, das heißt, im Sommer vertragen die Baumtomaten im Freien volles Sonnenlicht, unter Glas muß während der Mittagsstunden leicht schattiert werden, um Verbrennungen der großen Blätter zu vermeiden. Im Winter erhalten die Pflanzen alle verfügbare Helligkeit. Während im Sommer die Temperaturen 30 °C übersteigen dürfen, sollte im Winter die Temperatur nicht weit unter 15 °C fallen. Was den Zeitpunkt des Aus- und Einräumens betrifft, so ist darauf zu achten, daß Baumtomaten keinerlei Frost vertragen.

Da die Baumtomate, das dazu nötige Alter vorausgesetzt, gut fruchtet, ist der Pflanzkübel groß zu wählen, da die Früchte vorwiegend an den jüngeren Trieben angesetzt werden, die sich in Kronennähe befinden. Die Pflanze wird leicht kopflastig und kippt beim leisesten Windhauch. Das Substrat sollte einen hohen Torfanteil enthalten.

Der Wasserbedarf ist bei hohen Temperaturen hoch, eine leichte Ballenfeuchtigkeit genügt für den Überwinterungszeitraum. Hartes Wasser verträgt die Baumtomate nicht.

Ab dem Erscheinen der Knospen bis Ende August kann gedüngt werden, danach muß jede Düngung eingestellt werden, um ein Faulen im Winterquartier zu vermeiden. Die krautigen Teile der Pflanze benötigen viel Zeit zum Ausreifen. Die Blüten können mit der Hand bestäubt werden. Unbedingt nötig ist dies nicht, da sich zur Blütezeit im späten Frühling genügend Insekten einfinden.

Die relative Luftfeuchtigkeit sollte nicht weniger als 60 Prozent betragen, da sonst die weichen Blätter von Spinnmilben befallen werden. Beim Einräumen sind die Pflanzen auf einen eventuellen Befall hin genau zu untersuchen, da sich die Schädlinge im Winterquartier rasant vermehren.

Ernte und Verwendung
Baumtomaten sind je nach Standort nach einem halben bis einem Jahr reif. Wenn sie sich leicht von der Pflanze lösen und der Fruchtkörper so weich geworden ist, daß er auf leichten Druck nachgibt, können die Früchte abgenommen werden. Die gelb- oder dunkelrote Schale ist dick und ungenießbar. Darunter liegt ein tomatenähnliches, sehr vitaminreiches Fruchtfleisch mit einem je nach genossener Sonneneinstrahlung süßsäuerlichen Geschmack, der zudem noch einen leichten Anflug von bitterem Aroma aufweist. Für den Frischverzehr sind die Früchte weniger gut geeignet; sie können aber in der Küche wie Tomaten verwendet werden. In einem kühlen Raum halten sich reife Früchte einige Tage lang. Neben der Verwendung als Salat oder Gemüse bietet sich auch die Herstellung von Konfitüre oder Gelee an.

Beschaffung
Jungpflanzen werden von Spezialfirmen ganzjährig angeboten. Auch der im Handel angebotene Samen keimt in der Regel innerhalb von zwei bis drei Wochen.

Psidium guajava
Guave

Heimat
Es handelt sich um kleine Bäume oder große Sträucher aus dem tropischen Amerika mit bereits tief am Stamm einsetzender Verzweigung. Der robuste Strauch ist heute weltweit in den Tropen und, da er kurzfristig sogar leichten Frost ertragen kann, auch in den Subtropen verbreitet. In ihren Heimatgebieten sind Guavenbäume noch wild oder wieder verwildert anzutreffen.

Die Pflanze
Guavenbäume können bis zu 10 m hoch werden, sie machen dann einen knorrigen Eindruck. Die Blätter sind ganzrandig, spitz-oval und zeigen besonders beim Neuaustrieb eine ausgeprägte Nervatur. Die Neutriebe sind vierkantig. Guaven sind mit unserem Kernobst (Apfel, Birne, Quitte) verwandt.

Die großen, weißen Blüten weisen zahlreiche Staubblätter auf und erscheinen einzeln oder zu mehreren in den Blattachseln. Sie können mit eigenem Pollen befruchtet werden. Die Frucht ist apfelgroß, rund oder oval und im reifen Zustand grünlichgelb. Eine dünne Schale umschließt ein je nach Sorte weißes bis lachsfarbenes Fleisch von etwas mehliger Konsistenz, das zahlreiche, im Fruchtfleisch verteilte, kleine harte Samen in sich birgt (Abbildung Seite 113).

Pflege
Guavensträucher stammen zwar aus tropischen Regionen, sie sind aber mit ihren Ansprüchen nicht ausschließlich an diese Klimabedingungen gebunden. Sie können deshalb im Sommer sehr früh an einen sonnigen Platz kommen, da sie kurzfristig auch Temperaturen bis unter 5 °C ertragen. Dabei stellen sie allerdings das Wachstum ein. Guavensträucher tragen ihr Laub das ganze Jahr über, sie verlangen deshalb einen hellen Winterstandort. Je kühler die Umgebungstemperatur, desto weniger Feuchtigkeit verträgt die Pflanze. Temperaturen unter 5 °C sind über längere Zeit nachteilig. Im Freien stehende Pflanzen verdunsten viel Wasser, sie erholen sich, sollten sie einmal welk werden, jedoch sehr schnell wieder.

Guaven sind auch als Zimmerpflanzen zu pflegen, da sie an die relative Luftfeuchtigkeit nicht allzu hohe Anforderungen stellen und im Sommer in der Regel nicht geheizt wird.

Für eine isolierende Unterlage auf einem kühlen Untergrund erweist sich die Pflanze generell sehr dankbar.

Guaven können lange in ihrem Pflanzgefäß verbleiben, man sollte also die Kübel nicht zu klein wählen, zumal ein Zuwachs von fast einem halben Meter pro Jahr bei zweimaliger monatlicher Düngung erreicht werden kann. (Sollten die Pflanzen einmal zu umfangreich werden, können sie ohne weiteres im Herbst zurückgeschnitten werden.)

Guavensträucher sind nicht allzu empfindlich gegenüber Kalk im Gießwasser. Auf die Dauer ertragen die Pflanzen aber keine Kalkanreicherungen im Substrat, das sowohl humos als auch lehmig sein kann, auf jeden Fall aber locker und durchlässig.

Guavensträucher sind Selbstbefruchter. Wer jedoch sicher gehen will, bringt den Pollen mit der Hand auf die Narbe. Das geht sehr schnell, denn die puderquastenähnlichen Blüten produzieren reichlich davon. Die Früchte reifen je nach Sonneneinstrahlung in einem halben bis Dreivierteljahr. Früchte, die zu wenig Sonne bekommen, weisen ein fades Aroma auf.

Treten braune Blattränder auf, ein Zeichen zu trockener Luft, sollte regelmäßig gesprüht werden. Guaven bilden nicht an allen bestäubten Blüten Früchte aus. Es ist also keine Krankheitserscheinung, wenn kleine Früchte abfallen, solange einige gleichzeitig normal weiterwachsen. Schädlinge stellen sich im allgemeinen im Freiland nicht ein, im Überwinterungsraum können Spinnmilben auftreten, und in der ausgeprägten Nervatur der Blätter nisten sich gerne Wolläuse ein.

Ernte und Verwendung

Guaven werden auch in den Anbaugebieten nicht so gern roh gegessen, da ihr Geruch den Geschmack weit übertrifft. Dieser ist leicht sauer und liegt etwa zwischen Birne und Quitte. Die Früchte lassen sich aber sehr gut zu Saft, Konfitüre oder Gelee verarbeiten, aber auch sauer eingelegte Guaven sind sehr gefragt.

Beschaffung

Guaven kommen als Frischfrüchte zu uns in den Handel, die daraus entnommenen Samen können zur Anzucht neuer Pflanzen verwendet werden. Aber auch Pflanzen sind im Fachhandel nahezu immer vorrätig.

Eine nahe Verwandte, *Psidium cattleianum*, hat wesentlich kleinere Blätter (etwa 3 cm lang), sie sind mehr eiförmig und von dunkelgrüner Farbe. Die Zweige sind wesentlich dünner, eher weidenartig. Die ganze Pflanze bildet einen gedrungenen Strauch mit kleinen Blüten, die aus den Blattachseln austreiben und wie bei der Guave selbstfruchtbar sind. Die Kultur dieser Pflanze gleicht derjenigen von *Psidium guajava*, nur ist *Psidium cattleianum* etwas robuster. Die Früchte von *Psidium cattleianum* sind etwa kirschgroß, im reifen Zustand dunkelrot und weich und können vom Strauch weg roh gegessen werden. Sie besitzen einen süßsäuerlichen, aromatischen, sehr erfrischenden Geschmack. Da diese Früchte aber bei uns nicht in den Handel kommen, müssen Jungpflanzen über Fachfirmen bezogen werden, die diese Art aber in der Regel vorrätig haben.

Passiflora edulis
Purpurgranadilla

Heimat

Die Gattung *Passiflora* umfaßt etwa 500 Arten. *Passiflora edulis* ist im tropischen Südamerika heimisch, wird aber zur Saft- und Fruchtgewinnung in allen geeigneten Klimazonen der Welt angebaut. Von den 500 *Passiflora*-Arten bringen etwa 20 eßbare Früchte. Auch in Asien und Australien sind *Passiflora*-Arten beheimatet.

Die Pflanze

Passifloren sind mehr oder weniger starkwüchsige Kletterer, die sich mit Ranken an allem, was sie erreichen, festklammern und so mehrere Meter hoch und breit werden können. Die Blätter sind dunkelgrün, wechselständig angeordnet und tief dreilappig (Abbildung Seite 116).

Aus den Achseln der Seitentriebe erscheinen die großen, dekorativen Blüten, bei der hier beschriebenen Art sind sie blauviolett und weiß. Der Durchmesser der Einzelblüte mißt etwa 8 cm. Der äußere Kranz besteht aus je fünf Kelch- und Kronblättern von weißer Farbe, darüber befindet sich ausgebreitet ein Korona genannter Strahlenkranz aus blauen Einzelfäden. Über dieser Korona sitzen an einer Säule die fünf Staubgefäße von grünlichweißer Farbe, darüber die dreigeteilte dicke Narbe. Die Blüten können mit eigenem Blütenstaub befruchtet werden.

Es entwickeln sich hühnereigroße Früchte, die sich von zunächst Grün nach Violett umfärben. Die Beerenfrüchte enthalten ein breiartiges, farbloses Fruchtfleisch von erfrischendem, süßsäuerlichen Geschmack, in dem die salzkorngroßen, schwarzen Samen eingebettet sind.

Pflege

Da die Passifloren Selbstklimmer sind, brauchen sie ein Gerüst, an dem sie sich mit ihren Ranken anheften können. *Passiflora edulis* kann im Sommer an einen geschützten, hellen und warmen Platz im Garten oder auf den Balkon gestellt werden. Es darf aber keinerlei Frost mehr zu befürchten sein, auch Temperaturen um oder unter 15 °C für längere Zeit bekommen den Pflanzen nicht gut, das Wachstum stockt. Zu sehr können die Temperaturen im Sommer oder unter Glas nicht ansteigen, dagegen vertragen die Pflanzen Temperaturen zwischen 10 und 15 °C im Winter bei geringer Ballenfeuchtigkeit.

Passiflora edulis gedeiht nicht mehr gut, wenn die Luftfeuchtigkeit für längere Zeit unter 50 Prozent sinkt. Bei solch niedrigen Werten sollte täglich mit weichem Wasser gesprüht werden.

Da sie im Sommer üppig wachsen, passen die Pflanzen mitunter nicht mehr in den Überwinterungsraum, der hell sein sollte, da die Pflanzen nicht alles Laub verlieren. Beim Einräumen oder auch im Frühjahr können die Pflanzen zurückgeschnitten werden, eine Maßnahme, die auch die Blühfreudigkeit fördert, da die sich neu bildenden Seitentriebe besonders reich blühen.

Für die Kultur der *Passiflora edulis* empfehlen sich große Pflanzkübel, um Standfestigkeit zu gewährleisten. Die Gefahr, umgeweht zu werden, ergibt sich aus der Breite und Höhe der ausgewachsenen Pflanze. An das Substrat stellen Purpurgranadillen keine besonderen Ansprüche,

lehm- oder torfhaltiges Material ist geeignet, es muß aber wasserdurchlässig sein. Im Sommer verbraucht die Purpurgranadilla schon aufgrund ihrer Größe viel Wasser, das immer Umgebungstemperatur aufweisen sollte.

Passifloren vertragen keine Staunässe, ebensowenig auf die Dauer Kalk im Wasser und Substrat. Als starkwüchsige Pflanze braucht *Passiflora edulis* alle vierzehn Tage Dünger, und zwar vom Frühjahr bis in den Oktober. Gut gewachsene Pflanzen können auch im Winter ein- bis zweimal gedüngt werden.

Im Frühjahr austreibende Seitentriebe können ab etwa 40 cm Länge entspitzt werden, die sich bildenden Verzweigungen blühen besonders reich. Will man die Blüten von Hand bestäuben, muß so lange gewartet werden, bis der anfangs wachsartige Pollen pulverförmig geworden ist. Die Früchte sind reif tiefviolett.

Schädlinge kommen bei *Passiflora edulis* kaum vor, allenfalls stellen sich bei trockener Zimmerluft Spinnmilben ein.

Ernte und Verwendung

Die Blätter von *Passiflora edulis* und anderen Arten werden in der Medizin verwendet, da blutdrucksenkende und beruhigende Wirkstoffe in allen Teilen der Pflanze zu finden sind. Früchte werden nach einer Reifezeit von etwa vier bis sechs Monaten abgenommen, wenn sie auf leichten Zug hin von der Pflanze abfallen. Danach lassen sie sich auch noch so lange lagern, bis sie leicht zu schrumpfen anfangen. (Nicht in den Kühlschrank legen.) Die Früchte können aber auch gleich frisch von der Pflanze weg verzehrt werden. Die Schale wird nicht mitgegessen.

Passiflora edulis kann aus Steckhölzern von ausgereiften Trieben vermehrt werden.

Eine kleinere Art, für den Liebhaber mit beschränktem Platz stellt *Passiflora molis-*

sima dar. Sie besitzt tief geschlitzte Blätter und lang-ovale, an Bananen erinnernde Früchte mit einem hervorragenden Aroma. Ebenfalls kultiviert wird *Passiflora ligulatis* mit weißen Blüten und eiförmigen Früchten.

Wer viel Platz zur Verfügung hat und ein wärmeres Klima bieten kann, sollte *Passiflora quadrangularis*, die Königsgranadilla, ziehen. Deren imposante Blüten erreichen etwa 12 cm im Durchmesser. Die Früchte können um die 4 kg schwer werden. Im Gegensatz zu anderen eßbaren *Passiflora*-Arten kann bei der Königsgranadilla die Schale mitverzehrt werden.

Beschaffung

Alle erwähnten *Passiflora*-Arten sind bei Spezialfirmen und teilweise auch in gut sortierten Blumenfachgeschäften zu erwerben.

Ziziphus jujuba
Brustbeere

Heimat

Brustbeeren stammen aus den subtropischen und gemäßigten Klimazonen in China, wo die Früchte unter der Bezeichnung »chinesische Dattel« sehr beliebt sind und im großen Stil gehandelt werden. Auch in den Ländern um das Mittelmeer werden Brustbeeren immer mehr gepflanzt.

Die Pflanze

Brustbeeren stellen dicht verzweigte, kleine Bäume oder Sträucher dar. Die Verzweigung setzt bereits dicht über dem Boden ein, so daß nur ein kurzer Stamm ausgebildet wird. Da die Pflanze den Schnitt gut verträgt, kann sie in jede Form

gebracht werden. Die Blätter sind etwa 5 cm lang und von spitz-ovaler Form mit einem scharf gesägten Rand. Sie weisen eine frischgrüne Farbe auf. Brustbeeren werfen im Winter ihr Laub ab.

In den Blattachseln der Neutriebe erscheinen im Frühsommer kleine, gelblichweiße Blüten, die sich, mit eigenem Pollen bestäubt, bis zum Herbst zu olivenähnlichen Früchten entwickeln. Das harte, in der Tischlerei geschätzte Holz ist rot, die Rinde rötlich gefärbt.

Pflege

Die Brustbeere stellt als Kübelpflanze keine besonderen Ansprüche an den jährlichen Temperaturgang. Sie verträgt große Hitze, ebenso wie sie sich unempfindlich gegenüber leichten Frösten zeigt. Dies ermöglicht es, die laublose Pflanze bereits im zeitigen Frühjahr an einen sonnigen Platz zu stellen und sie bis zum Eintreten der stärkeren Fröste dort zu belassen. Die Frosthärte ist allerdings so zu verstehen, daß keinerlei Frost den Wurzelbereich erreichen darf. Sonne kann die Brustbeere im Sommer nicht genug bekommen, dafür begnügt sie sich mit einem Platz im Winter, der nicht besonders hell zu sein braucht und der auch nicht wärmer sein soll als einige Grad über Null.

An die Luftfeuchtigkeit stellt die Pflanze aufgrund ihrer Herkunft keine besonderen Anforderungen. Die Brustbeere verträgt zwar bei geringen Wassergaben eine hohe relative Luftfeuchtigkeit, aber notwendig ist diese nicht. Die Brustbeere kann somit ebenso als Zimmerpflanze gehalten werden, wenn ein helles Südfenster und ein kühler Überwinterungsraum zur Verfügung stehen.

Brustbeeren wachsen etwa 20 cm im Jahr in die Höhe und die Breite. Hat man ein großes Pflanzgefäß gewählt, kann die Pflanze lange Zeit darin stehen bleiben. Kalk im Wasser und im Boden wird nicht vertragen. Im Pflanzsubstrat kann bis zur Hälfte Lehm enthalten sein und nur wenig Torf, auch Kakteenerde eignet sich, da sie besonders gut wasserdurchlässig ist.

In der Wachstumszeit bis zum Laubfall sollte der Wurzelbereich immer gleichmäßig feucht gehalten werden, die Oberfläche des Bodens kann immer wieder mal abtrocknen. Wasser gibt man entlang des Pflanzkübelrandes, denn als trockenresistente Pflanze entwickelt die Brustbeere einen umfangreichen Ballen, wobei die meisten Saugwurzeln am äußersten Rand wachsen. Im Winter braucht die Pflanze nur soviel Feuchtigkeit, daß die feinen Saugwurzeln nicht absterben. Zu nasser Wurzelballen oder Staunässe bringen die Pflanze um. Gleichfalls ungeeignet ist ein Sommerplatz, an dem die Brustbeere Dauerregen ausgesetzt ist.

Dünger gibt man alle vier Wochen, längstens bis Ende August, damit die Triebe das Laub rechtzeitig werfen und sich eine ausreichende Frosthärte entwickeln kann. Zu weiche, nicht ausgereifte Triebe frieren bei Temperaturen um 0 °C zurück, die Blüte des nachfolgenden Jahres kann dann ausfallen, oder es entwickeln sich nur wenige Blüten.

Die jungen Triebe sind bei Lufttrockenheit durch Spinnmilben gefährdet, auch einige andere blattsaugende Insekten befallen besonders die Triebspitzen.

Ernte und Verwendung
Die Früchte der Brustbeeren reifen bis zum Herbst und weisen in etwa die Form und Größe von Oliven auf. Sie können roh gegessen werden, der Geschmack ist süßsäuerlich mit etwas zusammenziehender Wirkung auf Schleimhäute und Zunge. Die Früchte wirken ausgezeichnet bei Erkrankungen der Atemwege, wie der Name schon sagt. In China werden Brustbeeren im großen Umfang getrocknet und auch kandiert, sie stellen einen wichtigen

Handelsartikel dar. Die in China erzeugte Shuntung-Seide wird von einer Raupe erzeugt, die mit Blättern der Brustbeere gefüttert wird. Dafür werden die jungen Triebe der Pflanzen beschnitten, damit sie sich verzweigen und viel junge Blätter entwickeln. In Indien wird Holz der Brustbeere gern und häufig verarbeitet, da es sehr widerstandsfähig gegenüber Nässe und Schädlingsbefall ist.

Beschaffung
Die Früchte lassen sich nur in getrockneter Form aufbewahren, die in ihnen enthaltenen Samen werden zur Anzucht neuer Pflanzen verwendet. Fachfirmen führen Brustbeeren als mehrjährige Pflanzen ganzjährig im Angebot.

Punica granatum
Granatapfel

Heimat
Granatäpfel sind in den vorderasiatischen Gebieten des heutigen Iran bis in den indischen Raum heimisch. Als Wirtschaftspflanze von einiger Bedeutung werden sie heute besonders rund um das Mittelmeer, in Australien und auf dem amerikanischen Kontinent angebaut.

Die Pflanze
Die Granatäpfel sind schwachwüchsige, kleine Bäume oder Sträucher mit kleinen, spitz-ovalen, frischgrünen Blättern von etwa 3 bis 4 cm Länge. Der Neuaustrieb ist rot gefärbt, die Blätter werden ledrig (Abbildung Seite 117).

Die großen Blüten stehen in den Blattachseln oder sind endständig. Sie sind bei den Wildformen einfach, bei Kultursorten auch gefüllt. Die Blütenfarbe ist ein leuch-

tendes Rot. (Es gibt aber auch eine gelbblü-
hende Variante des Granatapfels.) Die
Blütenblätter sind in der aufbrechenden
Knospe geknittert. Die Früchte sind orangengroß und schwach sechskantig. Sie
weisen bleibende, harte Kelchzipfel auf.
Die Früchte enthalten ein sehr saftiges
Mark, das den Hüllen der zahlreichen Samen entstammt. Granatäpfel sind in unserem Klima laubwechselnd.

Pflege
Die Pflanzen haben sich an die Klimaverhältnisse des Mittelmeeres exakt angepaßt. Sie fruchten nur unter den Bedingungen der trockenen, warmen Halbtro-
pen. Da die Pflanzen im Herbst ihr Laub
verlieren, braucht ihr Überwinterungsraum nicht hell zu sein. Im zeitigen Frühjahr kommen sie, sobald sich der Neuaustrieb zeigt, an einen hellen, aber vor Regen
geschützten Platz. Bei Überwinterungs-
temperaturen zwischen 5 und 10 °C muß
der Wurzelbereich fast trocken gehalten
werden, da bei zu frühem Austrieb keine
Blüten ausgebildet werden. Durch die
kühlen Außentemperaturen im Freiland
wird der Austrieb verzögert. Es genügt
völlig, wenn das Wachstum erst Ende
April voll einsetzt. Granatäpfel vertragen
keinen Frost, also im Frühjahr rechtzeitig
abdecken. Im Sommer verträgt die Pflanze
hohe Temperaturen, eine volle Sonneneinstrahlung ist ideal. Die relative Luftfeuchtigkeit muß nicht hoch sein. Die
Pflanzen gedeihen aber auch problemlos,
wenn die Luftfeuchtigkeit etwas höher
liegt.
   Als an Trockenheit weitgehend ange-
paßte Pflanze bildet der Granatapfel ein
umfangreiches Wurzelwerk, daher sollten
bei größeren Pflanzen die Gefäße nicht
klein sein. Das Pflanzsubstrat muß unbedingt wasserdurchlässig und gut belüftet
sein, Staunässe vertragen Granatäpfel
nicht. Sie lassen sich gut in aufgedüngter

Kakteenerde halten. Im Sommer brauchen
die Pflanzen gerade soviel kalkfreies Wasser, daß der Wurzelballen nicht austrock-
net. Die Düngergaben können auch mit
mineralischem Dünger alle vier Wochen
erfolgen, da Granatäpfel sehr salztolerant
sind. Bereits im August stellt man die
Düngung ein, die Triebe müssen völlig
ausreifen als eine Vorbedingung für die
Blüte.
   Mit regelmäßiger Blüte ist bei den im
Handel befindlichen Zierformen zu rechnen. Wenn die fruchttragende Art blüht,
ist das bei unseren Klimaverhältnissen
schon eine kleine Sensation. Die Früchte
reifen nicht immer in unserem Klima. In
nassen Sommern, oder wenn einfach zu
wenig Licht, sprich Sonne, vorhanden ist,
fallen sie vorzeitig ab. Im Kübel erreichen
die Pflanzen im höheren Alter eine Endgröße bis über 3 m.
   Von Schädlingen werden Granatäpfel
kaum befallen, da sie ihr Laub im Winter
abwerfen und im Sommer im Freien stehen. Bei einem Standort am hellen Südfenster können Spinnmilben auftreten. Bei
ganzjähriger Zimmerhaltung ist im allgemeinen nicht mit Blüten zu rechnen, dafür
sollte man auf die kleineren Zierformen
umsteigen.

Ernte und Verwendung
Granatäpfel werden nur in geringem Maß
als Frischobst gegessen. Dazu wird eine
reife Frucht unter Kneten und Rollen mit
der Hand weich gemacht; man durchstößt
an irgendeiner Stelle die Schale mit einem
größeren Trinkhalm oder ähnlichem, der
austretende Saft kann roh getrunken werden. Man kann die Frucht aber auch aus-
löffeln. Dabei ist aber Vorsicht angebracht:
Saftflecken des Granatapfels lassen sich
von Teppichen oder Kleidungsstücken
nicht mehr entfernen. Die Früchte werden
zum großen Teil industriell verarbeitet,
vor allem in der Getränkeindustrie, der

intensiv gefärbte Saft wird in der Lebensmittelindustrie zum Färben gebraucht. Die dabei anfallenden Schalen, die sehr viel Gerbstoff enthalten, werden weiterverwendet, nämlich als Farbträger und in der Medizin. Auch die Rinde der Wurzeln wird medizinisch genutzt.

Beschaffung

Die in den käuflichen Früchten enthaltenen Samen können zur Anzucht verwendet werden. Jungpflanzen von Granatäpfeln sind ganzjährig bei Spezialfirmen und teilweise auch im regulären Blumenhandel erhältlich. Alle Zier- und Obstbaumschulen im schweizerischen Tessin führen Jungpflanzen.

Manilkara zapota (Achras zapota)
Breiapfel, Sapote

Heimat

Der Breiapfel stammt aus dem tropischen Mittelamerika. Heute ist seine Kultur in allen Tropenzonen, vor allem in Südostasien, verbreitet.

Die Pflanze

Breiäpfelbäume werden in den Anbaugebieten bis zu 25 m hoch. Zur Obstgewinnung werden Sorten mit Wuchshöhen um die 15 m gezogen. Die Pflanze entwickelt eine dichte, runde Krone, das Holz ist sehr hart. Die großen Blätter weisen eine lanzettliche Form mit glattem Rand auf. Sie sind dunkelgrün, glänzend und lederartig hart. Bei älteren Pflanzen sitzen die Blätter gehäuft an den Zweigspitzen.

Die weißen, sehr kleinen Blüten sitzen gehäuft an den Zweigenden in den Blatt-

achseln. Die Frucht ist bei den meisten Sorten rund, nur an der Spitze schwach genabelt und mit dem bleibenden Kelch versehen. In der Größe kommen sie in etwa Mandarinen nahe. Die Außenhaut ist rauh und im reifen Zustand von bräunlicher Farbe. Das Fruchtfleisch ist gelbbraun, glasig durchscheinend und sehr süß. Die Früchte enthalten schwarze Samen in der Größe von Bohnen. Sapoten können nur ganz vollreif gegessen werden, da sie vorher viel Gerbsäure enthalten.

Pflege

Breiapfelbäume verlangen in der Kübelkultur streng tropische Bedingungen. Die Temperatur darf im Winter 18 °C nicht unterschreiten, sie kann in den Sommermonaten bis über 30 °C ansteigen. Dabei soll eine möglichst hohe relative Luftfeuchtigkeit ganzjährig vorhanden sein. Unterkühlung im Wurzelbereich kann tödlich sein, eine isolierende Unterlage ist empfehlenswert. Volles Licht verlangt der Breiapfel ganzjährig, wobei im Hochsommer in den Mittagsstunden leicht beschattet werden sollte. Breiapfelbäume eignen sich nicht fürs Freiland oder für die Zimmerhaltung.

Das Pflanzgefäß braucht nicht zu groß gewählt werden, Breiäpfel entwickeln keine großen Ballen, weil sie an ihren heimatlichen Standorten genügend Niederschläge zur Verfügung haben.

Das Substrat sollte sauer sein und einen hohen Torfanteil aufweisen, aber durch eine gut funktionierende Dränage niemals Staunässe zulassen. Das Gießwasser sollte im Winter immer angewärmt sein, und es darf keinen Kalk enthalten. In dieser Zeit braucht der Breiapfel nur wenig Wasser, auch im Sommer verdunstet er wegen seiner ledrigen Blätter und eines Standortes mit hoher Luftfeuchtigkeit weniger Wasser, als man gemeinhin annimmt. Düngergaben in vierwöchigem Abstand genügen, auch im Winter kann ein- bis zweimal eine schwache Nährlösung gegeben werden.

Breiäpfelbäume kommen bei Kübelkultur kaum zum Blühen, aber aufgrund ihrer Gesamterscheinung verleihen sie einem tropischen Wintergarten ein exotisches Flair. Sie können kaum beschnitten werden, da sich die meisten Blätter bei älteren Pflanzen an den Zweigspitzen befinden und – wenn überhaupt – hier auch die Blüte einsetzt.

Gegen Schädlinge scheint der Breiapfel unempfindlich zu sein, ich habe an meinen Pflanzen noch keinerlei saugende Insekten entdeckt.

Ernte und Verwendung

Die Früchte der Sapote werden aufgrund ihres hervorragendes Geschmackes meist frisch verzehrt. Wenn die Frucht kurz vor der Vollreife geerntet wird, bleibt sie einige Wochen lang lagerfähig, allerdings nicht bei Temperaturen unter 0 °C, da sich dann das Fruchtfleisch dunkel verfärbt. Der Breiapfel liefert aus seiner Stammrinde den Grundstoff für die Kaugummiherstellung, den Chiclegummi.

Beschaffung

Pflanzen sind nur sporadisch bei Firmen, die sich auf tropische Pflanzen spezialisiert haben, erhältlich, aber man findet sie doch immer mal wieder im Angebot, nachfragen lohnt. Die Früchte werden bei uns so gut wie gar nicht gehandelt.

Averrhoa carambola
Karambole

Heimat

Karambolen sind in Lagen unter 500 m Seehöhe im ganzen südostasiatischen Raum verbreitet.

Sie werden aber auch in anderen tropischen Regionen angebaut. Größere Pflanzungen bestehen nicht.

Die Pflanze

Es handelt sich um kleine Bäume oder große Sträucher von bis zu 10 m Höhe. Die Blätter sind klein, unpaarig gefiedert und sehr zart.

Die kleinen, rosafarbenen bis roten Blüten stehen in traubigen Blütenständen und sind zwittrig. Die Früchte sind bis zu 15 cm lang und etwa 5 cm breit. Sie weisen einen sternförmigen Querschnitt auf, was ihnen den Namen Sternfrucht eingetragen hat. *Averrhoa carambola* ist in der Lage, das ganze Jahr hindurch zu blühen und zu fruchten (Abbildung Seite 117).

Pflege

Die Pflanzen wachsen unter tropischen Klimabedingungen, sie gehen zwar nicht ein, wenn die Temperatur niedriger liegt, aber sie leiden doch und sind dann wesentlich anfälliger gegenüber Krankheiten, vor allem im Wurzelbereich. Bei hoher Luftfeuchtigkeit kann die Temperatur im Sommer über 30 °C ansteigen, im Winter sollte sie nicht unter 18 °C fallen. Karambolen brauchen ganzjährig volles Licht, unter Glas ist der zarten Blätter wegen eine Beschattung in den Mittagsstunden ratsam. Die Pflanzen können nicht ins Freie gestellt werden, auch eine Haltung im Zimmer ist wegen der viel zu niedrigen relativen Luftfeuchtigkeit in den Wintermonaten nicht auf Dauer möglich.

Das Substrat muß saure Reaktion zeigen, also viel Torf enthalten, das Pflanzgefäß braucht nicht allzu groß zu sein. Karambolen entwickeln keine umfangreichen Wurzelballen. Kalkhaltiges Gießwasser vertragen sie nicht. Im Winter darf kein kaltes Wasser in den Wurzelbereich gelangen, eine isolierende Unterlage ist bei nicht geheizten Steinböden unbedingt nötig. Das Wachstum setzt bereits früh im Jahr ein, ab diesem Zeitpunkt sind monatliche Düngergaben bis in den Herbst angebracht, auch im Winter kann ein- bis zweimal schwach gedüngt werden.

Alte Pflanzen können durchaus einmal zum Blühen kommen. Die Früchte reifen je nach Standort innerhalb von einem Dreivierteljahr bis zu eineinhalb Jahren. Sie sind zunächst grün und färben sich in ein helles, wäßriges Gelb um.

Ernte und Verwendung

Während die älteren Sorten noch einen Bitterstoff in der Schale aufwiesen, der sich auch dem Fruchtfleisch in geringem Umfang mitteilte, sind die neuen Sorten alle bitterstofffrei. Das Fruchtfleisch ist sehr saftig und knackig, der Geschmack leicht süß und erfrischend, aber etwas wäßrig. Karambolen werden vorwiegend als Frischobst verbraucht, man verwendet sie als Bestandteil von Fruchtsalaten oder stellt erfrischende Getränke daraus her. Auch eine schmackhafte Marmelade kann aus Sternfrüchten zubereitet werden. Da die Blüten einen sauren Eigengeschmack aufweisen, werden sie in der indonesischen Küche verwendet.

Beschaffung

Jungpflanzen der Karambole werden sporadisch von Spezialfirmen angeboten. Da aber die Früchte fast ganzjährig in gut sortierten Obstgeschäften zu finden sind, lassen sich aus den Samen, die in aller Regel gut keimen, neue Pflanzen heranziehen. Keimdauer etwa drei Wochen. Dabei sollte man darauf achten, daß die Früchte keinem noch so leichten Frost ausgesetzt waren, denn dann keimen die Samen nicht. Auch längere Lagerung bei tiefen Temperaturen kann zu Ausfällen in der Keimung führen. Jedenfalls vorteilhaft ist es, die Früchte im Sommerhalbjahr zu kaufen.

Eugenia uniflora
Pitanga, Surinamkirsche

Heimat

Ursprünglich ist die Pitanga im tropischen Südamerika, besonders in Brasilien heimisch. Der Strauch wird heute weltweit in den Tropen und sogar in den wärmeren Teilen der Subtropen wegen seiner Früchte angebaut.

Die Pflanze

Der große Strauch oder kleine Baum kann eine Höhe von 5 m und mehr erreichen. Die Blätter sind ledrig, glänzend und oval bei einer Länge von etwa 3 cm. Der Austrieb ist rot gefärbt, ältere Blätter sind dunkelgrün.

Aus den Blattachseln treiben etwa 2 cm große, weiße Blüten entweder in traubigen Blütenständen oder als Einzelblüten. Die Früchte sind etwa kirschgroß, mehr breit als rund und achtfach gerippt. Ihre Schale ist sehr dünn. Die in der Frucht enthaltenen Samen verlieren sehr schnell ihre Keimfähigkeit.

Pflege

Surinamkirschen können in den wärmsten Monaten, aber nicht vor Mitte Juni, an eine sonnige, vor Dauerregen geschützte Stelle im Freien gestellt werden. Sie müssen gegen Ende August wieder in den Wintergarten oder ins Zimmer gebracht werden, da ihnen dann bereits die Nächte zu kühl werden. Im Sommer vertragen die Pflanzen jede hohe Temperatur, in der Nacht sollten die Temperaturen aber nicht weit unter 18 °C sinken. Im Winter darf die Temperatur im Wurzelbereich nicht unter 15 °C fallen, in dieser Zeit sollte das Gießwasser ebenfalls nicht kühler sein.

Pitangas können sowohl bei hoher relativer Luftfeuchtigkeit wie auch im Zimmer gehalten werden. In der Zimmerkultur sollten sie täglich mit weichem Wasser übersprüht werden. Volles Licht wird das ganze Jahr verlangt. Pflanzen, die etwa einen halben Meter vom Glas entfernt stehen, benötigen auch in den Sommermonaten keinen Lichtschutz.

Erst alte Pflanzen brauchen einen umfangreichen Pflanzkübel. Das Substrat muß humos, aber auch leicht sein, deshalb ist es vorteilhaft, der Erde bis zu einem Drittel scharfen, kalkfreien Sand zuzumischen. Kalk vertragen die Pflanzen auch im Gießwasser nicht.

In der Wachstumszeit ist eine gleichmäßige Ballenfeuchtigkeit erforderlich, die im Winter reduziert werden muß. Die ledrigen Blätter verbrauchen kaum Wasser, wenn die Luftfeuchtigkeit über 60 Prozent liegt. Gedüngt werden kann in vierwöchigen Abständen vom März bis September. Danach müssen die Triebe ausreifen, damit die Blüte des darauffolgenden Jahres nicht gefährdet ist. Die im Frühjahr angesetzten Früchte reifen etwa bis zum Herbstbeginn.

Saugende Schädlinge befallen die Pitangas kaum, allenfalls an den Triebsspitzen setzen sich manchmal Läuse an. Bei Lufttrockenheit nisten sich Spinnmilben ein.

Ernte und Verwendung

Die bei Vollreife weichen, kirschroten Früchte werden als Frischobst roh gegessen, sie besitzen einen süßsauren, hocharomatischen Geschmack. Man kann sie zu Gelee verarbeiten, oder man stellt erfrischende Getränke aus den Früchten her. Werden sie in der feinen Küche verwendet, können sie auch in Essig oder Salz eingelegt werden. Von großem Gesundheitswert sind die Früchte durch ihren besonders hohen Gehalt an Vitamin C.

Beschaffung

Die nur kurze Zeit keimfähigen Samen müssen sofort nach Entnahme aus der Frucht ausgesät werden. Jungpflanzen sind im Spezialhandel zu haben, die Früchte werden bei uns nicht gehandelt.

Syzygium jambos
Rosenapfel

Heimat

Die Heimat des Rosenapfels bildet der indische und südostasiatische Raum. Die Pflanze ist heute in allen Gebieten mit zusagendem Klima als Obstlieferant und auch als Zierpflanze verbreitet. Ein spezieller Anbau des Rosenapfels zur Vermarktung der Früchte besteht jedoch nicht.

Die Pflanze

Rosenäpfel sind breitkronige, mittelhohe Bäume, die eine Höhe von über 10 m erreichen können. Die Blätter sind schmal-lanzettlich, sie werden etwa 20 cm lang und 3 cm breit. Der Neuaustrieb ist rot gefärbt, ausgewachsene Blätter sind glänzend dunkelgrün und stark ledrig. Sie sind mit Öldrüsen ausgestattet. Bei ständiger hoher Luftfeuchtigkeit neigt der Baum zur Bildung kurzer Luftwurzelbüschel an den Zweigen.

Die Blüten erscheinen in endständigen, grünen bis grünlichweiß gefärbten Trugdolden, die recht angenehm duften. Als eine Eigenart der Pflanze werden nach dem Aufblühen die Kronblätter als Ganzes abgeworfen, so daß die Blüten dann nur noch aus Kelch und Staubgefäßen bestehen. Die Farbe der reifen Früchte variiert von Weißlich über Gelblich bis zu Kirschrot, je nach Sorte. Die

Form schwankt ebenfalls zwischen flach-
gedrückten und birnenförmigen Früchten
(Abbildung Seite 117).

Pflege

Rosenäpfel verlangen in der Kultur tropische Verhältnisse, also ganzjährig Temperaturen bis 30 °C und höher, bei einer
Luftfeuchtigkeit von über 60 Prozent. Im
Winter darf die Temperatur nicht unter
18 °C sinken. Diese Wärmegrade müssen
im Winter ebenso im Wurzelbereich
herrschen, bei nur sehr mäßigen Wassergaben. Auf ungeheizten Steinböden steht
der Kübel auf einer isolierenden Unterlage
oder auf einer Heizmatte. Rosenäpfel
brauchen ganzjährig volles Licht, sie
wachsen auch im Winter, wenn es hell
genug ist. Rosenäpfel sind weder für die
Freiland- noch für die Zimmerkultur zu
empfehlen. In einem warmen Wintergarten wird man hingegen Erfolg haben.

Der Wurzelballen wird nicht umfangreich, nur alte Pflanzen verlangen mehr
Wurzelraum. Das Substrat sollte humos
sein. Um einen guten Wasserabzug zu gewährleisten, ist eine Sandbeimischung bis
zu einem Viertel ratsam. Kalk vertragen
die Pflanzen weder im Substrat noch im
Gießwasser. Im Sommer wie im Winter
verbraucht der Rosenapfel wenig Wasser,
da er aufgrund seiner ledrigen Blätter und
der hohen relativen Luftfeuchtigkeit nicht
viel verdunstet. Das Gießwasser muß immer die Temperatur aufweisen, die in der
Umgebungsluft herrscht. Gedüngt wird
alle vier Wochen organisch vom März bis
in den September hinein, auch im Winter
kann einmal schwach gedüngt werden.

Rosenäpfel kommen in unserem Klima
nach einigen Jahren zum Blühen, die
Früchte reifen je nach Sonnenlicht innerhalb einem halben bis einem Jahr.

Schildläuse können auftreten, die sich
an den Blattunterseiten beiderseits der
Mittelrippe festsetzen. Außerdem befällt

die unvermeidliche Rote Spinne vor allem
die jungen Triebe.

Ernte und Verwendung

Rosenäpfel sind reif, wenn sich die
Früchte leicht von der Pflanze lösen oder
von selbst abfallen. Sie schmecken zwar
erfrischend, aber der Geschmack ist nicht
von besonderer Intensität. Rosenäpfel
werden als Frischobst roh verzehrt, sie
können aber auch wie Gemüse zubereitet
werden. Aufgrund ihres hohen Pektinge-
haltes kann man sie besonders gut zur
Herstellung von Gelee verwenden. Auch
Erfrischungsgetränke und Konfitüren lassen sich daraus herstellen.

Beschaffung

Rosenäpfel werden bei uns als Frischobst
kaum gehandelt, sporadisch werden Jungpflanzen im Fachhandel angeboten. Sofort zugreifen, es kann lange dauern bis
man wieder Rosenäpfel im Angebot findet. Die in den Früchten enthaltenen Samen können zur Nachzucht verwendet
werden, sie bleiben aber nicht lange keimfähig.

Carica papaya
Papaya, Baummelone

Heimat

Papayas sind im tropischen Amerika heimisch. Die genaue Heimat ist nicht bekannt, bereits Kolumbus lernte die Papaya
als Kulturpflanze der Indios kennen. Mitte
bis Ende des 18. Jahrunderts wurde die
Pflanze in Asien eingebürgert, heute wird
sie ihrer Früchte wegen weltweit angebaut. Konkurrenz bekam die Papaya
durch die »Babaco« mit kernlosen, großen
Früchten.

Kakipflaume

Unreife Frucht der Guave

Die Pflanze

Die je nach Sorte 2 bis 6 m hohe Papaya-
pflanze stellt mehr ein verholztes Kraut als
einen Baum dar. Der fast immer unver-
zweigte Stamm trägt einen Schopf sehr lang
gestielter, großer Blätter, die handförmig
siebenteilig eingeschnitten sind. Die Blätter
stehen als Schopf endständig am Stamm.
Beim Abfallen hinterlassen sie am Stamm
große Narben (Abbildung Seite 120).

Aus den Blattachseln entspringen bei
zweihäusigen Sorten die langgestielten,
männlichen Röhrenblüten in Rispen. Sie
sind klein, weiß, duftlos und etwa 4 cm
lang. Die Blüten der weiblichen Pflanzen
sind etwas größer, gelblichweiß und sitzen
auf kurzen Stielen. Manchmal treten an
den Spitzen der männlichen Blütenstände
weibliche Blüten auf, die auch kleine
Früchte hervorbringen. Die dominierende
Exportsorte 'Solo' trägt nur weibliche oder
zwittrige Blüten. Die faust- bis melonen-
großen Früchte sitzen dichtgedrängt am
Stamm. Das Stückgewicht beträgt je nach
Sorte zwischen 500 g und 10 kg. Das me-
lonenartig und süß schmeckende Frucht-

fleisch variiert je nach Sorte in der Farbe
zwischen Gelb und einem dunklen Rot.
Die Früchte sind innen mit einer Höhlung
versehen, die mit zahlreichen, schwarzen,
pfefferkornartigen, bitter schmeckenden
Samen ausgekleidet ist.

Pflege

Papayas benötigen zum Wachsen und besonders zum Fruchten tropische Bedingungen. Sie eignen sich nicht für eine
Kultur im Freiland, auch nicht in den
Sommermonaten. Sommerliche Temperaturen bis 30 °C und darüber, im Winter
nicht unter 18 °C bei einer relativen Luftfeuchtigkeit nicht weniger als 60 Prozent,
das sind die idealen Lebensbedingungen
für die Kübelkultur. Die Pflanzen brauchen ganzjährig volles Licht, in den Sommermonaten wird in den Mittagsstunden
leicht schattiert. Ihrer großen Blätter wegen sind Papayas anfällig für Schäden
durch stärkeren Wind.

Der Pflanzkübel sollte groß gewählt
werden, da die Pflanzen sehr schnell
wachsen und bei guten Verhältnissen be-

reits ab dem zweiten Standjahr bei einer Höhe von 2 m zum Blühen kommen können. Da sich der umfangreiche Blattschopf immer nur am oberen Stammende bildet, wo dann auch eventuell noch einige Kilo Früchte lange Zeit hängen, ist ein sicherer Stand äußerst wichtig. Ein Umfallen in dieser Zeit endet meist mit einem Bruch des Stammes. Sollte so etwas aber einmal passieren, muß die Pflanze nicht weggeworfen werden, sie treibt wieder aus.

Das Substrat soll humos sein, das Wasser speichern können, aber keinesfalls Staunässe entstehen lassen, da die fleischigen Wurzeln der Papaya bei zuviel Nässe leicht faulen. Eine auf lange Zeit funktionsfähige Dränage ist bei der Kultur der Papaya lebenswichtig.

Im Sommer verbrauchen die Papayas viel Wasser, das immer kalkfrei sein sollte, im Winter darf der Ballenbereich nur leicht feucht sein. In dieser Zeit sollte das Gießwasser angewärmt werden. Durch das rasche Wachstum bedingt, braucht die Papaya alle acht Tage Düngergaben, auch im Winter kann alle vier Wochen schwach gedüngt werden.

Die erste Blüte kann bereits im zweiten Standjahr erscheinen. Bei zwittrigen Pflanzen bilden sich die Früchte ohne Zutun, bei zweihäusigen Sorten muß man mit der Hand den Pollen übertragen. Die Früchte brauchen etwa ein Dreiviertel- bis ein Jahr zur Reife.

Bedingt durch die großen, weichen Blätter ist die Papaya durch saugende Insekten gefährdet, die besonders an den Blattunterseiten sitzen.

Ernte und Verwendung

Die im Handel befindlichen Papayafrüchte werden aus Transport- und Lagerungsgründen unreif geerntet. Die Früchte reifen kaum nach, sie verändern zwar noch ihre Farbe von Gelbgrün nach Orangegelb, aber sie entwickeln kaum mehr Aroma und Süße. Anders verhält es sich mit der eigenen Ernte, wenn die Früchte bis zur Vollreife an der Pflanze bleiben, sie müssen sich leicht lösen lassen. Papayas lassen sich nur kurzzeitig lagern, sie sollten frisch verbraucht werden. Sie dürfen auch nicht im Kühlschrank aufbewahrt werden, denn sie vertragen in vollreifem Zustand diese tiefen Temperaturen nicht. Die Früchte können roh gegessen werden. Die Kerne werden, da sie bitter schmekken, entfernt. Man kann Papayas aromatisieren, indem man Zitronensaft über das Fruchtfleisch träufelt. Nicht ganz reife und weiche Früchte lassen sich auch wie Gemüse zubereiten.

Industriell wird durch Anritzen der unreifen Früchte Papain, ein eiweißspaltendes Enzym, gewonnen. Dieses Enzym ist in allen Pflanzenteilen enthalten. Durch das Anritzen tritt Papain aus und tropft ab, woraufhin es aufgefangen, getrocknet und als Pulver in den Handel gebracht wird. Es findet in der Medizin bei Verdauungsproblemen Anwendung, aber auch in der Küche als Zartmacher für zähes Fleisch. Außerdem verwendet es die Lebensmittelindustrie bei der Herstellung von Kaugummi; die Textilindustrie benutzt es, um das Einlaufen von tierischen Fasern zu verhindern.

Neuerdings ist eine samenlose Form der Papaya, die 'Babaco' genannt wird, im Fachhandel erhältlich. Diese Pflanze bildet keine Samen im Innern. Sie kann daher als ganze Frucht, einschließlich der Schale, verzehrt werden, während bei der normalen Form der Papaya die Schale ungenießbar ist. Die Kultur der 'Babaco' ist die gleiche wie bei der gewöhnlichen Papaya.

Beschaffung

Pflanzen sind bei Spezialfirmen erhältlich. Sie bilden ihre Früchte parthenokarp, also ohne Bestäubung aus.

Anacardium occidentale
Kaschubaum

Heimat
Die Sträucher oder kleinen Bäume kommen in den tropischen Regionen Amerikas von Mexiko bis in das Amazonasbecken vor. Seit Jahrhunderten werden sie von der dort ansässigen Bevölkerung genutzt. Kaschubäume sind heute in allen tropischen Klimazonen verbreitet.

Die Pflanze
Die Bäume erreichen in den Ursprungsgebieten Höhen zwischen 9 und 12 m. Bei freiem Wachstum bilden sie schöne Kronen aus. Die Blätter sind umgekehrt-eiförmig, derb-ledrig und weisen eine frischgrüne Farbe auf. Ihre Länge beträgt etwa 20 cm bei einer Breite bis 8 cm. Die Oberfläche ist glänzend mit einer deutlich sichtbaren Nervatur.

Kaschufrucht

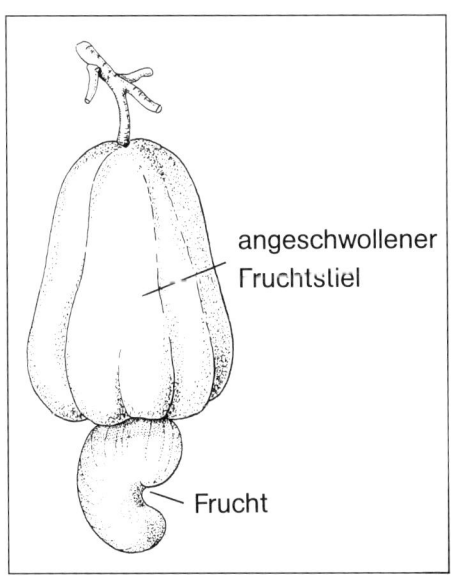

angeschwollener Fruchtstiel

Frucht

Die Blüten erscheinen in endständigen Rispen, bestehend aus männlichen und zwittrigen Blüten. Es setzen immer nur wenige Blüten an. Darauf entwickeln sich gekrümmte Steinfrüchte, »Elefantenläuse« genannt, die an einem fleischig verdickten, birnenförmigen Fruchtstiel sitzen, der sich im Reifezustand rot verfärbt (Abbildung Seite 121).

Pflege
Die Pflanze verlangt tropische Bedingungen. Sie ist für eine Haltung im Freiland (auch nicht in den Sommermonaten) und für die Zimmerhaltung nicht zu empfehlen. Die Temperatur sollte im Sommer möglichst hoch sein und nachts nicht unter 18 °C fallen, im Winter ist diese Mindesttemperatur möglichst nicht zu unterschreiten. Kaschubäume benötigen während des ganzen Jahres volles Licht. Die relative Luftfeuchtigkeit kann das ganze Jahr bei Werten zwischen 60 und 90 Prozent liegen.

Der Ballen wird nicht allzu groß, die Pflanzen können also lange im Kübel bleiben. An das Substrat stellen die Pflanzen keine besonderen Ansprüche, sie wachsen bei ausreichender Düngung auch auf nährstoffarmen Böden. Staunässe und Kalk im Wasser und Boden vertragen sie nicht, es tritt verhältnismäßig schnell Chlorose auf. Der Wasserbedarf ist eher mäßig. Im Winter genügt eine leichte Ballenfeuchtigkeit, wobei Unterkühlung durch Gießwasser vermieden werden muß. Sollte die Pflanze als Folge von Trockenheit im Winter einige Blätter verlieren, ist kein Grund zur Sorge gegeben – sie treibt bei steigendem Lichtangebot wieder aus. Gedüngt wird in vierwöchigen Abständen bis in den Herbst organisch, da Kaschubäume kaum Salze im Wurzelbereich vertragen.

Die Pflanzen können in der Kübelkultur nach einigen Jahren zum Blühen kommen. Die Blühfähigkeit setzt meist zwischen

Passiflora edulis

dem fünften und zehnten Jahr mit zunächst geringen Blütenansätzen ein. Über-
trägt man den Pollen mit der Hand, sind
die Ergebnisse besser. Die männlichen
Blüten weisen übrigens keine Narben auf.

Wegen der harten Blätter sind die
Bäume keinem besonderen Schädlingsbefall ausgesetzt.

Ernte und Verwendung

Die Steinfrüchte der Kaschubäume sind
das Hauptprodukt, weswegen die Pflanzen angebaut werden. Sie müssen mit der
Hand geknackt werden, da Maschinen, die
die Früchte schälen und den Kern unbe-
schädigt lassen, noch nicht zufriedenstellend arbeiten. Der Kern wird in der Fein-
bäckerei, oder als Naschwerk verarbeitet.
Die Schalen der Steinfrüchte enthalten ein
blasenziehendes Öl, das vorwiegend für
technische Artikel in der Autoindustrie
verwendet wird.

Dic fleischigen Fruchtstiele, »Kaschuäpfel« genannt, reifen innerhalb eines Jahres.
Sie bleiben entweder an der Pflanze hängen, bis sie von selbst abfallen; sie können
aber auch abgenommen werden, wenn sie
sich leicht lösen. Kaschuäpfel werden als
Frischobst verbraucht, sie weisen einen

Granatapfel

apfelähnlichen, süßsauren, etwa herben
Geschmack auf. Sie sind reif, wenn sie
hellrot gefärbt sind. Der Teil, an dem die
»Nuß« sitzt, ist zitronengelb. Industriell
werden die Früchte zu Konserven, Ge-
tränken und Essig verarbeitet. Durch
Brennen wird aus den Fruchtstielen auch
Alkohol gewonnen.

Beschaffung

Kaschuäpfel können durch Aussäen der
frischen Steinfrüchte vermehrt werden. Ab
und an führen spezialisierte Firmen Jungpflanzen im Angebot. Durch seine bizarren
Früchte zieht der Kaschubaum die Blicke
auf sich. Kaschuäpfel werden bei uns nicht
im Handel angeboten, Einzelfrüchte tauchen sporadisch in Kaufhäusern auf.

Mangifera indica
Mango

Heimat

Das ursprüngliche Vorkommen des Man-
gobaumes erstreckt sich über den indischen Raum bis nach Myanmar (Burma).

Die typischen Früchte der Karambole

Fruchtbildung bei Syzygium jambos

In diesem Gebiet befindet sich der Baum schon seit Tausenden von Jahren in Kultur. Heute wird die Pflanze weltweit in allen tropischen Klimazonen als Obstlieferant angebaut. Härtere Sorten werden heute bereits im Mittelmeergebiet oder in Südafrika angebaut.

Die Pflanze

Mangobäume sind imposante immergrüne Gewächse mit einer schönen, ausladenden Krone. Sie erreichen Höhen bis zu 30 m, Kulturformen bleiben etwas niedriger. Die etwa 20 cm langen Blätter sind schmal-lanzettlich, beim Austrieb rötlich und hängen zunächst schlaff herab. Über Hellgrün färben sie sich schließlich dunkelgrün und werden derb-lederartig.

Die rispigen Blüten erscheinen an der Spitze einjähriger Triebe. Der einzelne Blütenstand trägt einige Tausend kleiner, gelblichgrüner Einzelblüten. Sie sind teils männlich, teils zwittrig. Die zwittrigen Blüten besitzen nur ein oder zwei Staubblätter, dementsprechend ist die Pollenmenge gering und der Fruchtansatz schwach. Die Früchte weisen sehr verschiedene Formen auf – von birnen- bis nierenförmig. Sie können ein Gewicht von

bis zu 2 kg erreichen. Die derb-ledrige Schale ist bei reifen Mangos grüngelb bis dunkelrot gefärbt. Der innenliegende, große Steinkern ist mit dem Fruchtfleisch faserig verwachsen, so daß er sich schwer von der Frucht löst.

Pflege

Mangobäume gedeihen am besten unter tropischen Bedingungen. Die besten und auch die meisten Früchte werden in Gebieten mit einer ausgeprägten Trockenheit erzielt. Demzufolge steht der Mangobaum am besten ganzjährig im vollen Licht. Unter Glas wird die Pflanze während der Mittagsstunden leicht beschattet. Temperaturen um oder über 30 °C im Sommer und im Winter nicht unter 15 °C sollten beachtet werden, obwohl der Mangobaum während der Trockenzeit in den Anbaugebieten kurzfristig sogar Temperaturen nahe 0 °C erträgt. Die relative Luftfeuchtigkeit braucht nicht hoch zu sein, Werte um 60 Prozent genügen, bei darunterliegenden Werten sollte täglich gesprüht werden. Je höher die relative Luftfeuchtigkeit im Winter ist, desto trockener sollte der Wurzelballen zu dieser Zeit gehalten werden.

Einen Aufenthalt im Freiland erträgt der Mangobaum in den heißen Sommermonaten, aber bereits Ende August muß er wieder in den Wintergarten oder in das Zimmer. Mangos können bei einiger Aufmerksamkeit auch am hellen Süd- oder Südwestfenster gehalten werden. Südwestfenster eignen sich wegen der heißen Nachmittagssonne im Sommer weniger, oder es muß beschattet werden.

Mangos entwickeln große Wurzelballen. Die Pfahlwurzel dringt tief in den Boden ein, daher sind bei der Kübelkultur sowohl tiefe als auch breite Pflanzgefäße erforderlich. Das Substrat muß durchlässig sein, es kann reichlich sandigen Lehm enthalten. Die Pflanzen dürfen in den ersten Jahren der Kübelkultur keinen großen Schwankungen der Bodenfeuchtigkeit ausgesetzt werden, bei größeren Pflanzen dagegen darf die Substratoberfläche immer wieder abtrocknen. Auf die Dauer vertragen Mangos keinen Kalk im Wasser und im Substrat, obwohl sie gegenüber nicht zu hohem Kalkgehalt unempfindlich sind. Salzgehalte im Boden von bis zu 2 Prozent werden toleriert. Im Winter sollte das Gießwasser etwas angewärmt

sein, Nässe und kühle Umgebungstemperaturen verursachen Laubfall, und die Pflanzen erholen sich daraufhin oft nicht wieder. Manchmal hilft konsequentes Trockenhalten des Wurzelballens. Gedüngt wird von März bis in den September.

Mangos sind aufgrund ihrer ledrigen Blätter nicht besonders anfällig für saugende Insekten, bei trockener Luft macht sich aber die unvermeidliche Rote Spinne an die Pflanzen. Auf den Einsatz von chemischen Spritzmitteln reagieren besonders die Neuaustriebe empfindlich, also vor dem Einsprühen erst testen.

Ernte und Verwendung

Mangobäume fruchten als Kübelpflanzen in unserem Klima nicht. Unter Glas fruchten veredelte Mangos mitunter. Durch ihren hohen Pektingehalt ersetzt die Mangofrucht in den Tropen den Apfel unserer Breitengrade. Mangofrüchte können sehr vielseitig verwendet werden. Neben dem Genuß als Frischobst werden die Früchte zu Saft, Konserven, Gelee und Soßen verarbeitet. Früchte, die nicht für den Export bestimmt sind, kommen von Sorten, die einen mehr oder weniger starken Terpen-

Anzucht einer Mangopflanze aus der Frucht: Nachdem man der Frucht den Mangokern entnommen hat, schneidet man seine äußere Hülle vorsichtig an der Schmalseite auf und entfernt sie. Der so freigelegte Kern wird flach eingepflanzt.

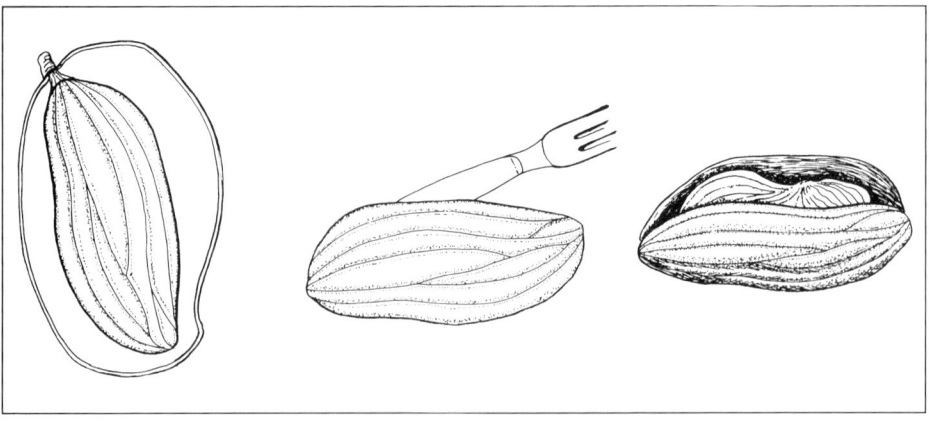

tingeschmack aufweisen. Diese Geschmacksnuance ist in Indien sehr beliebt. Mangos enthalten sehr viel Vitamin C und Vitamin A und stellen ein wichtiges Nahrungsmittel in den Anbaugebieten dar.

Beschaffung

Jungpflanzen werden sporadisch angeboten. Man kann die Pflanzen aber auch aus Samen ziehen, die man reifen Früchten entnimmt. Im Fachhandel werden Mangofrüchte nahezu ganzjährig angeboten. Bei der Anzucht aus Samen ist zu beachten, daß die faserige äußere Hülle vor der Aussaat entfernt werden muß, so daß der Kern sichtbar wird. Anscheinend sind die Früchte bei der Ernte nicht ausgereift, und daher hat der Keimling oft nicht die Kraft, die äußere Hülle zu durchbrechen. Entfernt man diese äußere Hülle, gelingt die Keimung problemlos.

Sollten die Jungpflanzen nach Ausbildung von etwa vier Blättern trotz guter Pflege immer wieder absterben, wurden die Früchte durch die Importfirmen, besonders in Holland, aber auch in Israel, radioaktiv bestrahlt. Hier kann man sich nur durch den Kauf einer veredelten Mangopflanze vor Mißerfolgen schützen. Diese Pflanzen werden vereinzelt von Fachfirmen angeboten.

Eriobotrya japonica
Japanische Mispel

Heimat

Die Japanische Mispel ist in Japan und im chinesischen Raum heimisch. Durch ihre Kältetoleranz wird die Pflanze heute weltweit in den höheren Lagen der Tropen und in den Subtropen angebaut. Sie gedeiht selbst im Gebiet um das Mittelmeer

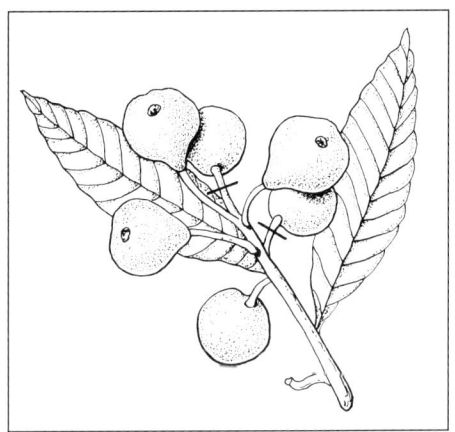

Um größere Mispelfrüchte zu erhalten, muß von Hand ausgedünnt werden: Die verbleibenden Früchte sollen sich nicht berühren.

und bildet in den Gärten des Tessin keine seltene Erscheinung.

Die Pflanze

Die Japanische Mispel ist immergrün, hat einen kurzen Stamm und eine dichte, pyramidenförmige Krone. Der Baum kann Höhen bis zu 10 m erreichen, meist bleibt er aber kleiner. Die kräftigen Blätter sind dunkelgrün und an der Unterseite silberweiß wollig behaart. Sie besitzen eine ausgeprägte Nervatur und können 15 cm lang und etwa 8 cm breit werden. Der Neuaustrieb wirkt durch seine Behaarung silberweiß.

Die Blüten sind weiß, erreichen etwa 2 cm im Durchmesser und erscheinen im Herbst in endständigen Trauben. Die etwa pflaumengroße, birnenförmige Frucht ist reif hellgelb und im jugendlichen Stadium mit einem wolligen Überzug versehen. Es sind auch Sorten im Handel, die diese Behaarung der jungen Früchte nicht zeigen. Im Innern der Frucht sitzen ein bis drei große Samen. Mispelbäume sind dafür bekannt, daß sie sehr reich tragen. Um größere Früchte zu erzielen, muß ein überreicher Behang mehrmals von Hand ausgedünnt werden.

Zweijährige Papaya

Pflege

Als immergrüne Pflanzen brauchen Japanische Mispeln ganzjährig einen hellen
Standort. Aufgrund ihrer ledrigen Blätter
sind sie auch unter Glas nicht empfindlich
gegen direkte Sonneneinstrahlung. Die Japanische Mispel gehört aber eigentlich
vom frühen Frühjahr bis in den späten
Herbst an einen windgeschützten, sonnigen Platz im Garten oder auf die Terrasse,
wo sie einen markanten Blickpunkt darstellt. Die Temperaturen im Winter brauchen nicht weit über der Null-Grad-Marke
zu stehen, allerdings darf kein Frost die
Pflanze erreichen. Die Sommertemperaturen verträgt die Pflanze, wie sie eben auftreten. Auch kühlere Perioden oder einige
Tage Dauerregen schaden der Mispel
nicht.

Da sie an die relative Luftfeuchtigkeit
keine hohen Ansprüche stellen, können
Japanische Mispeln auch an einem hellen
Südfenster im Zimmer gehalten werden,
sofern im Winter auch ein kühlerer Raum
zur Verfügung steht.

Mispeln entwickeln, wenn sie älter werden, größere Wurzelballen, deshalb sollte
man von Anfang an nicht zu kleine Pflanzgefäße wählen. Dies ist schon deshalb
empfehlenswert, da die Pflanze mit ihrem
schweren und massiven Laub den Wind
gut fängt und daher gegen Kippen gesichert sein muß. An das Substrat stellt die
Mispel keine besonderen Ansprüche, es
sollte jedoch durchlässig sein und keinen
hohen Kalkgehalt aufweisen. Auch im
Gießwasser wird Kalk auf Dauer nicht
vertragen. Dünger verabreicht man von
März bis in den September hinein alle vier
Wochen. Im Herbst die Wassergaben, die
im Sommer reichlich sein können, stark
verringern. Bei einem zu niedrigen Wasserangebot reagiert die Pflanze mit Laubfall, treibt aber im Frühjahr wieder aus.

Wenn die Pflanze im Herbst blüht, sind
in der Regel noch Schwebfliegen und Bie-
nen unterwegs, die die Bestäubung sichern. Die Früchte wachsen den Winter
über in der Kübelkultur nicht stark, sie
holen dies im Frühjahr aber nach. Japanische Mispeln tragen, wenn sie einige Jahre
in ihrem Pflanzgefäß stehen, zuverlässig
jedes Jahr. Da die Pflanzen in der dunklen
Jahreszeit fruchten, ist eine leichte, aber
gleichmäßige Ballenfeuchtigkeit notwendig, damit die jungen Früchte nicht abgeworfen werden.

Mispeln werden kaum von Schädlingen
befallen; die ledrige Oberhaut der Blätter
ist für die Stechrüssel der saugenden und
beißenden Insekten anscheinend zu dick.

Ernte und Verwendung

Mispelbäume beginnen im Alter von vier
bis sechs Jahren zu tragen. Die Früchte
werden erst bei Vollreife geerntet, da sie
dann den höchsten Zuckergehalt aufweisen. Man kann sie auch an den Pflanzen
belassen, bis sie von selbst abfallen. Das

**Die eigenartige Fruchtbildung des
Kaschubaumes**

Japanische Mispel

Fleisch der Früchte ist dann cremefarben
und ähnelt im Geschmack Aprikosen. Die
Früchte werden entweder roh verzehrt,
oder sie werden zu Konserven verarbeitet.
Auch Marmeladen oder Gelees können
hergestellt werden.

Beschaffung
Jungpflanzen der Japanischen Mispel sind
regelmäßig bei Firmen, die sich auf tropische und subtropische Pflanzen spezialisiert haben, im Angebot.

Tamarindus indica
Tamarinde

Heimat
Die Tamarinde stammt aus Afrika, wird
aber im großen Stil zur Fruchtgewinnung
im indischen Raum angebaut.

Die Pflanze
Tamarinden sind große Bäume, die eine
Höhe von bis zu 25 m erreichen können.

Die Blätter sind zart, hellgrün und paarig
gefiedert mit zwölf bis 20 Fiederpaaren.
Im hohen Alter bilden sich mächtige
Baumgestalten, die im Habitus unseren
Eichen ähneln.

Die Blüten bilden sich in endständige
Trauben, die gelbliche Einzelblüte besitzt
eine rote Zeichnung. Die Frucht, eine
braune, in Abständen eingeschnürte
Hülse, erreicht etwa 10 bis 15 cm Länge
und 2 bis 3 cm in der Breite. Die zerbrech-
liche äußere Fruchthülle umschließt ein
süßes, breiiges Mark. Darin wiederum liegen in einem lederartigen Endokarp jeweils vier bis sechs Samen.

Pflege
Die indische Tamarinde braucht zu ihrem
Gedeihen tropische Bedingungen. Sie
kann zu keiner Jahreszeit ins Freie gestellt
werden. Jungpflanzen lassen sich für eine
Reihe von Jahren im Zimmer halten, besonders wenn ein ausgebautes Blumenfenster zur Verfügung steht, und bieten mit
ihrem lockeren, gefiederten Laub einen
hübschen Anblick. Tamarinden benötigen
im Sommer hohe Temperaturen bei einer
relativen Luftfeuchtigkeit von über 60 Pro-

zent, im Winter darf die Temperatur nicht unter 18 °C liegen. Tamarinden sind immergrün, sie benötigen das ganze Jahr über einen hellen, sonnigen Platz. Sehr dankbar zeigen sich die Pflanzen für Kunstlicht in der dunklen Jahreszeit.

Das Substrat kann zur Hälfte Torf enthalten, ein Viertel sollte aus scharfem Sand bestehen. Es ist also ein lockeres Substratgemisch zu verwenden, das das Wasser gut hält, aber keine Staunässe entstehen läßt. Tamarinden benötigen gleichmäßige Feuchtigkeit im Wurzelbereich, länger andauernde Nässe bringt die Tamarinde zum Absterben. Im Winter ist nur eine leichte Ballenfeuchtigkeit zu erhalten, das Nachgießen geschieht mit angewärmten Wasser entlang des Kübelrandes. Das Wasser muß kalkfrei sein, ebenso das Substrat. Da Tamarinden, wenn die Lebensbedingungen stimmen, flott wachsen, kann vom April bis Ende August organisch gedüngt werden. Danach muß das Wachstum abschließen. Sind die anfangs krautigen Triebe bis in den Winter nicht verholzt, beginnen sie nämlich abzufaulen.

Tamarinden blühen und fruchten in der Kübelkultur nicht, da sie erst nach einer Reihe von Jahren blühfähig sind und dann für die räumlichen Verhältnisse des Pflegers zu groß werden. Sie sind aber sehr schöne Grünpflanzen.

Das zarte Laub wird bei trockener Luft gern von Spinnmilben befallen.

Ernte und Verwendung
Verwendet wird das in den Hülsen zu etwa 40 Prozent vorkommende süßsäuerliche Fruchtmus. Es wird auch mit Zucker bestreut und frisch gegessen, es kann aber auch für Sirup und Konfekt verwendet werden. Das Mark wird zu Soßen verarbeitet, es ist zum Beispiel ein Bestandteil der bekannten Worcestersoße. Tamarindenmark wirkt leicht abführend. Die Blätter des Austriebs können als Gemüse ge-

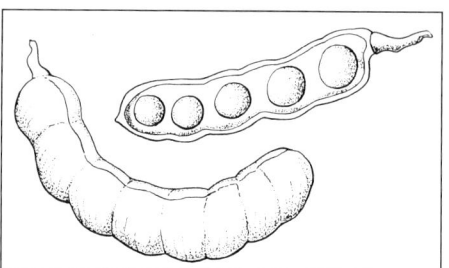

Frucht der Tamarinde

kocht werden. Die in den Hülsen befindlichen Samen liefern außerdem ein nicht besonders hochwertiges Gummi. Das Holz der Tamarinde ist sehr hart und schwer und kann überall dort verwendet werden, wo Holz besonderem Verschleiß ausgesetzt ist. Alte Tamarindenstämme entwickeln ein dunkles Kernholz.

Beschaffung
Tamarinden werden sowohl als Samen wie als Jungpflanzen von Spezialfirmen angeboten.

Ceratonia siliqua
Johannisbrotbaum

Heimat
Ursprünglich stammt der Johannisbrotbaum aus dem vorderasiatischen Raum, also dem Gebiet des östlichen Mittelmeers bis zum heutigen Jemen. Da er klimatisch sehr anpassungsfähig ist, wird er im ganzen Mittelmeerraum angebaut. Der Baum kommt wild und kultiviert vor.

Die Pflanze
Johannisbrotbäume sind immergrüne, bis 10 m hohe, eindrucksvolle Gestalten mit einer breit ausladenden Krone. Die Bäume

machen aufgrund ihrer dunklen Laubfärbung einen etwas düsteren Eindruck. Die kleinen, lederartigen, beim Austrieb rötlichen Blätter sind paarig gefiedert und wirken sukkulent (Abbildung Seite 125).

Die kleinen Blüten stehen in kurzen, gebüschelten Trauben. Johannisbrotbäume sind zweihäusig, das heißt, es existieren männliche und weibliche Pflanzen. Aus den befruchteten Blüten entwickeln sich in Büscheln hängende, etwa 20 bis 25 cm lange und etwa 4 cm breite, im reifen Zustand dunkelbraune Hülsen, die im Innern gekammert sind und je Kammer einen runden, flachen Samen in einem süßlichen Fruchtmus einschließen. Erwähnung verdient die Besonderheit, daß das Gewicht der Samen stets absolut gleich ist, so daß diese sogar zum Abwiegen von Edelsteinen benutzt wurden; das Wort »Karat« für das Gewicht von Diamanten leitet sich von dem Handelsnamen der Früchte »Karoben« ab.

Pflege

Als Bewohner des Mittelmeerraumes sind die Johannisbrotbäume in gewissen Grenzen in der Lage, sich an unsere klimatischen Verhältnisse anzupassen. Die Pflanzen gehören vom Frühjahr bis in den späten Herbst an eine sonnige, vor Wind und Dauerregen geschützte Stelle im Garten oder auf dem Balkon. Johannisbrotbäume verlangen im Sommer volle Sonne, auch unter Glas, im Winter sollten sie so hell wie möglich stehen. Die Bäume, manchmal wie die Frucht »Karoben« genannt, stellen außerdem ideale Zimmerpflanzen dar, da ihnen trockene Luft nicht schadet. Im Gegenteil, um den typischen gedrungenen Wuchs zu erhalten, dürfen sie nicht zu luftfeucht und warm gehalten werden. Die Sommertemperaturen können nicht hoch genug sein, im Winter genügt es, wenn die Umgebungstemperatur um die 5 °C liegt.

Da die Bäume jahrelang in ihrem Pflanzgefäß verbleiben können, sollte von Anfang an ein großer Kübel gewählt werden. Die trockenheitliebenden Pflanzen bilden sowohl in die Tiefe als auch in die Breite umfangreiche Wurzelballen aus. Das Substrat muß unbedingt durchlässig sein, es sollte sandig und eher mager ausfallen, auch Kakteenerde ist durchaus brauchbar. Eine auf lange Zeit funktionsfähige Dränage ist für die Karoben lebenswichtig, Staunässe bringt sie in kürzester Zeit um. Johannisbrotbäume sind gegen Trockenheit weitgehend resistent, sie sollten daher nur sehr zurückhaltend gegossen werden. Da sie immergrün sind, verbrauchen sie auch im Winter etwas Wasser. Der Wurzelbereich sollte im Winter nur ganz leicht feucht sein, im Sommer genügt eine Wassergabe, wenn die Substratoberfläche abgetrocknet ist. Dabei empfiehlt sich ein kurzes Hochheben des Pflanzkübels, um festzustellen, ob die Pflanze auch tatsächlich Wasser benötigt. Kalk im Wasser und im Substrat vertragen Johannisbrotbäume nicht. Die Pflanzen wachsen sehr langsam, eine Düngergabe alle sechs Wochen vom Vegetationsbeginn bis Ende August genügt vollauf.

Während in den Anbaugebieten die Karoben aus Samen gezogen und dann veredelt werden (Samenpflanzen liefern minderwertige Früchte), kann der Pflanzenliebhaber durchaus aus Samen gezogene Pflanzen pflegen. Karoben kommen erst in die Blüte, wenn sie über zwanzig Jahre alt sind, man kann aber an einer Pflanze ein Leben lang Freude haben. Im Bodenseegebiet steht eine alte Karobe an einer sehr geschützten Stelle, der Baum blüht und fruchtet nahezu jedes Jahr sehr reichlich. Wo der Partner steht, konnte ich bis jetzt noch nicht in Erfahrung bringen. Es wäre auch nicht besonders vorteilhaft, wenn Karoben im Zimmer üppig blühen würden, denn die Blüten strömen einen nicht gerade berauschenden Geruch aus, kurz gesagt, sie stinken.

Da das Laub sehr massiv ist, wird die Karobe kaum von saugenden Insekten befallen.

Ernte und Verwendung

Die Schoten, die Karoben, brauchen fast ein Jahr zur Reife, sie werden aber meistens in den Anbaugebieten kurz vor der Vollreife geerntet und zum Nachreifen in die Sonne gelegt. Da die reifen Früchte nahezu 50 Prozent Zucker enthalten, können sie auch roh gegessen werden, sie werden gekaut und man schluckt den sich dabei lösenden, süßen Saft. Die Hülsen werden vom Vieh gern gefressen. Aus den gepreßten, reifen Früchten kann ein honigähnlicher Sirup gewonnen werden, der Kaftan genannt wird. Geröstete Früchte werden zu Kaffee-Ersatz verarbeitet, so entsteht der besonders in Österreich beliebte Karobenkaffee. Auch die Samen finden Verwendung: Die harte Samenschale wird maschinell beseitigt, und das Endosperm wird gemahlen. Das so gewonnene Johannisbrotkernmehl dient als Dickungsmittel für Backwaren, Speiseeis und Diätkost und wird in der Textil- und in der Papierindustrie eingesetzt.

Beschaffung

Frische Früchte mit keimfähigen Samen werden ganzjährig im Fruchthandel angeboten, aber auch Jungpflanzen sind bei den entsprechenden Firmen fast immer vorrätig.

Acca sellowiana
Feijoa

Heimat

Der Strauch stammt aus dem südlichen Brasilien und Uruguay, wo er die höheren Lagen besiedelt. Aufgrund ihrer Genügsamkeit wurde die Feijoa in die höheren Lagen der Tropen und in die Subtropen der ganzen Welt eingeführt.

Die Pflanze

Bei der Feijoa handelt es sich um einen bis zu 6 m hohen Strauch oder kleinen Baum, der sich bereits kurz über dem Erdboden verzweigt. Die Feijoa ist immergrün, die fast sukkulenten Blätter sind auf der Oberseite dunkelgrün und auf der Unterseite weiß bereift. Die eiförmigen, ledrig dicken Blätter messen etwa 3 cm in der Länge und 2 cm in der Breite.

Die dekorativen Blüten treiben aus den Blattachseln der zweijährigen Triebe, die wachsartigen Blütenblätter sind zurückgebogen und weiß mit roter Spitze. Die dunkelroten Staubgefäße ragen weit aus der Blüte hervor, der goldgelbe Pollen an der Spitze hebt sich deutlich ab. Als Früchte entwickeln sich etwa birnenförmige Beeren von der Größe einer kleinen Pflaume mit einem aromatischen, farblosen, süßsauren, weichen Fruchtfleisch.

Pflege

Feijoas gehören vom zeitigen Frühjahr an, wenn sie allenfalls noch gegen Nachtfrost zu schützen sind, an einen sonnigen Platz im Garten oder auf dem Balkon, wo sie bis in den Herbst hinein bleiben. Nachttemperaturen bis um 5 °C schaden der Pflanze keineswegs. Die Sommertemperaturen können 30 °C übersteigen, denn die ledrigen Blätter schützen die Feijoa vor Aus-

Johannisbrotbaum

Die zierende Blüte der Feijoa

trocknung. Die Pflanzen benötigen das ganze Jahr über volles Licht. Wo dieses im Winter nicht in genügendem Umfang geboten werden kann, wirft die Feijoa den Großteil ihrer Blätter ab. Bei steigendem Lichtangebot treibt die Pflanze im Frühjahr wieder aus. An die relative Luftfeuchtigkeit stellen die Pflanzen keine großen Ansprüche, deshalb kann die Feijoa auch als Zimmerpflanze an einem hellen Fenster gehalten werden. Sie überwintert auch bei Wohnzimmertemperaturen, allerdings muß in dieser Zeit sehr vorsichtig gegossen werden, wenn, dann mit angewärmtem Wasser.

Das Pflanzgefäß kann gleich zu Kulturbeginn recht groß gewählt werden, da die Pflanzen jahrelang darin verbleiben können. Das Substrat sollte humos sein und unbedingt durchlässig, da Feijoas keine Staunässe ertragen. Die Pflanzen entwickeln sich auch in sandigeren Erden zufriedenstellend. Kalk im Wasser und Boden vertragen sie nicht. Wenn im Winter Blätter fallen, darf auf keinen Fall mehr Wasser gegeben werden, in der Annahme, Wassermangel habe den Blattfall verursacht. Das Gegenteil ist der Fall: Im Wurzelbereich darf nur eine leichte Feuchtigkeit vorhanden sein. Im Sommer benötigen die Pflanzen allerdings reichlich Wasser. Bei zuwenig Feuchtigkeit welken die Spitzentriebe, aber nach Wassergaben erholen sie sich schnell wieder. Feijoas wachsen nicht allzu rasch, deshalb braucht in der Vegetationsperiode nur alle sechs Wochen gedüngt zu werden, während der Überwinterung gar nicht.

Im Frühsommer erscheinen die dekorativen Blüten, die sich selbst bestäuben können. Der Fruchtansatz ist jedoch wesentlich sicherer, wenn man eine zweite Pflanze als Bestäubungspartner hat. Bis zum Herbst reifen die Beeren.

Schädlinge treten bei dieser hartlaubigen Pflanze kaum auf.

Ernte und Verwendung

Die Beerenfrüchte der Feijoa reifen bis zum Herbst. Neben den Naturformen gibt es noch eine Zuchtform mit gelben Früchten, die angeblich besser fruchten soll. Die Beeren sind reif, wenn sie sich leicht von der Pflanze lösen und wenn die Schale auf leichten Druck nachgibt. Die Früchte schmecken erfrischend und pikant süßsäuerlich. Meistens werden die Früchte roh verzehrt, man kann daraus auch eine sehr gute Konfitüre herstellen. Industriell werden Feijoafrüchte nicht verarbeitet, da das Angebot an Beeren zu gering ist.

Beschaffung

Als Früchte kommen die Beeren der Feijoa nicht in den Handel, aber pflanzenimportierende Firmen führen die Feijoa fast ganzjährig im Angebot, zum Teil als schon fruchtende Pflanze.

Opuntia ficus-indica
Feigenkaktus

Heimat

Die Heimat des Feigenkaktus ist Mexiko. Heute wird er in allen trockenen Gebieten der Subtropen angebaut. Bereits Anfang des 16. Jahrhunderts wurde die Pflanze von den Spaniern in das Mittelmeergebiet eingeführt.

Die Pflanze

Kaktusfeigen werden im Alter große, in den Anbaugebieten zwischen 3 und 4 m hohe, umfangreiche Sträucher. Sie besitzen etwa 2 cm dicke, flache Blattscheiben von länglich-ovaler Form mit einer Länge von etwa 40 cm und einer Breite um 20 cm. Die hochsukkulenten und oft stark bestachelten Blattglieder dienen der Spei-

cherung von Wasser. Ausgepflanzt bilden die Pflanzen bald undurchdringliche Dickichte.

An den Rändern der Sprosse bilden sich hübsche, bis 10 cm große, schalenartige Blüten, die eine glänzende, schwefelgelbe Färbung aufweisen. Aus ihnen entwickeln sich birnenförmige, eßbare Beeren, die etwa 10 cm lang und einen Durchmesser von etwa 6 cm aufweisen. Im Fruchtfleisch verteilt befinden sich viele kleine schwarze Samen. Je nach Sorte sind die reifen Früchte unterschiedlich gefärbt, es kommen grüne und rote Töne bis hin zum Braun vor (Abbildung Seite 129).

Pflege

Opuntien benötigen im Sommer soviel Sonne wie möglich. Sie sollten deshalb an einem vor Regen und Wind geschützten Platz stehen, der möglichst den ganzen Tag über direktes Sonnenlicht erhält. Auch unter Glas stehen Opuntien ohne jede Beschattung. Die fleischigen Sprossen erleiden nur dann Verbrennungen, wenn sie direkt an den Fensterscheiben stehen. Die Temperaturen sollen dabei möglichst hoch sein. Im Winter genügt eventuell sogar ein Platz in einem nicht zu dunklen Keller, die Pflanzen darf nur kein Frost erreichen.

Opuntien können bereits im zeitigen Frühjahr ins Freie, bei zu erwartenden Nachtfrösten werden sie mit Folie abgedeckt. Nach dem Winteraufenthalt ohne Wasser sind die Glieder etwas geschrumpft, so daß die Konzentration des Saftes hoch ist, die Zellen sind außerdem nicht restlos gefüllt. Dies trägt alles dazu bei, daß eine eventuelle leichte Frosteinwirkung, die schließlich mit einer Volumenausdehnung der Pflanzenflüssigkeit verbunden ist, die einzelnen Zellen nicht mehr zu sprengen vermag. Daher überstehen Opuntien sogar kurzzeitigen Frost bis einige Grade unter Null, aber eben nur in diesem Zustand. Wurde im Winter gegossen, sind die Blattzellen gefüllt; bei Frosteinwirkung platzen sie, und die Pflanze stirbt ab. Die Höhe der relativen Luftfeuchtigkeit hat gemäß der Herkunft der Pflanzen kaum eine Bedeutung. Opuntien wachsen zwar auch in feuchter Luft, aber der Habitus der ganzen Pflanze und die Farbe ändern sich untypisch.

Als Pflanzen, die extrem an trockene Standorte angepaßt sind, entwickeln Opuntien einen umfangreichen Wurzelballen, man sollte also die Gefäße nicht zu klein wählen, da die Pflanzen lange Jahre im Kübel bleiben können. Das Substrat sollte mager und sehr durchlässig sein (Kakteenerde wählen), die Pflanzen vertragen keinerlei Staunässe. Wenn das Pflanzsubstrat schon Kalk enthält, sollte auf kalkfreies Wasser geachtet werden. Opuntien tolerieren Kalk im Substrat, wenn mit dem Gießwasser nicht jedesmal neue Kalkgaben hinzukommen. Opuntien vertragen Salze relativ gut, aber auf Dauer keinen Kalk im Wasser und im Substrat. Gießen muß man nur gelegentlich, vom Frühjahr zu Wachstumsbeginn bis zum Herbst, das Substrat kann immer wieder austrocknen. Gedüngt wird nur zwei- bis dreimal vom Frühjahr bis August.

Bei guter Pflege zeigen sich an zwei- oder dreijährigen Pflanzen im Frühsommer die ersten Blüten. Die Früchte entwickeln sich im gleichen Jahr, sie reifen bis zum Herbst aus.

Schädlinge stellen sich kaum ein, nur am Winterstandort muß bei trockener Luft auf Befall durch Spinnmilben geachtet werden.

Ernte und Verwendung

Bei den Opuntien, die eßbare Früchte produzieren, gibt es bestachelte und stachellose Formen, deren Gliederblätter auch als Viehfutter dienen. Jeder Pfleger sollte in Anbetracht seiner persönlichen Umstände selbst entscheiden, ob die bestachelten und damit für Kinder nicht ungefährlichen Formen zu Hause gepflegt werden können. Bei Berührung der Glieder und auch der Früchte brechen winzige Stacheln ab, die sogenannten Glochidien, die die größeren Stacheln umgeben, und bleiben in der Haut stecken. Oftmals sind sie mit bloßem Auge gar nicht zu sehen. Hat man doch einmal unvorsichtig zugegriffen, lassen sich die Stacheln entfernen, indem man warmes Kerzenwachs auf die betroffene Hautstelle tropfen läßt. Man läßt es erkalten und kann es dann abziehen. Das Wachs hat die überstehenden Glochidien eingeschlossen, und sie lassen sich mit dem Wachs abziehen.

Die Früchte haben die Form kleiner Birnen. Sie sind reif, wenn sie sich leicht von der Pflanze lösen. Bei der Ernte sollte man aber Handschuhe aus Gummi oder ähnlichem Material tragen. Die Früchte werden mit einem Messer der Länge nach aufgeschnitten. In dem glasigen Fruchtfleisch sind die vielen schwarzen Samenkörner verteilt. Die roh genossenen Früchte haben einen ausgezeichneten süßlichen Geschmack, der sehr erfrischend wirkt.

Außerdem sind Opuntienfrüchte sehr gesund: In Süditalien werden sie von Ärzten zur Behandlung von Krankheiten der Nieren und der harnableitenden Organe sehr empfohlen. Aufbewahren lassen sich die Früchte nicht, mann sollte sie auch nicht in den Kühlschrank legen.

Beschaffung

In den Obstabteilungen von Warenhäusern werden Opuntienfrüchte in den Sommermonaten angeboten. Die in den Früchten enthaltenen Samen lassen sich in sandiger Erde, leicht feucht und halbschattig bei 20–25 °C gehalten, leicht zum Keimen bringen. Pflanzen können jederzeit von Kakteengärtnereien bezogen werden.

Litchi chinensis
Litchi

Heimat

Die Pflanze stammt aus dem südlichen China. Sie wurde aber schon seit langem weltweit in den frostfreien Lagen der Subtropen eingeführt, wo sie heute teilweise einen wichtigen Teil der Obstausfuhr darstellt.

Die Pflanze

Litchis sind immergrüne, stattliche Bäume mit einer dichten, runden Krone. Die glänzenden Blätter sind hellgrün und etwa 2 cm breit bei einer Länge von über 10 cm. Sie sitzen unpaarig gefiedert an den Zweigen.

Die unauffälligen grünlichweißen Blüten erscheinen in bis zu 35 cm langen Rispen an den Zweigspitzen des letztjährigen Triebes. Die Blüten können männlich, weiblich oder zwittrig sein, das Verhältnis zueinander wechselt auf demselben Baum jährlich und beeinflußt den Ertrag. An einer Rispe entwickeln sich bis zu 30 Früchte von runder bis ovaler Form und mit einem Durchmesser von etwa 4 cm. Die Fruchtschale ist dünn und brüchig, fünfeckig gefeldert und rauh. Die Schale reifer Früchte ist rot und wird danach dunkelbraun.

Pflege

Die Litchipflanze verträgt keinerlei Frost. Dabei sind junge Pflanzen wesentlich empfindlicher als ältere, die sogar kurzzeitig Lufttemperaturen von wenigen Graden unter Null vertragen. Litchipflanzen gedeihen wesentlich besser, wenn im Jahresmittel 10 °C nicht unterschritten werden. Sobald keinerlei Frost mehr zu erwarten ist, stehen die Pflanzen am besten an einer sonnigen, windgeschützten Stelle im Freien. Im Winter genügen Temperaturen zwischen 10 und 15 °C.

Als immergrüne Pflanzen verlangen Litchis ganzjährig viel Licht. Die Bäume wünschen ein feuchtes Klima, damit ist sowohl die Luft- als auch die Bodenfeuchtigkeit gemeint. Zu niedrige relative Luftfeuchtigkeit zeigen die Litchi durch Vergilben der Blattspitzen und der Blattränder an, die Pflanzen lieben täglich mehrmaliges Übersprühen mit weichem Wasser. Daher sind diese Pflanzen im Zimmer schlecht zu halten, sie gehören in den Wintergarten mit gemäßigtem Klima und hoher Luftfeuchtigkeit.

Litchipflanzen entwickeln auch im Alter keine großen Wurzelballen, der Pflanzkübel braucht daher nicht allzu groß zu sein. An das Substrat stellen die Pflanzen keine besonderen Ansprüche, es kann sowohl humos als auch sandig sein, auf jeden Fall muß es überflüssiges Wasser sofort ablaufen lassen und eine saure Reaktion aufweisen.

Kalk im Wassser und im Substrat vertragen Litchipflanzen nicht. Auf eine gute Funktion der Dränage muß großer Wert gelegt werden, da bei Staunässe die Wurzeln zu faulen beginnen. Im Winter ist es wichtig, eine gleichmäßige, aber eher mäßige Feuchtigkeit im Wurzelbereich zu erhalten. Ein Abtrocknen im Ballen sollte eher durch Erhöhung der Luftfeuchtigkeit ausgeglichen werden. Gedüngt wird bis Ende August alle vier Wochen, danach müssen die Triebe ausreifen, damit sie bei höherer Luftfeuchtigkeit im Winterquartier nicht absterben.

Litchipflanzen kommen in der Regel im Kübel nicht zum Blühen, aber die Pflanze stellt eine schöne Bereicherung einer Nutzpflanzensammlung dar.

Wegen der notwendigen hohen relativen Luftfeuchtigkeit stellen sich kaum saugende Schädlinge ein.

Fruchtender Feigenkaktus

Ernte und Verwendung

Litchifrüchte haben ein ausgesprochen pikantes, süßsäuerliches Aroma, das wie stark parfümiert schmeckt. Die Schale der reifen Früchte ist papierdünn und brüchig und löst sich leicht vom Fruchtfleisch. Dieses erscheint glasig weiß, in seinem Innern liegt der große, braune Samen. Litchifrüchte werden roh verzehrt, aber ein großer Teil wird zu Konserven verarbeitet. Auch in der feinen Küche werden die hocharomatischen Früchte verwendet und sie dienen außerdem zur Herstellung eines Fruchtweines.

Die Blätter und die Rinde der Wurzeln werden in der Medizin verwendet. Das Holz der Litchi wird gern als Bauholz und für die Herstellung von Möbeln gebraucht, da es außerordentlich hart ist und in tropischen Gebieten kaum von Schadinsekten befallen wird.

Beschaffung

Die Früchte werden fast ganzjährig auf Obstmärkten angeboten. Die den Früchten entnommenen Samen können zur Anzucht von Jungpflanzen ausgebracht werden. Man darf sie nur nicht lange offen liegen lassen, da sie ihre Keimfähigkeit schnell einbüßen. Bei Mißerfolgen nach zügiger Keimung gilt das für den Mango Gesagte. Aber auch Jungpflanzen sind im gärtnerischen Spezialitätenhandel nahezu ganzjährig zu haben.

Mammea americana
Mammiapfel

Heimat

Mammiäpfel stammen aus dem topischen Teil Amerikas. Ihre Verbreitung beschränkt sich bis heute auf ihr Ursprungsgebiet, da sie nur dort gut gedeihen.

Die Pflanze

Mammiäpfel werden auch Mammey oder »wilde Aprikosen« genannt. Es sind ansehnliche bis 20 m hohe Bäume mit einer schönen Krone. Die Blätter sind etwa 20 cm lang bei einer Breite von etwa 4 cm. Sie sind dunkelgrün und ganzrandig, im ausgewachsenen Zustand werden sie derb-ledrig. Die Blätter mit den zahlreichen Seitennerven und einem dichten Netz von hervortretenden Adern sitzen bevorzugt an den Spitzen der Zweige. Von den immergrünen Mammibäumen gibt es männliche und weibliche Exemplare.

Die Blüten riechen ausgesprochen angenehm. Die Frucht ist reif rötlichgelb, ihre Größe schwankt zwischen der eines Enteneis und der einer kleinen Melone. Die Außenschale ist bitter; darunter sitzt ein butterartiges, süßes Mark. Bei Verletzungen der Äste und Zweige tropft aus den Wunden ein genießbarer, süßer Saft.

Pflege

Mammiäpfel sind an sich genügsame Pflanzen, wenn ihnen in bezug auf Temperatur und Luftfeuchtigkeit tropische Verhältnisse geboten werden. Hohe Temperaturen im Sommer bei voller Sonne und Temperaturen nicht unter 18 °C im Winter bei einer relativen Luftfeuchtigkeit, die nicht unter 70 Prozent sinkt, gehören zu den Voraussetzungen der Kultur. Da die Pflanzen ihr Laub nicht verlieren, sollte man ihnen auch in der dunklen Jahreszeit soviel Licht wie möglich zukommen lassen. Mammiäpfel sind keine Pflanzen für einen sommerlichen Freilandaufenthalt, und sie lassen sich auch wegen der erforderlichen hohen Luftfeuchtigkeit nicht in Wohnräumen halten.

Mammiäpfel wachsen nur langsam, ein größere Gefäß benötigen sie daher erst im Alter. Das Pflanzsubstrat kann bis zur Hälfte Torf enthalten, überflüssiges Wasser muß abfliesen können. Enthärtetes Wasser ist unbedingt nötig, es sollte im Winter angewärmt werden. Mammiäpfel verlangen eine gleichmäßige, nicht zu hohe Ballenfeuchtigkeit im Sommer, die im Winter reduziert werden muß. Dünger

gibt man alle vier Wochen in der Zeit vom März bis Ende August.

Die Pflanzen kommen in der Kübelkultur bei unseren Lichtverhältnissen nicht zum Blühen. Sie stellen aber aufgrund der attraktiven Belaubung, und weil sie so selten in unseren Breiten angeboten werden, einen besonderen Anreiz für Pfleger schwierigerer Arten der tropischen Nutzpflanzen dar.

Von Schädlingen werden die »wilden Aprikosen« kaum befallen.

Ernte und Verwendung

Die Früchte werden in den Anbaugebieten meistens roh gegessen. Sie können aber auch zu einer schmackhaften Konfitüre verarbeitet werden. Der aus den Zweigen bei Verletzungen tropfende Saft wird zusammen mit reifen Früchten zu dem in den Anbaugebieten bekannten Mammeywein vergoren.

Beschaffung

Pflanzen der Mammiäpfel findet man kaum einmal angeboten. Man sollte sofort zugreifen, wenn eine Firma diese Pflanze im Angebot hat, es kann sehr lange dauern, bis sich wieder eine Gelegenheit bietet. Früchte der Mammeys bieten unsere Fruchtmärkte nicht an.

Pflanzen zur Speiseöl-Gewinnung

Olea europaea
Ölbaum

Heimat

Der Ölbaum stellt die Charakterpflanze der Länder rund um das Mittelmeer dar. Seit Jahrtausenden befindet er sich dort in Kultur. Im Altertum hing nicht selten das Wohl des jeweiligen Volkes vom Ertrag der Olivenernte ab. In Kriegszeiten wurden die Ölbäume bisweilen von den Siegern abgeschlagen, um den Lebensnerv des unterlegenen Volkes zu treffen. Allein Spanien hatte bereits vor 50 Jahren mehr Olivenbäume in Kultur, als das damalige Deutsche Reich insgesamt Obstbäume besaß. Die Haupterzeugung von Olivenöl liegt heute noch im Mittelmeergebiet, obgleich auch Amerika, und dort besonders Argentinien, bedeutende Kulturflächen aufweisen kann. Kleinere Anbaugebiete befinden sich außerdem in Japan, China und Südafrika. Sogar in Queensland (Kanada) wird der Ölbaum kultiviert.

Die Pflanze

Oliven sind kleine, bis mittelgroße, knorrige Bäume, die etwa 10 bis 12 m hoch werden. Die Krone ist licht und stark verzweigt. An jungen Bäumen ist die Rinde noch graugrün und glatt, im Alter wird sie rissig. Ölbäume wechseln ihr Laub während des ganzen Jahres. Sie werden sehr alt, Ölbäume erreichen das höchste Alter aller Kulturpflanzen. Man glaubt, daß manche Bäume mehr als 2000 Jahre alt

sind. Solche Bäume weisen dann zerklüftete Stämme auf, die mit Durchbrüchen und Höckern versehen sind, sie ähneln damit alten Weiden. Dabei kommt es fast immer zum typischen Drehwuchs der Stämme. Die Lebenskraft ist so enorm, daß selbst abgebrochene Stämme, die aussehen wie ein Felsblock, frische, gesunde Triebe aufweisen.

Das einzelne Blatt hat eine Lebensdauer von zwei bis drei Jahren. Die lanzettlichen, ganzrandigen Blätter ähneln denjenigen Silberweiden, bleiben aber etwas kleiner. Die hartledrigen, auf der Oberseite hellgrünen, auf der Unterseite silbrigweißen Blätter sitzen an einem kurzen Stiel. Die Blattform ist bei den verschiedenen Varietäten unterschiedlich ausgeprägt, es kommen auch breite, sogar spatelförmige Blätter vor.

Aus den Blattachseln treiben je nach Standort bereits im Februar; die ligusterähnlichen, rispenartigen Blütenstände. Die Einzelblüten sind klein, gelblichweiß, und sie duften leicht. Sie halten sich über mehrere Wochen. In der Mehrzahl werden die Blüten vom Wind bestäubt. Es gibt selbstbefruchtende Sorten und solche, die einen Partner zur Bestäubung brauchen, der aber nicht von derselben Sorte sein darf.

Innerhalb von vier bis sechs Monaten reifen die Oliven. Der Fruchtansatz ist gering, die meisten Blüten fallen ab. Bei den Oliven gibt es viele Varietäten, sie unterscheiden sich stark in bezug auf die Fruchtform. Öloliven sind kleiner als Sorten, die zu Speisezwecken gezüchtet wurden. Reife Früchte sind je nach Sorte grün bis dunkelblau. Die Olive selbst hat etwa die Form einer kleinen Pflaume und erreicht um die 3 cm Länge. Im Innern der Frucht liegt der harte Steinkern mit einem kleinen Keimling. Der Ölgehalt des Fruchtfleisches kann bis zu 70 Prozent betragen.

Pflege

Ölbäume lieben in der Vegetationsperiode möglichst hohe Temperaturen und soviel Licht wie nur irgendwie möglich. Sie gehören an den sonnigsten Platz, den man zur Verfügung stellen kann. Von März bis in den Oktober stehen sie im Freien in voller Sonne und vor Dauerregen geschützt. Da sie immergrün sind, verlangen sie auch im Winter einen hellen Platz, der aber kühl sein soll. Temperaturen zwischen 5 und 10 °C sagen den Ölbäumen in der dunklen Jahreszeit zu.

Ist der Platz im Winter zu dunkel, wirft die Pflanze die Blätter, um im Frühjahr neu auszutreiben. Wenn dieses Verhalten beobachtet wird, muß also nicht unbedingt ein Wurzelschaden vorliegen. Ölbäume sind in der Lage, Fröste bis – 10 °C zu überstehen. Dies gilt allerdings nur für den Bereich der Pflanze, der über dem Boden steht, sprich der Frost darf den Wurzelbereich nicht erreichen. Man kann sich aber beim Aus- und Einräumen durchaus Zeit lassen, sofern der Pflanzkübel, etwa durch Einwickeln in Zeitungen, vor Frost geschützt wird. Die Pflanzen sind an trockene Luft angepaßt, sie stellen ideale Zimmerpflanzen mit einer großen Anpassungsfähigkeit dar. Aber auch bei höherer relativer Luftfeuchte gedeihen sie problemlos.

Ölbäume entwickeln ein umfangrcichcs Wurzelwerk, das sich sowohl in die Breite als auch in die Tiefe ausdehnt. Große Pflanzgefäße sind somit nötig, die Pflanzen können aber lange Jahre darin verbleiben. Als Substrat kann ein mageres Ge-

Blüten und Früchte am Olivenzweig

misch mit viel großem Material gewählt werden, auch Kakteenerde ist brauchbar.

Eine lang funktionierende Dränage ist lebenswichtig. Das Substrat kann etwas Kalk enthalten, aber beim Gießen mit Leitungswasser gelangt auf die Dauer zuviel Kalk in den Wurzelballen, so daß bei stärkerer Konzentration die Wurzeln Schaden nehmen. Im Sommer verlangen die Ölbäume mäßige Wassergaben, der Wurzelbereich kann ohne Schaden immer mal abtrocknen. Im Winter darf nur eine leichte Ballenfeuchtigkeit erhalten werden. Staunässe ist tödlich für Ölbäume, deshalb muß alles überflüssige Wasser sofort abfließen können. Gedüngt wird alle vier bis sechs Wochen von März bis September, danach müssen die Triebe gut ausreifen können.

Je nach Herkunft des Vermehrungsmatcrials sind bereits junge Pflanzen in der Lage zu blühen. Allerdings müssen sie dann ganzjährig sehr hell gestellt werden.

Schädlingsbefall habe ich bei meinen Pflanzen noch nicht festgestellt, allenfalls einige Blattläuse an Jungtrieben.

Kampferbaum

Ernte und Verwendung

In den Anbaugebieten der Mittelmeerländer dauert die Ernte etwa von November bis Februar. Die Früchte werden durch Schütteln oder Abklopfen mit langen Stangen geerntet, oder es werden Schüttelmaschinen eingesetzt, wobei die Oliven in Tüchern aufgefangen werden. Die Ertragsfähigkeit beginnt bei Stecklingspflanzen bereits im fünften Jahr. Danach unterscheidet sich die Behandlung der Früchte, je nachdem ob Öl- oder Speiseoliven verarbeitet werden. Öloliven werden auf Tennen getrocknet und dabei häufig gewendet. Die Früchte werden dann in Ölmühlen zerkleinert, und zwar zusammen mit den Steinkernen, da sich das Öl aus den Kernen in seiner chemischen Zusammensetzung nicht vom Öl des Fruchtfleisches unterscheidet. Meist wird dreimal gepreßt, wobei das Öl der ersten kalten Pressung das wertvollste darstellt. Im Handel bezeichnet man diese Ölsorte als »Vergine«. Es wird ausschließlich als Speiseöl verwendet. Die zweite Pressung liefert weniger gutes Öl, das nicht exportiert wird. Die dritte heiße Pressung wird für industrielle Zwecke verwendet. In Essig oder Salz eingelegt Oliven stammen von Sorten, die sich durch dickeres Fruchtfleisch und einen niedrigeren Ölgehalt auszeichnen. Oft wird der Kern aus der Olive entfernt und statt dessen eine Füllung eingelegt, zum Beispiel ein Streifen Paprika. Oliven aus eigener Ernte bleiben so lange an der Pflanze, bis sie abfallen. Durch zwei- bis dreimalliges Einlegen in Essig, der nach jeweils einigen Tagen gewechselt wird, sind die eigenen Oliven als Beilage durchaus brauchbar.

Das feste, schwere Holz des Ölbaumes ist hell gelblich und schön braun gemasert. Da es sich gut polieren läßt, ist es in der Möbelschreinerei und Drechslerei sehr gefragt.

Beschaffung

Jungpflanzen der Olive werden des öfteren in Gartencentern angeboten. Spezialfirmen führen ganzjährig stets mehrere Sorten im Angebot.

Cinnamomum camphora
Kampferbaum

Heimat

Kampferbäume sind in Südchina, in Südjapan und in Taiwan heimisch. Heute wird der Baum weltweit in den Hochlagen der Tropen angebaut. Auch als Zierbaum findet er sogar in geschützten Lagen des Mittelmeerraumes, wo kaum einmal Winterfröste vorkommen, gute Lebensbedingungen.

Die Pflanze

Kampfer bildet mächtige Baumgestalten aus, die Stämme werden sehr dick, die

Rinde ist rissig. Die Äste weisen ein knorriges Aussehen auf, so daß die Bäume etwas unseren alten Eichen ähneln. Die harten Blätter sitzen an langen Stielen. Ihre hellgrüne, glänzende Blattoberfläche wirkt wie poliert, die Unterseite ist matt blaugrün, der Austrieb dagegen weich und leicht rötlich. Ein charakteristisches Merkmal der Blattfläche sind die drei Längsnerven. Die mehr oder weniger eiförmigen Blätter werden etwa 8 cm lang bei einer Breite von 6 cm.

Die Blüten sind klein und grünlichweiß; sie sitzen in Rispen von etwa 6 cm Länge in den Blattachseln. Als Früchte bilden sich ebenfalls kleine, von einem Becher umgebene, einsamige Beeren.

Pflege

Kampferbäume vertragen keinen Frost, sie können aber im Freien stehen, bis die Temperaturen auf nahe 0 °C in der Nacht absinken. Deshalb können die Pflanzen vom Beginn des Frühjahrs bis in den Herbst an einer vollsonnigen Stelle im Garten oder auf dem Balkon stehen. Die Bäume sind immergrün, sie verlangen auch im Winter einen hellen, aber kühlen Platz, dessen Mindesttemperatur 5 °C nicht unterschreitet. Kampfer kann als Jungpflanze sowohl im Zimmer an einem hellen Fenster wie auch im Freien gehalten werden, sofern – und das gilt für beide Fälle – das kühle Winterquartier vorhanden ist. Die relative Luftfeuchtigkeit ist für die Kultur des Kampferbaumes nicht allzu wichtig.

Kampferpflanzen bilden große Wurzelballen aus. Daher und auch aus Gründen der Standfestigkeit sind tiefe und breite Pflanzkübel anzuraten. Das Substrat kann hohe Torfanteile enthalten, es sollte außerdem viel Wasser speichern können. Eine Dränage muß aber sicherstellen, daß sich keine Staunässe im Bereich des unteren Wurzelballens bildet, das vertragen die

Pflanzen nicht. Durch seine dichte Belaubung, die er bereits in der Jugend ausgebildet hat, verlangt der Kampfer in der Vegetationsperiode viel Wasser. An heißen Sommertagen, und wenn er nur ein kleines Pflanzgefäß zur Verfügung hat, muß eventuell zweimal täglich gegossen werden. Im Winter dagegen ist große Zurückhaltung beim Gießen angebracht: die Bäume befinden sich in Ruhe, der Wasserbedarf ist gering. Für die Dauerkultur ist auf alle Fälle weiches Gießwasser notwendig.

Die Bäume wachsen vor allem in der Jugend ziemlich schnell, so daß während des Wachstums, von März bis Ende September, alle zwei bis drei Wochen gedüngt werden muß.

Bei trockener Luft befällt unter Glas oder im Zimmer die Rote Spinne die Jungtriebe.

Ernte und Verwendung

Kampferbäume liefern das vielfach genutzte Kampferöl, das in allen Teilen des Baumes vorhanden ist. Es wird durch Wasserdampfdestillation gewonnen. Der Anbau des Kampferbaumes zur Gewinnung des Öles ist allerdings zurückgegangen, seit Kampferöl auch synthetisch hergestellt werden kann. Das Öl wird vorwiegend technisch genutzt, es findet aber auch in der pharmazeutischen Industrie Verwendung. Das Holz des Kampferbaumes wird in den Anbaugebieten als Bau- und Möbelholz und auch für technische Zwecke sehr geschätzt, da es nicht von Insekten angegriffen wird.

Beschaffung

Die Bäume werden im allgemeinen aus Samen gezogen. Stecklinge bewurzeln nur bei hoher Bodenwärme. Jungpflanzen des Kampfers kann man nahezu ganzjährig im Fachhandel beziehen. Teilweise sind auch große Pflanzen mit einigen Metern Höhe im Angebot.

Gewürze, Stimulantien

Piper betle
Betelpfeffer

Heimat
Im indisch-malayischen Gebiet ist der Betelpfeffer zu Hause, der heute in jedem indischen Dorf angebaut wird. Auch in Afrika bestehen Betelkulturen, die aber bei weitem nicht den Umfang der indischen Anbaugebiete erreichen.

Die Pflanze
Der Betelpfeffer wächst als ein kletternder Strauch, der mit Haftwurzeln an jeder erreichbaren Stütze nach oben klettert. Die Rankpflanze kann von sich aus ganze Wände überziehen. Ohne Stütze bedeckt die Pflanze den Boden lückenlos, einzelne Triebe können mehrere Meter lang werden. Die Basis der Triebe verholzt mit zunehmendem Längenwachstum. In Abständen von 6 bis 10 cm entspringen aus Verdickungen des etwa bleistiftstarken Stengels die dunkelgrünen, harten, mit einer ausgeprägten Nervatur versehenen Blätter. Sie sind ganzrandig, etwa 6 cm lang, von herzförmiger Gestalt und mit einer Träufelspitze versehen. Die Blattunterseite ist graugrün, der Neuaustrieb rötlich gefärbt.

Aus den Blattachseln der Triebe erscheinen die walzenförmigen Blütenähren. Sie bestehen aus zahlreichen kleinen Einzelblüten und erreichen um die 8 cm Länge. Aus ihnen entwickeln sich ebenfalls walzenförmige Fruchtstände aus zahlreichen, im reifen Zustand roten Beeren mit einem innenliegenden Samen.

Pflege
Die Pflanze kann, mit einer Stütze versehen, nach oben wachsen, man kann sie aber auch als hübsche und unempfindliche Ampelpflanze ziehen. Betelpfeffer verträgt im Sommer Temperaturen im Bereich von 12 °C aufwärts. Nach oben sind keine Grenzen gesetzt. Die Pflanze gedeiht bei voller Sonneneinstrahlung, sie wächst aber ebensogut im Halbschatten und sogar noch im Vollschatten. Dort ist das Wachstum zwar langsamer, aber dennoch befriedigend. Betelpfeffer kann daher sehr gut zur Abdeckung von unschönen Partien im Wintergarten und im Zimmer eingesetzt werden. Trotz seiner Unempfindlichkeit sollte der Betelpfeffer nicht ins Freie gebracht werden. Betelpfeffer wächst sowohl bei niedriger, als auch bei höherer relativer Luftfeuchtigkeit.

Die Pflanze entwickelt nur wenig Wurzeln; deshalb ist ein kleineres Gefäß ausreichend, was der Verwendung als Ampelpflanze entgegenkommt. Gedüngt wird im vierwöchentlichen Abständen vom April bis September. Betelpfeffer verlangt ein stark humoses Substrat, verträgt aber keine Staunässe und auch keinen Kalk im Gießwasser und im Substrat. Der Wasserbedarf ist aufgrund der ledrigen Blätter mäßig, im Winter sogar gering. Die Wintertemperaturen sollten nicht unter 10 °C sinken, der Wurzelbereich kann in dieser Zeit zeitweilig abtrocknen. Bei Welkerscheinungen als Folge von Wassermangel erholen sich die Pflanzen nach Wassernachschub schnell wieder.

Bereits im dritten Jahr ist mit den ersten Blüten zu rechnen, die im Frühsommer erscheinen, sich aber bereits ab Winterende als kleine walzenförmige, grüne Ver-

Chillies

Gewürznelke

dickungen bemerkbar machen. Zu umfangreiche Pflanzen können problemlos eingekürzt werden, die Stengelabschnitte werden als Stecklinge zur Anzucht neuer Pflanzen verwendet.

Schädlinge wurden noch kaum beobachtet, höchstens treten Spinnmilben bei zu trockenem Stand auf.

Ernte und Verwendung
Beim Betelpfeffer werden als Stimulans nicht die Früchte, sondern die Blätter verwendet. Diese werden wegen ihres Gehaltes an Eugenol mit seinen belebenden Eigenschaften im Betelbissen genossen. Das Blatt wird mit einem Stück der Betelnuß (siehe Seite 29), der Frucht der Betelpalme, etwas Gambir (dem eingedickten Saft des Strauches *Uncaria gambir*) und etwas Kalk zu einem Bissen geformt und gekaut. Durch Hinzutreten von Luftsauerstoff und der Einwirkung von Enzymen wandelt sich der Speichel in eine blutrote Brühe um, die Zähne werden wie mit

einer schwarzen Lackschicht überzogen. Der Bissen soll stimulieren und Hunger und Durst erträglicher machen. Nach neueren Forschungen soll der Betelbissen Krebs im Mundbereich begünstigen.

Beschaffung
Betelpflanzen findet man nicht im allgemeinen Handel, Fachfirmen bieten des öfteren Betelpfefferpflanzen fälschlich als Echten Pfeffer an. Die Pflanzen gleichen sich tatsächlich wie ein Ei dem anderen. Erst bei der Kultur stellt sich dann heraus, welche Pflanzen man erworben hat: Wächst die Pflanze leicht und problemlos, handelt es sich bestimmt um *Piper betle*. Der Echte Pfeffer, *Piper nigrum*, ist auch in botanischen Gärten nicht leicht zu kultivieren; er stellt höchste Ansprüche an den Pfleger und seine Umwelt. Auch die Profis in diesen Einrichtungen wissen, daß »Pfeffer«, der nahezu von selbst wächst, immer *Piper betle* ist. Fragen Sie also genau nach, obwohl ich fast davon überzeugt bin, daß

Lorbeer

nur wenige, die mit diesen Pflanzen handeln, auch genau wissen, um welche Art es sich handelt.

Capsicum frutescens
Spanischer Pfeffer, Chillies

Heimat
Capsicum-Arten stammen aus Mittel- und Südamerika. Sie werden seit langer Zeit besonders in Brasilien und Peru kultiviert. Heute werden die vielen Arten in allen tropischen und subtropischen Gebieten der ganzen Welt als Gewürz angebaut, manche Sorten gedeihen auch noch in den gemäßigten Gebieten wie etwa in Ungarn.

Die Pflanze
Alle *Capsicum*-Züchtungen lassen sich auf zwei Arten zurückführen, nämlich auf

Capsicum annuum, die in der Regel einjährig ist, und *Capsicum frutescens*, die bei einem verholzenden Stengel über mehrere Jahre hinweg Ertrag bringen kann. Die meisten Varietäten stammen von *Capsicum annuum*. Die in den Tropen wachsenden Varietäten schmecken in der Regel schärfer. Die krautigen Sträucher werden etwa 1 m hoch, sie verzweigen sich bald über dem Boden. Die kleinen, dunkelgrünen, weichen Blätter sind spitz-lanzettlich.

Die Blüten stehen in den Blattachseln, sie sind klein, weißlich oder grünlich und sehen mit ihrer sternartigen Gestalt Kartoffelblüten sehr ähnlich. Die Früchte nehmen sehr unterschiedliche Formen an. Meist sind sie spitz und färben sich bei Reife dunkelrot. Auch gelbfarbene Sorten werden gezogen. Der Geschmack ist infolge des hohen Capsaicin-Gehaltes brennend scharf. Gemüsepaprika dagegen weist kaum Capsaicin in der Frucht auf, daher schmeckt er bedeutend milder.

Pflege
Die Pflanzen der Gewürzpaprika gehören im Frühjahr nach den letzten Frösten an eine vollsonnige Stelle im Garten oder auf den Balkon. Auch als Zimmerpflanze an einem hellen Fenster blüht und fruchtet der Gewürzpaprika gut. Die Temperaturen werden für den Gewürzpaprika im Sommer nie zu hoch, im Winter sollten sie 15 °C nicht unterschreiten, wenn die Ausreife der angesetzten Früchte nicht stocken soll. Die relative Luftfeuchtigkeit kann sich innerhalb der normalen Werte bewegen. Paprikapflanzen sind mit jedem durchlässigen Substrat zufrieden, gleich ob es nun mehr humose oder mehr Lehmanteile enthält. Sie verlangen nur eine saure Reaktion des Bodens und keinen Kalk im Gießwasser. (Bei einjährig gepflegten Pflanzen braucht man auch in dieser Hinsicht nicht allzu ängstlich sein.) Die Pflanzen brauchen im Sommer immer

einen feuchten Wurzelbereich, bei Wassermangel welken sie und werfen angesetzte Blüten und Früchte ab. Paprikapflanzen blühen und fruchten gleichzeitig das ganze Jahr über, bis im Spätherbst wegen des fehlenden Lichtes der Neutrieb stockt. Auch im Winter benötigen die Pflanzen, da sie ja immergrün sind, eine leichte Feuchtigkeit. Staunässe vertragen Paprikapflanzen nicht, besonders dann, wenn auch noch kühle Temperaturen dazukommen, wie zum Beispiel bei Dauerregen. Gewürzpaprika braucht reichlich Nährstoffe, Düngergaben alle vierzehn Tage und in der Hauptwachstumszeit alle acht Tage sind notwendig.

Die Blüten werden mit dem eigenen Blütenstaub befruchtet, sobald dieser pulverförmig geworden ist. Bei im Freiland stehenden Pflanzen werden die Blüten durch Insekten bestäubt, die diese Pflanzen gerne anfliegen. Um eine gute Blatt- und Fruchtfülle zustandezubringen, wird man stets mehrere Pflanzen in einem Kübel pflanzen. Diese bieten dann mit ihren reifenden, dunkelroten Früchten einen effektvollen Anblick.

Saugende Insekten stellen sich im Freiland eventuell an den Neutrieben ein, der Befall hält sich aber in der Regel in Grenzen.

Ernte und Verwendung

Die Früchte des Gewürzpaprikas werden nach Bedarf von den Pflanzen genommen. Sie fallen bei Reife nicht ab, sondern beginnen am Strauch zu schrumpfen. Solche Früchte können abgenommen und an einem luftigen und wärmeren Ort, zum Beispiel auf der Heizung, bis zur völligen Trockenheit aufbewahrt werden. Trockene Früchte halten sich unbegrenzt. Sie können aber auch frisch von der Pflanze weg verwendet werden, zum Beispiel in Fleischgerichten. Dabei ist aber Vorsicht angebracht: Als Würze genügt in der Regel nur eine Frucht, denn der Gehalt an Capsaicin erreicht auch in unserem Klima beachtliche Werte: Die Früchte schmecken höllisch scharf. Industriell werden die Früchte der Gewürzpaprika getrocknet und gemahlen, sie sind dann in gepulverter Form erhältlich. Das Gewürz übt auf die Verdauungsorgane einen wohltuenden Einfluß aus.

Beschaffung

Die Pflanzen werden in der Regel über Samen vermehrt. Man kann auf größeren Obst- und Gemüsemärkten die sogenannten Schoten kaufen, die Samen entnehmen und im zeitigen Frühjahr ausbringen. Auch Jungpflanzen sind im Fachhandel erhältlich. Die in Gärtnereien und Gartencentern angebotenen Paprikapflanzen sind fast ausnahmslos einjährige Zierpflanzen, deren Früchte zwar nicht ungenießbar, aber als Gewürzlieferant wertlos sind.

Syzygium aromaticum
Gewürznelke

Heimat

Die Gewürznelke ist auf den Molukken heimisch, wo die holländischen Kolonialherren lange Zeit, wie bei der Muskatnuß, ein Handelsmonopol besaßen. Der Baum wird heute in großem Stil in Indonesien, Afrika und Südamerika angebaut. Auch auf der Insel Madagaskar bestehen ausgedehnte Pflanzungen.

Die Pflanze

Die Gewürznelke wächst als ein – je nach Umweltbedingungen – 10 bis 20 m hoher Baum mit einer dichten, kegelförmigen Krone. Die Pflanze ist immergrün, die

Blätter sind spitz-lanzettlich, etwa 10 cm lang und 3 cm breit. Die Oberseite der Blätter ist glänzend dunkelgrün, der Rand ist glatt, die Oberseite stark glänzend (Abbildung Seite 136).

Die zwittrigen Blüten stehen an den jüngeren Zweigen als endständige, dreigabelige Trugdolden. Die Blumenblattkappen fallen nach dem Aufblühen als Ganzes ab. Die vier fleischigen Kelchblätter sind zunächst grün und färben sich rötlich um. Die Frucht ist eine Beere von etwa eirunder Form, die sich bei Vollreife purpurfarben umfärbt. Sie enthält meist einen, mitunter auch zwei Samen.

Pflege

Gewürznelken sind an volltropische Bedingungen angepaßt, sie eignen sich weder für die Haltung im Freiland noch für Zimmerkultur. Sie brauchen ganzjährig volles Licht und Temperaturen, die im Sommer 30 °C übersteigen und im Winter nicht unter 20 °C fallen sollten. Ebenfalls ist ganzjährig eine relative Luftfeuchtigkeit über 80 Prozent nötig. Gewürznelken brauchen Bedingungen, wie sie Orchideen des Warmhauses oder die bizarren Kannenpflanzen verlangen. Auch in ihren Anbaugebieten kommt die Pflanze kaum oberhalb von 400 m Seehöhe vor.

Der Wurzelballen wird nicht groß, dementsprechend können die Pflanzkübel kleiner ausfallen. Gewürznelken vertragen keinerlei Kalk im Wasser und im Substrat. Dieses kann viel Torf enthalten, dabei ist eine funktionierende Dränage unbedingt vorzusehen. Gewürznelken verlangen viel Feuchtigkeit und immer gleichmäßige Temperaturen im Wurzelbereich. Dabei darf keinerlei Staunässe, nicht einmal Nässe im Ballen entstehen. Im Winter sollte unbedingt mit angewärmten Wasser gegossen werden. Auch eine beheizbare Unterlage unter dem Pflanzgefäß ist anzuraten. Am wenigsten Schwierigkeiten hat

man mit diesen empfindlichen Pflanzen, wenn man immer auf eine Temperatur im Wurzelbereich achtet, die der Umgebungstemperatur entspricht. Dazu muß dieser Bereich locker sein, damit viel Sauerstoff an die Wurzel gelangt. Gedüngt wird in vierwöchigen Abständen vom Februar bis Oktober, auch im Winter kann einmal eine schwache Lösung verabreicht werden.

Nach einigen Jahren können Gewürznelken schon 2 m Höhe erreichen. Sie vertragen leichten Formschnitt, dabei sollte man aber bedenken, daß die Blüten am jungen Trieb erscheinen. Die Bäume können in diesem Alter durchaus zum Blühen kommen.

An den jungen Trieben kann sich trotz hoher relativer Luftfeuchtigkeit die Rote Spinne einstellen, auch Schildläuse sitzen gern auf den Blattunterseiten.

Ernte und Verwendung

Der verwertete Teil der Bäume sind nicht die Früchte, sondern die noch nicht geöffneten Blütenknospen, die geerntet werden, sobald sie eine rötliche Färbung annehmen. Sie enthalten über 20 Prozent ätherisches Öl. In den Anbaugebieten blühen die Bäume etwa um das fünfte Jahr. Die Knospen werden von Hand gepflückt, von den Stielen getrennt, gesiebt und getrocknet. Dabei nehmen sie eine dunkelbraune Färbung an. Sie duften dann sehr aromatisch und werden als Gewürz in der Lebensmittelindustrie, zum Beispiel in Lebkuchen, bei der Fischverarbeitung und in alkoholischen Getränken verwendet. Auch für medizinische Zwecke wird Nelkenöl verwendet, zum Beispiel als desinfizierendes Mittel in der Zahnheilkunde. Der größte Teil der in Indonesien gewonnenen Ernte wird zum Parfümieren der dort sehr beliebten »Kretek-Zigaretten« verbraucht. Auch die Früchte werden verwendet. Sie können roh oder getrocknet

Vanille mit unreifen Schoten

Junger Austrieb des Ceylonzimtes

verzehrt werden. Außerdem kann aus den Blättern und den Stielen der Blütenknospen Nelkenöl durch Destillation gewonnen werden.

Beschaffung

Gewürznelkenbäume werden in der Bundesrepublik Deutschland zur Zeit von einer einzigen Firma sporadisch angeboten. Wer sich eine solche Pflanze zulegen möchte, muß bei entsprechender Gelegenheit sofort zugreifen, es dauert erfahrungsgemäß längere Zeit, bis wieder einige Jungpflanzen ins Angebot kommen.

Laurus nobilis
Lorbeer

Heimat

Der Lorbeerstrauch stammt aus Kleinasien. Sein Verbreitungsgebiet reicht von der Türkei bis in den Iran. Durch seine vielfältigen Nutzmöglichkeiten wurde der Lorbeerstrauch schon vor langer Zeit

rund um das Mittelmeer kultiviert, wo heute noch seine Hauptnutzung erfolgt.

Die Pflanze

Der Lorbeer ist ein immergrünes baum- oder strauchartiges Hartlaubgewächs, das sich bereits dicht über dem Boden verzweigt und eine dichte, kegelförmige Krone ausbildet. Er kann mehrere Meter hoch werden. Die harten, dunkelgrünen Blätter sind etwa 10 cm lang und 3 bis 4 cm breit. Sie sind von elliptischer Form und sitzen wechselständig an den Zweigen. Die Blätter besitzen Öldrüsen und weisen den charakteristischen Lorbeerduft auf, sobald man daran reibt.

Die kleine, gelben Blüten sitzen in Büscheln in den Blattachseln (Abbildung Seite 137). Der Lorbeer wächst zweihäusig. Als Früchte entwickeln sich an den weiblichen Pflanzen die glänzendschwarzen Beeren, die die gleichen Inhaltsstoffe wie die Blätter aufweisen.

Pflege

Der Lorbeer stellt eine ideale Nutz- und Zierpflanze für das Freiland und für kühle Räume dar, die nicht nach Süden liegen, da er auch mit etwas weniger Licht noch

Gossypium herbaceum

Zuckerrohrplantage

gedeiht. Vom frühen Frühjahr bis in den späten Herbst kann die Pflanze an einem vollsonnigen Platz bleiben, sie gedeiht aber auch im Halbschatten. Frost verträgt der Lorbeer nicht, obwohl er tiefere Temperaturen toleriert. Wenn in der Nacht leichtere Fröste angekündigt sind, genügt es, die Pflanze abzudecken. Bei voller Sonne verträgt der Lorbeer jede Temperatur, im Winter genügt ein frostfreier Raum, der nicht einmal besonders hell zu sein braucht. An die relative Luftfeuchtigkeit stellt der Lorbeer keine hohen Forderungen. Er bildet also eine ideale Zimmerpflanze, sofern ein kühler Überwinterungsraum zur Verfügung steht.

Die Wurzelballen werden mit zunehmenden Alter recht umfangreich, es sollten also große Pflanzkübel gewählt werden. Dabei ist es vorteilhaft, zusätzliche Entwässerungslöcher in den Kübelboden zu stoßen, da Lorbeer keine Staunässe und auch keinen ständig nassen Boden im unteren Ballenbereich verträgt. Das Substrat sollte eine leicht saure Reaktion aufweisen, die Pflanzerde kann also zu mehr als der Hälfte Torf enthalten. Die Pflanzen vertragen auf Dauer nur aufbereitetes Gießwasser oder Regenwasser. Bereits ab

März kann bis Mitte September alle vierzehn Tage gedüngt werden. Lorbeer verträgt Trockenheit. Hat man einmal das Gießen vergessen, welken zwar die Neutriebe, sie erholen sich jedoch nach Wassergaben schnell wieder.

Ernte und Verwendung

Lorbeerbäume wurden bereits seit dem Altertum genutzt. Im vorchristlichen Griechenland war der Lorbeer ein heiliger Baum, er wurde in den Heiligtümern der griechischen Götter gepflanzt. Mytische Bräuche wurden um den Lorbeerkranz zelebriert, er sollte Menschen in die Lage versetzen, in die Zukunft zu sehen. Heute dient der Lorbeer weit prosaischeren Zwecken. Die Früchte werden gepreßt, um das Lorbeeröl zu gewinnen, ein sehr fettes Öl, das in der pharmazeutischen Industrie und für die Seifenherstellung verwendet wird. Die Blätter enthalten ebenfalls ätherische Öle. Sie können von der Pflanze gepflückt und in der Küche als Würze verwendet werden, zum Beispiel für Fleischgerichte. Die Blätter lassen sich auch trocknen und so lagern, aber frisch verwendet ist die Würzkraft ungleich größer.

Der Pfleger eines Lorbeerbaumes erhält bei einem leichten Formschnitt im Herbst oder Frühjahr genügend Schnittmaterial, um damit das ganze Jahr über mit Lorbeerblättern versorgt zu sein. Viel mehr Schnittmasse fällt an, wenn der Lorbeer in Form geschnitten wird, sei es als Kugel, Hochstamm oder ähnliches – die Pflanzen vertragen jeden Schnitt.

Beschaffung
Lorbeerpflanzen gibt es ganzjährig im Handel. Ihr Blumenhändler kann jederzeit auf Anfrage eine Pflanze besorgen.

Vanilla planifolia
Vanille

Heimat
Bei der Vanillepflanze handelt es sich um eine kletternde Orchidee. Sie ist ursprünglich im südlichen Mexiko und in Mittelamerika beheimatet. Nachdem Anpflanzungen in ähnlichen Klimazonen fast gescheitert wären, da die zur Bestäubung notwendigen Kolibris in diesen Gegenden fehlen, fand man den Ausweg in der Bestäubung von Hand. Seitdem hat sich die Haupterzeugung von Vanille nach Madagaskar, auf die Insel Réunion und die Inselgruppe der Komoren verlegt. Von den zahlreichen Arten der Gattung *Vanilla* dient allein *Vanilla planifolia* als Lieferant der Vanillestangen.

Die Pflanze
Der grüne, fleischige und kletternde Stamm der Vanille besitzt etwa die Dicke eines Füllfederhalters und kann mehrere Meter lang werden. Die Blätter sind frischgrün, fleischig und weisen eine elliptische Form auf, bei einer Länge von ungefähr 15 cm und einer Breite bis 5 cm. Sie besitzen keinen Stiel und sitzen wechselständig am Stamm. Jeweils den Blättern gegenüber sitzen fleischige Luftwurzeln, mit denen die Pflanze klettert. Die Luftwurzeln beteiligen sich aber auch an der Ernährung der Vanille, da sie an der Spitze ein wasseraufnahmefähiges Gewebe besitzen, mit dessen Hilfe sie atmosphärische Feuchtigkeit und abtropfendes Regenwasser aufnehmen können.

Die unscheinbaren Blüten sitzen in den Blattachseln in traubenartigen Blütenständen. Sie sind grünlichweiß und duften leicht. Die Blüten sind nur einige Stunden lang, vorzugsweise am Vormittag, befruchtungsfähig. Dabei sind die Blüten so gebaut, daß sich zwischen den Staubgefäßen und der Narbe ein zungenartiger Auswuchs befindet, der verhindert, daß der Pollen auf die Narbe gelangt. In der Heimat der Pflanze werden diese Narbenabdeckungen, botanisch Rostellum genannt, von den befruchtenden Kolibri beiseite geschoben, in den anderen Gebieten muß diese Arbeit vom Menschen übernommen werden. Nach erfolgter Befruchtung bilden sich raschwachsende, bohnenähnliche »Schoten« mit Tausenden von kleinen, schwarzen Samen. Die Schoten wachsen sich in etwa sechs Wochen zu voller Länge aus und bleiben dann bis zur Reife noch einige Monate an der Pflanze hängen (Abbildung Seite 140).

Pflege
Die Vanillepflanze verlangt die gleichen Bedingungen wie die Orchideen des Warmhauses. In den Monaten Februar und März braucht sie Temperaturen zwischen 20 und 30 °C, in der dunklen Jahreszeit darf die Temperatur nicht unter 18 °C, bei einer relativen Luftfeuchtigkeit nicht unter 70 Prozent, fallen. Die Pflanze benötigt ein Rankgerüst oder eine andere,

größere Pflanze, an der sie sich anklammern und in die Höhe ranken kann. Sie strebt immer dem Licht zu. Die Vanillepflanze braucht auch ganzjährig volles Sonnenlicht, im Hochsommer empfiehlt es sich unter Glas eine leichte Schattierung, da die fleischigen Blätter sonst verbrennen. Vanillepflanzen sind keine Gewächse für das Zimmer, es sei denn, man verfügt über ein ausgebautes Blumenfenster. Man darf sie auch nicht ins Freiland stellen.

Der Pflanzkübel kann größer gewählt werden, denn die Pflanzen werden bei ungehindertem Wachstum ziemlich umfangreich. Als Substrat empfiehlt sich Orchideensubstrat. Die Vanillepflanze verträgt keinen Kalk, weder im Wasser noch im Substrat. Im Ballenbereich sollte nur eine leichte, aber regelmäßige Feuchtigkeit erhalten werden, da die fleischigen Wurzeln der Vanille sehr leicht faulen. Der Spruch der Profi-Orchideenpfleger, daß noch keine Orchidee verdurstet ist, sollte unbedingt befolgt werden. Überschüssiges Wasser muß sofort ablaufen können. Im Winter genügt es meist, wenn einige Male in der Woche die ganze Pflanze eingenebelt wird. Organisch düngt man alle sechs Wochen, auch im Winter, aber in der halben Konzentration wie für Grünpflanzen. Die Triebe müssen laufend festgebunden werden.

Vanillepflanzen in gutem Gesundheitszustand blühen ab dem zweiten oder dritten Jahr. Die Blüten müssen nach dem Aufblühen am gleichen Vormittag bestäubt werden, da sie um die Mittagszeit bereits wieder beginnen zu verblühen. Zwischen den Staubgefäßen und der Narbe befindet sich ein häutiger Deckel, der mit dem Finger oder einem dünnen Stäbchen zurück in die Blüte gedrückt wird. Anschließend können die mit Pollen beladenen Staubgefäße auf die Narbe gedrückt werden. Danach entwickelt sich die

irrtümlich Schote genannte Frucht, die in Wirklichkeit eine Kapsel darstellt, innerhalb von etwa acht Wochen zur vollen Länge, aber bis zur vollen Reife vergehen mehr als sechs Monate. Erst wenn sie sich gelb verfärbt, ist sie reif.

Vanillepflanzen werden kaum von Schädlingen befallen, höchstens an den jungen Trieben machen sich Blattläuse zu schaffen.

Ernte und Verwendung

Vanilleschoten müssen vor dem Verbrauch einen umständlichen Aufbereitungsprozeß durchlaufen. Schon der Zeitpunkt der Ernte ist nicht leicht zu bestimmen. Sind die Schoten nicht reif genug, entwickeln sie kein Aroma, sind sie zu reif, leidet ebenfalls der Geschmack; unreife und überreife Früchte sind wertlos für den Handel. Bei der Aufbereitung werden die Schoten durch Einwirkung von feuchter Hitze (etwa 70 °C) behandelt. Der Sinn der Maßnahme besteht darin, das Chlorophyll abzutöten und eventuelle tierische oder pilzliche Schädlinge zu vernichten. Dazwischen liegen immer wieder Zeitabschnitte, in denen die Schoten abtrocknen und schrumpfen. Dieser ganze Prozeß dauert wochenlang. Dabei entstehen durch chemische Vorgänge die Geschmacksstoffe und das bekannt Vanillearoma, das in den frischen Schoten nicht vorkommt. Die schwarzbraune Färbung der fertigen Ware entsteht durch Oxidation.

Zeitweise ging die Erzeugung der Vanilleschoten sehr zurück, da synthetisches Vanillin auf den Markt kam. Die Produktion steigt derzeit wieder an, da das natürliche Vanillearoma nach wie vor unübertroffen ist. Die Schoten werden in der feinen Küche verwendet, bei der Likörherstellung und in der Parfümerieproduktion. Das bekannte Produkt Vanillezucker entsteht aus Raffinadezucker, vermischt mit

Oben links: die dekorativen Blätter von Dioscorea bulbifera

Mitte links: Süßkartoffel.

Unten links: Die mächtigen Blätter des Taro sind auf hohe relative Luftfeuchte angewiesen.

Rechts: Korkeiche; der obere, rötliche Teil ist abgeschält.

den feinen Samen aus dem Innern der Schote.

Besonders in den Vereinigten Staaten werden die Früchte einer anderen Vanilleart geschätzt: *Vanilla tahitiensis*. Daneben kommt noch die Westindische Vanille vor, die aber ein minderwertiges Produkt liefert.

Beschaffung

Vanille wird aus Ablegern vermehrt. Vereinzelt taucht sie im Angebot auf. Einzelne Orchideenzüchter bieten auf Anfrage Vanillepflanzen an.

Zingiber officinale
Ingwer

Heimat

Die Heimat des Ingwer ist der ganze tropische Raum Asiens. In Japan wächst die kältetolerante Art *Zingiber mioga*. Bereits seit langer Zeit vom Menschen genutzt, kennt man die Staude als Wildpflanze nicht mehr. Ingwer wird zum Export heute vor allem im südlichen China, in ganz Indien, Indonesien und Afrika angebaut.

Die Pflanze

Der Ingwer wächst schilfähnlich mit einem fleischigen und stärkereichen Rhizom. Aus diesen Rhizomen sprießen Sprosse mit schmal-lanzettlichen Blättern, die etwa 1,5 m Länge erreichen können. Die Blüten erscheinen in dicht gedrängte Ähren, die endständig auf einem kurzen, mit Schuppenblättern bedeckten Sproß stehen.

Die Einzelblüte ist gelb mit einer purpurnen Lippe. Ingwer bildet als uralte Kulturpflanze nur selten Früchte. Es handelt sich um Kapseln mit einer zerbrechlichen Schale. Sie enthalten zahlreiche kleine, schwarze Samen.

Pflege

Ingwer ist zwar tropischen Bedingungen angepaßt, aber er toleriert niedrige Temperaturen. Auf den karibischen Inseln wächst er selbst noch in 2000 m Seehöhe. Die Pflanze kann sowohl unter Glas als auch an einem hellen, nach Süden gelegenen Fenster gehalten werden. Ein Platz im Freien ist nur eingeschränkt und nur für die wärmsten Sommermonate zu empfehlen. Kühle Nächte verträgt die Pflanze nicht.

Ingwer treibt aus seinem knolligen Rhizom im Frühjahr die Blattsprosse. Diese werden im Lauf des Sommers über 1 m hoch und sterben im Spätherbst ab. Wenn sie gelb und trocken geworden sind, kann man sie entfernen, das Rhizom überwintert in seinem Gefäß völlig trocken bei Temperaturen nicht unter 10 °C. Im Frühjahr wird die alte Erde entfernt, das Rhizom wird flach in humoses oder lehmhaltiges, lockeres Substrat gelegt und angegossen. Vollsonnig und warm gestellt, treibt es bald aus. Das Pflanzgefäß kann den Raumverhältnissen angepaßt werden, zu groß gewordene Rhizome können problemlos geteilt werden.

Da das Substrat jedes Jahr gewechselt wird, kann auch mit Leitungswasser gegossen werden, es sollte aber immer Umgebungstemperatur haben. Ingwer liebt gleichmäßige, aber mäßige Wassergaben. Es schadet nichts, wenn einmal mit dem Gießen ausgesetzt wird. Die fleischigen Wurzeln vertragen keine Staunässe und auch keinen dauernd nassen Wurzelbereich. Düngergaben können von März bis Juli–August in vierwöchentlichen Abständen gegeben werden. Eine spätere Düngung kann bewirken, daß die Rhizome im

Winterquartier faulen, da das Gewebe nicht ausgereift ist.

Blüten werden nicht jedes Jahr gebildet. Je mehr Sonnenschein die Pflanzen bekommen, desto größer sind aber die Chancen für die Blütenbildung.

Bei trockenem Stand können Spinnmilben die Pflanzen befallen.

Ernte und Verwendung

Beim großflächigen Anbau werden die geernteten Rhizome in kochendes Wasser gegeben. Es gibt zwei Verfahren bei der Ingwergewinnung.

Der sogenannte schwarze Ingwer wird ungeschält verwendet, seine Rinde ist nach der Behandlung hornartig.

Der weiße Ingwer wird geschält, er ist weiß und im Geschmack schärfer als der schwarze Ingwer. In den Handel kommen aber immer mehr unbehandelte, ganze Rhizome, die roh verwendet werden. Ingwer schmeckt brennend scharf infolge seines Gehaltes an Gingerol. Er wird frisch getrocknet oder kandiert in Stücken gehandelt. Ingwer wird zur Herstellung von Marmelade verwendet, auch eine Art Bier wird daraus hergestellt. Ebenso kommt er als ätherisches Öl und als Extrakt in den Handel. Ingwer bildet einen Bestandteil des Currypulvers und dient sogar für medizinische Zwecke; bei Magenbeschwerden ist Ingwer hilfreich.

Beschaffung

Um Ingwer zu kultivieren, ist es nicht nötig, Pflanzen zu beschaffen. Jeder Gemüsemarkt bietet Rhizome an, die keimfähig sind. Dabei sollte man ungeschälte Rhizome mit vielen Verzweigungen aussuchen. Sie dürfen weder eingetrocknet sein noch Runzeln zeigen, sondern müssen sich prall und hart anfühlen. Außerdem dürfen sie keinerlei Faulstellen aufweisen, die sich bei Feuchtigkeitseinwirkung weiter ausdehnen könnten.

Cinnamomum verum
Ceylonzimt

Heimat

Von seiner ursprünglichen Heimat Sri Lanka aus wurde der Baum in alle tropischen Tiefländer der Welt verbreitet.

Die Pflanze

Frei ausgepflanzt erreicht der Zimtbaum eine Höhe zwischen 10 und 15 m. Zur Gewinnung der aromatischen Rinde wird der Stamm gekappt, und die Stockausschläge werden buschartig gezogen, ähnlich der Korbweidenkultur. Alle Teile der Pflanze enthalten ätherische Öle. Die Krone ist beim erwachsenen Baum rund, die Zweige stehen kreuzweise. Zimtbäume sind immergrün, die ledrigen, auf der Oberseite glänzendgrünen Blätter sind glatt, eiförmig, etwa 15 cm lang und 6 cm breit. Sie besitzen drei Nerven, die an der Basis des kurzgestielten Blattes entspringen und an der Spitze wieder zusammenlaufen. Der Neuaustrieb ist rötlich gefärbt.

Die kleinen, weißen bis blaßgelben Blüten stehen in Rispen. Die Früchte des Zimtbaumes haben in etwa Birnenform und sind bei Reife rötlich bis braunrot gefärbt. Ebenfalls rötlich gefärbt ist die Rinde, das eigentlich nutzbare Produkt der Pflanze (Abbildung Seite 140).

Pflege

Zimtbäume sind im feuchtheißen Klima beheimatet, das bedeutet, daß sie ganzjährig höhere Temperaturen benötigen. Sie sind nicht für die Zimmerkultur geeignet, es sei denn, ein geschlossenes Blumenfenster steht zur Verfügung. Das gibt immerhin die Möglichkeit, Zimt über lange Jahre zu pflegen, da er jede Schnittmaßnahme, einschließlich das Kappen des Stammes kurz über dem Erdboden, verträgt. Die Pflanze treibt dann mehrtriebig aus dem Stock wieder aus. Ein Aufenthalt im Freiland ist auch in den heißesten Monaten des Jahres nicht ratsam. Zimtbäume benötigen volles Licht das ganze Jahr über, bei leichter Beschattung während der Mittagsstunden im Sommer. Die Temperaturen können dabei auf über 30 °C ansteigen. Im Winter sollten die Wärmegrade nicht unter 20 °C fallen. Ganzjährig ist eine relative Luftfeuchtigkeit um 80 Prozent nötig.

Die Kunst, den Zimtbaum erfolgreich zu kultivieren, besteht darin, ihm neben der erforderlichen Wärme ganzjährig einen mäßig, aber gleichmäßig feuchten Wurzelbereich zu bieten.

Das Substrat muß unbedingt überschüssiges Wasser sofort ablaufen lassen, denn in ihrer Heimat wachsen die Pflanzen auf stark sandigen Schwemmböden oder auf weißen Quarzböden. Diese Erden sind stark durchlüftet und lassen keinerlei Wasseransammlungen zu. Demzufolge sind die Wurzeln der Zimtbäume stark sauerstoffbedürftig, sie sterben ab, wenn zuviel Wasser die Durchlüftung unmöglich macht. Ein lockeres, torfhaltiges Substrat, mit einem Drittel Anteil Perlite vermischt, trägt den Anforderungen der Pflanzen Rechnung. Der Pflanzkübel für Zimtpflanzen sollte nicht in einem Übertopf stehen, auch nicht auf einem Untersatz, damit jedes überflüssige Wasser ablaufen kann und damit der untere Wurzelbereich, in dem sich so viele junge Saugwurzeln befinden, nicht vernäßt. Regenwasser oder chemisch aufbereitetes Wasser bildet für eine erfolgreiche Kultur von Zimt eine Voraussetzung. Im Winter sollte das Gießwasser angewärmt sein. Eine Gabe organischen Düngers alle vier Wochen in der Zeit vom Februar bis in den Oktober sorgt für zügiges Wachstum. Auch in der dunklen Jahreszeit kann einmal schwach nachgedüngt werden.

Die Pflanzen kommen unter unseren Kulturbedingungen kaum zur Blüte. Ich habe es mir aber schon seit langem abgewöhnt, bei der Kultur dieser Pflanzengruppe »nein« zu sagen. Ältere Exemplare können durchaus in der Lage sein, Blüten zu entwickeln.

Die ledrigen Blätter lassen saugenden Schädlingen keine Chance, auch die Spinnmilben, die den weichen Austrieb befallen könnten, werden durch die hohe Luftfeuchtigkeit in Schach gehalten.

Ernte und Verwendung

Nicht der Baum selbst ist der Produzent des Gewürzes, denn der Stamm wird einige Zentimeter über dem Boden abgeschlagen. Durch die sich dann entwickelnden Triebe bekommt die Pflanze ein buschiges Aussehen. Diese Triebe werden bei entsprechender Länge, die nach etwa fünf Jahren erreicht ist, abgenommen. Folgeernten der Zweige werden dann bereits nach zwei Jahren geerntet. Das begehrte Produkt ist die rötliche Rinde. Die äußere Seite der Rinde wird abgenommen, indem man unter ruhenden Knospen Querschnitte anbringt, die bis in das Holz eindringen. Diese werden dann durch einen Längsschnitt miteinander verbunden. Durch vorsichtiges Klopfen auf das Holz löst sich die Rinde. Bei der anschließenden Fermentation werden die Rinden auf Haufen gesetzt und mit Matten bedeckt. Am darauffolgenden Tag wird dann die äußere Rinde vorsichtig abgekratzt, die Innenseite wird gereinigt, und die Rindenstücke werden zunächst im Schatten, dann in der Sonne getrocknet. Dabei rollen sie sich zu den charakteristischen, engen Röhren zusammen. Aus dem anfallenden Abfall wird Zimtöl gewonnen. Zimt wird als Stangenware und als Pulver gehandelt, er dient zum Würzen von Süßspeisen, Getränken und Backwaren. Zimt kann auch im Betelbissen vorhanden sein und bildet einen

Bestandteil des Curry. Die unreifen Früchte werden getrocknet und ebenfalls als Gewürz verwendet.

Es gibt noch mehrere Pflanzenarten im asiatischen Raum, die ähnlich wie Zimt verwendet werden. Sie ergeben alle ein weniger hochwertiges Produkt und werden auch zur Verfälschung des echten Zimt verwendet. Der sogenannte Weiße Zimt stammt von *Canella winterana*, einem kleinen Baum, der auf den Antillen wild vorkommt. Die Rinde ist dick und spröde, sie schmeckt würzig scharf nach Nelken und Muskat. In Brasilien wird der Magellanische Zimt von *Drimys winteri* gewonnen: er schmeckt brennend scharf.

Beschaffung

Zimtpflanzen kommen ganz selten in den Handel. Wer ein Angebot entdeckt, sollte sofort zugreifen.

Zwei weitere Gewürze sind in der Pflege wie Ingwer zu behandeln, dem sie auch im Habitus ähnlich sehen: *Curcuma longa*, die Gelbwurzel, ist ein Bestandteil des Curry; sie verleiht ihm die gelbe Farbe. *Elettaria cardamomum*, der Kardamon, bildet eines der teuersten Gewürze überhaupt. Jungpflanzen beider Arten findet man selten im Angebot.

Capparis spinosa
Kapernstrauch

Heimat

Aus den Trockengebieten des Nahen Ostens kam der Kapernstrauch in die Länder um das Mittelmeer. Bereits zu Zeiten des römischen Weltreiches war der Strauch dort weit verbreitet. Auch in Südfrankreich wird die Pflanze zur Gewinnung der Blütenknospen angebaut.

Die Pflanze

Der etwa 1 bis 1,5 m hohe Strauch entwickelt herabhängende, dünne Zweige und einen im Alter dicken, sukkulenten Stamm. Die sukkulenten Blätter von ovaler Form sind ganzrandig, etwa 2 cm lang und breit. Die Zweige bilden kleine, dornige Afterblätter aus, mit deren Hilfe die Pflanze in der Lage ist, an rauhen Mauern hoch zu klettern.

Die dekorativen Blüten sitzen an langen Stielen. Sie besitzen vier rötlichweiße Kelchblätter und vier weiße Kronblätter, die von zahlreichen Staubgefäßen mit purpurroten Filamenten überragt werden. Der Fruchtknoten sitzt ebenfalls an einem langen Stiel. Nach der Bestäubung, die auch mit eigenem Pollen erfolgen kann, entwickeln sich birnenförmige Früchte, die sogenannten Kaperngurken, die zunächst grün und mit zunehmender Reife bräunlich werden. Schließlich platzen sie seitlich auf und lassen die zahlreichen, in ein schleimiges Fruchtmus eingebetteten Samen sichtbar werden.

Pflege

Kapernsträucher benötigen Klimaverhältnisse, wie sie rund um das Mittelmeer vorherrschen, sprich heiße, trockene Sommer und feuchte, milde Winter, in denen die Temperaturen nicht unter den Nullpunkt fallen. Das bedeutet, daß die Pflanzen vom Mai bis zu den ersten Frösten an einer vollsonnigen, aber gegen Regen geschützten Stelle stehen. Dabei sind den Temperaturen nach oben hin keine Grenzen gesetzt. Im Herbst wandern die Pflanzen an einen hellen Ort, an dem die Temperaturen nicht unter 5 °C absinken. Vor dem Einräumen werden sie bis auf den sukkulenten Stamm zurückgeschnitten, bei älteren Pflanzen nimmt man die stärkeren Zweige zurück. Kapern stellen auch deshalb ideale Pflanzen für helle Wohnräume dar, weil sie an die relative Luftfeuchtigkeit keinerlei Forderungen stellen. Für die Überwinterung sollte allerdings ein kühlerer, aber dennoch heller Platz zur Verfügung stehen.

In der Natur wachsen Kapern oft in Felsritzen, Mauern und dergleichen, das heißt die Wurzeln der Pflanzen vertragen keine Nässe, und sie verlangen viel Sauerstoff. Das bringt Probleme bei der Kultur im Kübel mit sich.

Kapern können sowohl als aufrechtwachsende als auch als hübsche Hängepflanzen kultiviert werden, da die langen, peitschenartigen Triebe im Frühjahr und Sommer nach allen Seiten herunterhängen. Um diesen Wuchs zu erreichen, benötigen wir unbedingt ein mageres, gut durchlüftetes Substrat, etwa Kakteenerde, das noch mit einem Drittel Perlite vermischt wird. Kapern benötigen vom Frühjahr bis Sommeranfang eine ständige, leichte Ballenfeuchtigkeit. Der ständige Einsatz eines Feuchtigkeitsfühlers ist zu empfehlen. Ab Sommeranfang, wenn die ersten Blütenknospen sichtbar sind, darf der Wurzelbereich immer wieder einmal abtrocknen. In dieser Zeit empfiehlt es sich, einmal kräftig zu gießen und dann das Abtrocknen abzuwarten; das ist besser als ständiges Feuchthalten des Ballens. Im Winter darf nur so viel Feuchtigkeit vorhanden sein, daß die feinen Saugwurzeln nicht vertrocknen. Wir dürfen nicht vergessen, daß Kapernsträucher am besten dort gedeihen, wo sie ihre Wurzeln offen über das Gestein ausbreiten können. Kapern vertragen keinen Kalk im Wasser und im Substrat, im Freiland sind sie nicht so empfindlich, aber bei den beengten Verhältnissen im Kübel ist es auf jeden Fall besser, keine Kalkanreicherungen aufkommen zu lassen. Ab Triebbeginn kann alle vier Wochen schwach gedüngt werden, Ende August sollte man damit aufhören.

Die selbstfruchtbaren Blüten erscheinen im Sommer bis Herbstbeginn. Die Früchte reifen ebenfalls nach und nach bis zum Winteranfang.

Von den saugenden Schädlingen macht sich eventuell die Rote Spinne bemerkbar.

Ernte und Verwendung

Kapernsträucher können bereits im zweiten oder dritten Standjahr die ersten Blüten entwickeln. Die Erträge steigen jedes Jahr, etwa im Alter von sechs bis acht Jahren sind die höchsten Erträge zu erwarten. Das Produkt, weswegen der Kapernstrauch angebaut wird, sind nicht in erster Linie die Früchte, sondern die noch geschlossenen Blütenknospen. Diese werden täglich gepflückt, zu große Knospen werden nämlich beim Einlegen hart und verlieren ihren Geschmack.

Die Knospen läßt man nach dem Pflücken einige Stunden lang anwelken und legt sie dann in Essig oder Wein. Über die chemische Reaktion der Inhaltsstoffe entsteht unter anderem auch Methylensenföl, das den Kapern ihren charakteristischen Geschmack verleiht. Die Knospen bleiben jeweils für einige Tage in ihrer Flüssigkeit, nach zweimaligem Wechsel der Marinade sind die Kapern gebrauchsfertig. Ein größerer Strauch kann dem Pfleger schon einige handelsübliche Portionen des Gewürzes liefern. Kapern finden Verwendung in Soßen, bei Fisch- und Fleischgerichten. Sie werden außerdem zum Garnieren verwendet. In manchen Gegenden am Mittelmeer werden die Früchte nach gleicher Manier wie die Knospen eingelegt.

Beschaffung

Kapernpflanzen sind im Fachhandel ganzjährig erhältlich, blühfähige Pflanzen bilden reichlich Samen aus, der zur Vermehrung des Bestandes benutzt werden kann.

Faserpflanzen

Gossypium herbaceum
Baumwolle

Heimat

Die hier zu besprechende Art wurde bereits seit Jahrtausenden im Zweistromland angebaut. Man kann die eigentliche Heimat aller Baumwollarten nur noch vermuten. Zur Diskussion stehen der Indonesische Archipel sowie das südliche Afrika. In der Neuen Welt wird Peru als Heimat von Baumwolle vermutet. Heute sind zahlreiche Arten und Sorten weltweit in allen für die Baumwollkultur geeigneten Klimazonen verbreitet. Am meisten Baumwolle wird in den Vereinigten Staaten produziert, gefolgt von der GUS, China, Indien und Pakistan. Afrika und auch Südamerika liefern ebenfalls ansehnliche Mengen. Sogar in Europa wird Baumwolle angebaut, nämlich in Griechenland.

Die Pflanze

Alle Kulturformen wachsen buschartig, mit einem Hauptstamm, der zwischen 50 cm und 2 m hoch oder höher wird. Die Art *Gossypium arboreum* entwickelt sogar kleinere Bäume. Die Blätter sind wechselständig, langgestielt und mehr oder weniger fünflappig. Sie erreichen etwa die Größe einer menschlichen Hand. An den zuerst ausgebildeten Zweigen entwickeln sich Nebenzweige, nur diese sind in der Lage, Blüten hervorzubringen.

Die Blüten sitzen an kurzen Stielen, die den Blattachseln entspringen. Zunächst wird die Blüte von einem tief zerschlitzten Hüllblatt umgeben. Die Blumenkrone besteht aus fünf freien, zarten Blättern, die sich zum Teil überdecken. Ihre Farbe wechselt je nach Art zwischen Weiß, Hellgelb oder Leuchtendgelb bis Rosa und Rot. Viele Blüten tragen am Grund ein purpurrotes Saftmal (Abbildung Seite 141). Beim Verblühen verfärben sie sich nach Blaurot bis Dunkelrot. Die Narbe kann mit eigenem Pollen bestäubt werden, vielfach ist auch Selbstbestäubung die Regel. Die Frucht ist eine drei- bis fünffächerige Kapsel von meist länglicher oder eiförmiger Gestalt. Reife Kapseln springen auf und geben den Samen mit den dichten Samenhaaren frei. *Gossypium herbaceum* trägt gelbe Blüten mit dem Saftmal. Im Gegensatz zu anderen Arten springt die reife Kapsel bei dieser Art nicht auf.

Pflege

Baumwolle ist eine ideale Zimmerpflanze für das helle Fenster. Baumwolle wird meist einjährig kultiviert, eine mehrjährige Kultur ist nur in Ausnahmefällen praktikabel, da die Baumwolle als uralte Kulturpflanze sehr stark unter Schädlingsbefall leidet. Die Pflanzen benötigen vom frühen Frühjahr an soviel Licht wie möglich, in unserem Klima werden die Pflanzen im Herbst am besten entfernt, da sie ohne Zusatzbeleuchtung ohnehin im Winter an Lichtmangel zugrundegehen. Empfehlenswert ist eine zeitige Aussaat bereits im Februar, damit die Pflanzen in den sich verlängernden lichten Tag hineinwachsen. Zu spät gesäte Baumwolle setzt dann unter Umständen keine Blüten und Früchte mehr an. Pflanzen, die in einiger Entfernung von einer Glasabdeckung stehen, brauchen auch in den Sommermonaten nicht beschattet zu werden. Die Tempera-

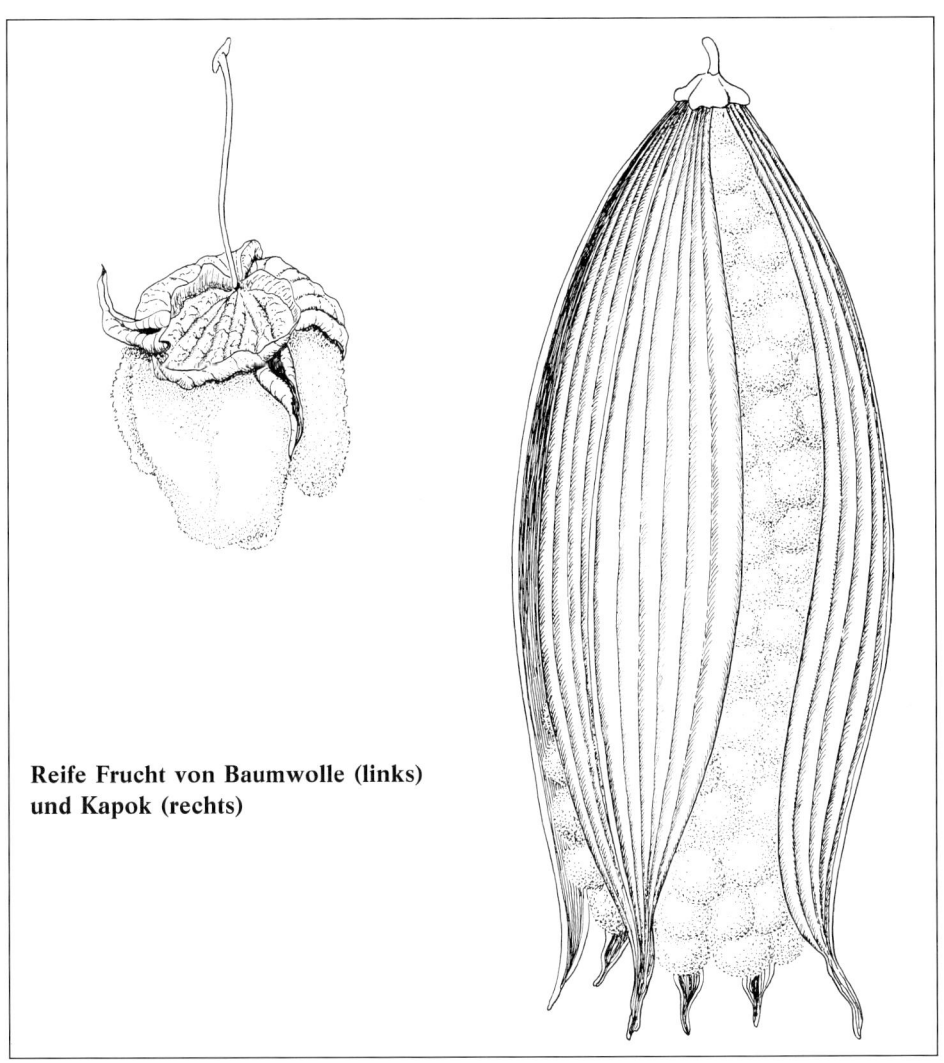

**Reife Frucht von Baumwolle (links)
und Kapok (rechts)**

turen können dabei bis auf 35 °C ansteigen, sie sollten bis zur Ernte der Kapseln nicht weit unter 20 °C sinken. Baumwolle gedeiht besser in trockener Luft, aber auch bei höherer relativer Luftfeuchtigkeit sind die Ernteergebnisse gut.

Die Pflanzgefäße brauchen nicht groß zu sein, die krautigen Pflanzen entwickeln keine großen Wurzelballen. Die Baumwolle braucht ein eher mageres, aber gut durchlüftetes Substrat, auch Kakteenerde

ist gut brauchbar, sofern man regelmäßig nachdüngt. Wasserhaltende Erden mit viel Torf beschwören immer die Gefahr von Wurzelschäden durch Vernässung herauf. Gleichmäßige, leichte Feuchtigkeit sagt der Baumwolle zu. Dabei kann auch angewärmtes Leitungswasser verwendet werden, da die Pflanzen ohnehin nach der Ernte entfernt werden. Baumwolle ist salzverträglich, daher kommt Mineraldünger in Frage. Zunächst wird im Frühjahr alle acht Tage gedüngt, ungefähr ab Juni düngt man nur noch alle vierzehn Tage bis drei Wochen, da bei zu guter Ernährung die Pflanzen zu sehr ins Kraut schießen und der Blütenansatz darunter leidet.

Von der Aussaat bis zur ersten Blüte vergehen um die zwei Monate, vom Beginn der Blüte bis zur Ernte der ersten Kapseln dauert es etwa drei Monate.

Man muß nur gegen den Befall durch Spinnmilben rechtzeitig etwas tun, die – bedingt durch die trockene Zimmerluft – die Pflanzen gern befallen.

Ernte und Verwendung

Mit Ausnahme von *Gossypium herbaceum* platzen die reifen, trockenen Kapseln auf und lassen die weißen Flocken herausquellen. Bei der geschlossenen Kapsel von *Gossypium herbaceum* ist der richtige Erntetermin erreicht, wenn sich die vorher grüne Kapsel in Bräunlich verfärbt und eintrocknet. In den Samenhaaren sind die schwarzen, harten, etwas mehr als reiskorngroßen Samen enthalten, die im nächstfolgenden Frühjahr wieder zur Aussaat verwendet werden. Die Baumwolle wird heute plantagenmäßig angebaut und ist mit etwa 60 Prozent an der Textilindustrie des Weltmarktes beteiligt. Sie stellt in den Handelsbilanzen der Erzeugerländer einen bedeutenden Aktivposten dar. Ob sich der Baumwollanbau bei geeigneten Boden- und Klimaverhältnissen lohnt, war stets eine Frage der Arbeitskräfte gewesen, da die Ernte lange Zeit von Hand erfolgte. (Heute gibt es dazu Maschinen.) Sklaverei in den Südstaaten der USA im vorigen Jahrhundert hing unmittelbar mit dem intensiven Baumwollanbau zusammen. Große soziale Umwälzungen, noch größeres menschliches Leid und sogar Kriege und völlig neue Sozialstrukturen waren dort das Ergebnis der Kultur einer für den Menschen so wichtigen Wirtschaftspflanze.

Beschaffung

Jungpflanzen der Baumwolle findet man nicht im Handel, aber jedes größere Fachgeschäft und auch der Versandhandel bieten keimfähigen Samen an, in der Regel von *Gossypium herbaceum*. Will man auf andere Arten und Sorten umsteigen, wendet man sich an das deutsche Baumwollinstitut in Frankfurt am Main.

Noch ein Tip: Sieht man in einem Blumengeschäft einmal Trockengestecke mit den dekorativen Wattebäuschen, handelt es sich dabei um eine Baumwollart, die beim Reifwerden die Kapseln öffnen, in der Regel hat man *Gossypium hirsutum*, die sogenannte Upland-Baumwolle vor sich, die dominierende Art in den USA. Die in den Bäuschen enthaltenen Samen sind fast immer noch keimfähig.

Ceiba pentandra
Kapok

Heimat

Ursprünglich kam der Kapokbaum im Regenwald der tropischen Gebiete Südamerikas vor. Seiner Fasern wegen wurde er in die Tropen der ganzen Welt verbreitet. Der erwerbsmäßige Anbau konzentriert sich heute auf den südostasiatischen Raum.

Die Pflanze

Kapokbäume sind riesige Pflanzen, die in den Anbaugebieten über 60 m Höhe erreichen können, aber zur leichteren Fasergewinnung niedriger gehalten werden. Die Rinde des Stammes ist beim jugendlichen Kapok mit starken, kegelförmigen Stacheln besetzt; es gibt aber auch stachellose Formen, die über Stecklinge vermehrt werden. Die starken Äste stehen horizontal und etagenförmig. Die Bäume bilden im Alter mächtige, mannshohe Brettwurzeln als Stützen aus. Die gefingerten Blätter mit sieben bis neun spitzen, lanzettlichen Fiedern stehen an einem dünnen Stiel. Sie sind etwa 15 cm lang und 3 cm breit.

In den Anbaugebieten werfen die Bäume, mit Ausnahme der jungen Pflanzen, ihre Blätter ab. Diese Gewohnheit behält die Pflanze auch in der Kübelkultur bei. Zu dieser Zeit bilden sich die kurzgestielten Blüten in Büscheln an den äußeren Enden der Seitentriebe. Sie sind weißlichgelb mit am Grund verwaschener purpurner Zeichnung. Die reife Frucht ist grau bis graugrün, ihre äußere Umhüllung fühlt sich wie Leder an. Sie besitzt eine elliptische Form und birgt im Innern fünf Fächer. Die Kapokfrucht wird etwa 20 cm lang bei einer Breite von 6 cm. Die schwarzbraunen und erbsengroßen Samen liegen in einer Masse von seidig glänzenden Fasern, die nicht, wie bei der Baumwolle, mit den Samen verwachsen sind. Diese Fasern sind luftgefüllte Röhren von etwa 3 cm Länge, daher können sie kaum versponnen werden.

Pflege

Als Baum der Tropen gehört der Kapok in einen geheizten Wintergarten. Er kann sich aber in Grenzen an etwas tiefere Temperaturen anpassen. Die Pflanzen eignen sich nicht für die Kultur im Zimmer und sollte in den Sommermonaten auch nicht im Freiland stehen. Die Temperaturen dürfen im Sommer 35 °C erreichen, im Winter genügen 18 °C. Kapokbäume verlangen das ganze Jahr über einen vollsonnigen, hellen Standort, auch in der Zeit, in der sie die Blätter abgeworfen haben. In des Baumes Heimat ist gerade diese Periode die heißeste Zeit, in der keine Wolke den Himmel trübt. Die Ansprüche an die relative Luftfeuchtigkeit sind nicht hoch.

Die Pflanzgefäße sollten möglichst groß sein, die Pflanzen leiden, wenn der Wurzelraum zu sehr beengt ist. Kapokbäume benötigen ein Substrat, das zwar Wasser speichern kann, aber nicht zur Vernässung neigt. Sehr hilfreich ist eine Beimischung von einem Viertel Perlite oder ähnlichem Material. Während des Blattaustriebes verlangt der Kapok ausreichende Feuchtigkeit. In der laublosen Zeit wird weniger gegossen, die Pflanzen werfen aber ihre Blätter unabhängig vom Wasserangebot ab. Da die Pflanzen lange in ihrem Gefäßen bleiben, muß das Gießwasser kalkfrei sein. Sehr empfindlich sind sie gegenüber Staunässe. Bewährt hat sich folgende Methode beim Gießen: Sobald die Substratoberfläche abgetrocknet ist, wird durchdringend gegossen, wobei überschüssiges Wasser sofort ablaufen sollte. Danach sollte man wieder warten, bis der Wurzelbereich durch den Wasserverbrauch wieder gut durchlüftet wird. Kapokpflanzen wachsen recht flott, daher kann alle vierzehn Tage gedüngt werden, mit Ausnahme der lichtarmen Monate und der laublosen Periode.

Wenn Kapokbäume zu groß werden, können sie an der Spitze gekappt werden, sie treiben unterhalb der Schnittstelle wieder aus. Bei unseren Kulturverhältnissen kommen Kapokbäume nicht zum Blühen. Sie werden bei unseren Raumverhältnissen nicht alt genug, um in das blühfähige Alter zu kommen.

Bei einer relativen Luftfeuchtigkeit unter 60 Prozent besteht die Gefahr, daß Spinnmilben an den jungen Trieben auftreten.

Ernte und Verwendung

Kapok blüht schubweise in drei bis vier Perioden. Die Reife der Früchte setzt daher in der gleichen Reihenfolge ein. Um vollwertige Fasern zu gewinnen, dürfen nur reife Früchte geerntet werden. Man erntet bevorzugt am frühen Morgen, da sich bei diesen Lichtverhältnissen die unreifen Früchte durch ihre Färbung leichter von den reifen unterscheiden lassen. Reife Kapseln werden mit langen Stangen von den Bäumen geschlagen, eine nicht ungefährliche Arbeit, da das Holz des Kapok sehr brüchig ist. Die Früchte werden dann geöffnet, die Samen maschinell getrennt und die Flocken zu Ballen gepreßt. Sie bestehen zu über 60 Prozent aus Zellulose. Die Fasern stellen eine glatte, luftgefüllte Röhre dar und sind dadurch kaum verspinnbar. Da sie aber im Wasser eine Tragfähigkeit besitzen, die etwa das Dreißigfache ihres Eigengewichtes ausmacht, werden die häufig als Isolierungs- und Stopfmaterial verwendet, besonders für Materialien, die im Wasserrettungsdienst benötigt werden. Kork zum Beispiel besitzt nur die Tragfähigkeit vom Dreifachen seines Gewichtes im Wasser. Junge Keimlinge und noch weiche Samen werden im südostasiatischen Raum gegessen. Außerdem trägt der südamerikanische Staat Nicaragua in seinem Wappen den Kapokbaum.

Beschaffung

Jungpflanzen kommen kaum in den Handel. Sporadisch wird Samen angeboten, der tatsächlich keimfähig ist. Man sollte also zugreifen, sobald ein Angebot vorliegt.

Agave sisalana
Sisalagave

Heimat

Sisal ist der Name einer kleinen Hafenstadt auf der mexikanischen Halbinsel Yukatan. Nach 1835 wurden Setzlinge von dort nach Florida gebracht, um dort erste

Plantagen anzulegen. Fünfzig Jahre später entstanden erste Anpflanzungen auf den Bahamas und auf Kuba. Ende des 19. Jahrhunderts wurden erste Pflanzungen in Afrika angelegt, danach eroberte sich die Sisalagave auch Südostasien. Heute wird sie im gesamten Tropengürtel kultiviert. Hauptsächlich werden *Agave sisalana*, *Agave fourcroydes* und *Agave cantula* zur Fasergewinnung angebaut.

Die Pflanze

Es handelt sich um immergrüne Stauden, die mit ihren fleischigen Blättern besonders gut an trockene Gebiete angepaßt sind. Sie bilden eine Rosette von starren, bis zu 2 cm langen und 15 cm breiten Blättern. Diese sind dunkelgrün und haben eine lanzettliche Form. Erwachsene Agaven besitzen oft bis zu hundert, dicht um einen kurzen Stamm gruppierte Blätter.

Sisalagaven leben in ihren Anbaugebieten etwa 15 Jahre lang. In dieser Zeit entwickeln sie die Blätter, aber im letzten Lebensjahr bilden sie einen mächtigen Blütenstand aus. Dieser kann bis zu 10 m hoch werden und Tausende von Blüten tragen. Früchte entwickeln sich dabei kaum. Nach dem Abfallen der Blüten bilden sich an den Seitenzweigen des Blütenstandes sogenannte Bulbillen, das sind kleine Brutknollen, die im Lauf einiger Wochen zu kleinen Agaven heranwachsen und sich leicht auspflanzen lassen. Große Blütenstände können einige Tausend kleiner Brutknospen hervorbringen. Nach der Blüte beginnt die Mutterpflanze abzusterben. Während des vegetativen Wachstums und in der Phase des Absterbens können die Pflanzen Wurzelausläufer bilden.

Pflege

Als Trockenpflanzen stellen Agaven ideale Gewächse für Zimmer, Wintergarten und Freiland dar. Sisalagaven gehören vom Frühjahr bis in den Herbst an eine sehr sonnige, aber vor Regen geschützte Stelle im Freien. Frost vertragen sie nicht. Sie brauchen ganzjährig einen hellen Standort, im Winterquartier braucht die Temperatur bei trockenem Ballen nicht über 10 °C anzusteigen, während sie im Sommer gar nicht hoch genug sein kann. Agaven lieben trockene Luft, bei dauernder Luftfeuchtigkeit über 60 Prozent verlieren die Pflanzen allmählich ihr typisches Aussehen und werden langtriebig, die fleischigen Blätter werden dünner.

Die Pflanzgefäße können groß gewählt werden, weil die Agaven darin jahrelang verbleiben können. Als Substrat ist magere Kakteenerde geeignet. Nach dem Gießen muß der Wurzelbereich immer wieder abtrocknen können, dauernde Feuchtigkeit verursacht Wurzelfäulnis. Ein- bis zweimaliges Düngen in den Sommermonaten genügt völlig.

Zur Vermehrung werden der Sisalagave die bewurzelten Ausläufer abgenommen.

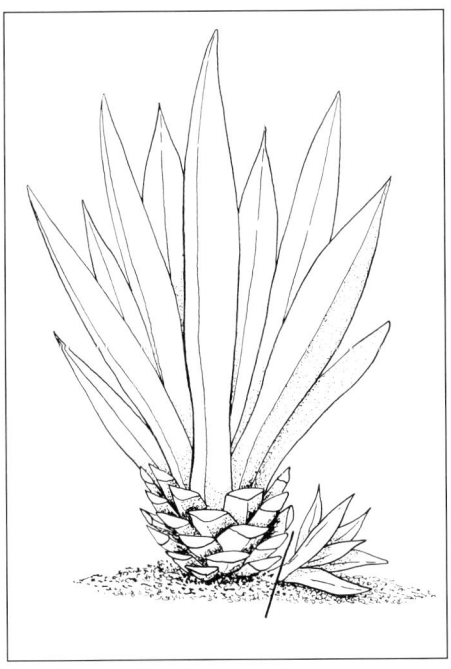

Die Pflanzen kommen im Kübel kaum zum Blühen, es sei denn, man besitzt als Familienerbstück eine alte Pflanze.

Schädlinge werden an Agaven kaum beobachtet, manchmal werden in den Wurzelbereich mit verschmutzter Erde saugende Insekten eingeschleppt.

Ernte und Verwendung
Von den Faseragaven werden die in den Blättern enthaltenen Leitbündelfasern genutzt. Die Blätter werden in frischem Zustand von den Fasern befreit. Diese weisen eine Länge zwischen 1 und 2 m auf und besitzen eine glänzendgelbe Farbe. Da sie nach dem Entfaserungsprozeß wieder starr werden, müssen sie nach einem Trocknungsstadium geknetet werden, um ihre Geschmeidigkeit wieder zu erlangen. Sie lassen sich nur zu groben Fäden verspinnen, man stellt aus ihnen Seile, Taue und Garne her. Aber auch zu Hängematten und Teppichen lassen sich die Fasern verarbeiten. Eine Pflanze kann zwölf Jahre lang beerntet werden. In der Regel wird einmal im Jahr geschnitten, wobei man der Pflanze immer ein Dutzend Blätter belassen muß. Sobald der Blütensproß erscheint, wird die Agave als Faserlieferant wertlos und muß ersetzt werden.

Von anderen Agavenarten gewinnt man den Pflanzensaft. Dazu schneidet man, zum Beispiel bei *Agave tequilana*, den noch jungen Blütenschaft ab. Aus der Wunde fließen dann täglich etwa 5 Liter Saft für die Dauer von zwei bis drei Wochen, wobei die Schnittfläche immer wieder erneuert werden muß. Dieser Saft wird gebrannt und ergibt den auch bei uns erhältlichen hochprozentigen Tequila oder Mezcal. Andere Saftagaven liefern Produkte, die zu Wein verarbeitet werden.

Beschaffung
Gut sortierte Kakteengärtnereien werden die eine oder andere Art in ihrem Angebot haben. Man muß speziell danach fragen.

Zuckerliefernde Pflanzen

Saccharum officinarum
Zuckerrohr

Heimat

Bereits seit Tausenden von Jahren wird das Zuckerrohr auf dem indischen Subkontinent kultiviert, wo auch die Urheimat des Rohres vermutet wurde. Neuere Forschungen lassen aber den Schluß zu, daß die Heimat des Zuckerrohres in der Gegend von Neuguinea zu suchen ist. Wildformen wurden nicht gefunden, ein Beweis, daß die Pflanze seit langer Zeit vom Menschen kultiviert wird. Von Indien dehnt sich die Rohrzuckerkultur nach China aus, wo zunächst der süße Saft verwendet wurde. Erst durch das Raffinieren des Rohrsaftes, eine Erfindung der Araber, entstand der Zucker in Kristallform, allerdings zunächst als brauner Zucker. Die Araber brachten das Zuckerrohr in die Länder rund um das Mittelmeer. Durch die Spanier und Portugiesen kam es nach Mittel- und Südamerika, während gleichzeitig holländische Kolonisatoren die Pflanze in die portugiesischen Besitzungen im südostasiatischen Raum brachten. Heute wird Zuckerrohr im Plantagenanbau in den Tropen der ganzen Welt kultiviert, besonders Kuba ist geradezu als Zuckerinsel bekannt (Abbildung Seite 141).

Die Pflanze

Zuckerrohrpflanzen sind mehrjährige, bis über 6 m hohe Gräser. Der Halm ist je nach Sorte und Art zwischen 2 und 5 cm dick. Diese Sprosse sind in Internodien und Knoten aufgeteilt. Im Innern findet sich ein weiches, zuckerspeicherndes Mark. Über jedem Knoten befindet sich ein Wurzelring mit Anlagen von sproßbürtigen Wurzeln, die bei der Vermehrung des Rohres eingesetzt werden. Die Pflanzen treiben aus dem Wurzelstock zahlreiche Triebe. Die Blätter werden zwischen 1 und 2 m lang. Sie stehen wechselständig und besitzen einen harten und scharfen Rand, der durch eingelagerte Kieselsäure verursacht wird. Die meisten Sorten sind in Grüntönen gefärbt, es gibt aber auch Sorten mit rot und fast schwarz gefärbtem Rohr.

Die Blüten stehen in Rispen an den Triebspitzen. Die pyramidenförmigen Rispen werden zwischen 50 cm und 1 m lang. Viele auf Ertrag hochgezüchtete Sorten sind nicht mehr in der Lage, Blüten zu entwickeln.

Pflege

Zuckerrohr verlangt tropische Bedingungen, einzig das Chinesische Rohr kommt mit Temperaturen aus, die in den Subtropen üblich sind. Temperaturen von über 30 °C im Sommer und nicht unter 18 °C in der dunklen Jahreszeit sind für die Pflege erforderlich. Diese Temperaturen müssen ebenso im Wurzelbereich vorhanden sein. Die ausdauernde Pflanze benötigt ganzjährig einen hellen, sonnigen Stand. Werden die Temperaturen und die erforderlichen Lichtmengen unterschritten, kommt es zu Wachstumsstillstand. Ist zusätzlich der Wurzelbereich zu naß, sterben die Pflanzen ab. Zuckerrohr ist keine Pflanze für das Freiland, dagegen ist die Pflege im Zimmer ohne weiteres möglich, sofern Licht und Wärme ausreichend sind. Die relative Luftfeuchtigkeit ist nicht ausschlaggebend, unter 50 Prozent sollte sie allerdings nicht fallen.

Das Pflanzgefäß kann je nach der Anzahl der Pflanzen beliebig groß gewählt werden. Da sich die Zuckerrohrpflanze selbst bestockt, sollte man den zusätzlichen Raumbedarf berücksichtigen. Als Substrat kann jede gebräuchliche und handelsübliche Erde verwendet werden, nur sollte es nicht zuviel Torf enthalten und damit keinen pH-Wert unter 5 aufweisen. Andererseits verträgt Zuckerrohr auch keine alkalische Reaktion, also sollte man Kalk im Substrat und besonders im Wasser auf die Dauer vermeiden. Bei genügender Wärme ist viel Wasser nötig, das im Winter angewärmt sein sollte. In dieser Jahreszeit genügt es, den Ballen nur leicht feucht zu halten, während in den Sommermonaten mit viel Wärme Zuckerrohr sogar im Wasser stehend gedeihen kann. Die Pflanzen wachsen bei genügender Wärme sehr schnell, in den Monaten April bis September kann alle vierzehn Tage organisch gedüngt werden. Dabei werden in einem Jahr bereits Höhen von etwa 2 m erreicht.

Stets werden mehrere Pflanzen in einem Behälter kultiviert, bei Pflegern mit viel Fingerspitzengefühl braucht dieser keine Abflußöffnungen für das Gießwasser zu haben. Ab September stellt man bei dieser Kulturmethode das Gießen ganz ein, wartet, bis das Substrat nahezu ausgetrocknet ist und läßt es in diesem Zustand den Winter über.

Beim Hantieren mit Zuckerrohr ist Vorsicht anzuraten, da man sich an den messerscharfen Blatträndern leicht Schnitt-wunden zuzieht. Zuckerrohr gelangt in der Kübelkultur mit Sicherheit nicht zur Blüte. Für die Vermehrung ist es unwichtig, ob Samen gebildet werden, da die Pflanze auch im Plantagenanbau durch Stecklinge vermehrt wird, die man eigens unter besonderen Bedingungen anzieht.

Schädlinge habe ich noch keine an den Pflanzen festgestellt.

Ernte und Verwendung

In den Anbaugebieten wird durch Proben festgestellt, wann der höchste Zuckergehalt der Halme erreicht ist, um danach den Erntezeitpunkt zu bestimmen. Ähnliches geschieht in unseren Breiten vor der Traubenernte. Das Erntegut wird tief geschnitten und sofort zur Verarbeitung gebracht, da jede Verzögerung eine Qualitätsminderung nach sich zieht. In einem industriellen Prozeß, ähnlich bei der Verarbeitung unserer Zuckerrübe, werden verschiedene Zuckersorten aus dem gelbbraunen Rohzucker gewonnen. Der Zuckergehalt des Saftes beträgt bei guten Ernten um die 50 Prozent. Die zurückbleibende Melasse wird zu Ethylalkohol verarbeitet. In den Anbauländern dienen Rohrstücke als süße Leckerei, die vor allem von Kindern geschätzt wird.

Beschaffung

Zuckerrohrpflanzen werden sporadisch angeboten, mal tauchen sie in Gartencentern auf, mal im Fachhandel. Wer sich dafür interessiert, sollte zugreifen, sobald eine Pflanze angeboten wird. Botanische Gärten geben auf Anfrage vielleicht einige Stecklinge ab.

Pflanzen mit Produkten für technische Zwecke

Quercus suber
Korkeiche

Heimat
Korkeichen sind in den Ländern um das Mittelmeer beheimatet, sie werden heute ebenso im Süden der Vereinigten Staaten und in Australien kultiviert. Auch auf der Krim und in den Tallagen des Kaukasus sind Korkeichen zu finden. Die Korkeiche hält aber auch im Süden von England aus, wo das Land vom Golfstrom erwärmt wird.

Die Pflanze
Korkeichen entwickeln sich zu knorrigen Bäumen mit einer Höhe von bis zu 20 m. Der Durchmesser des kurzen und gedrungenen Stammes kann 1,5 m überschreiten. Im Aussehen ähneln die Bäume unseren Eichen, sie werden aber nicht so umfangreich. Die kleinen und harten, etwa 5 cm langen Blätter ähneln denjenigen unserer Eichen. Sie sind dunkelgrün und glänzen, die Unterseite wirkt durch den Flaum heller (Abbildung Seite 144).

Die eingeschlechtlichen Blüten entwickeln sich auf ein und demselben Baum. Die Eicheln weisen einen bitteren Geschmack auf, sie sind für den Menschen ungenießbar. Der Beginn der Blühfähigkeit läßt lange auf sich warten, sie beginnt erst im Alter von 15 Jahren und später. Dafür können die Korkeichen sehr alt werden. Erst im Alter von etwa 200 Jahren beginnen die Bäume abzusterben.

Pflege
Korkeichen sind exakt an das Mittelmeergebiet angepaßt, das heißt sie bevorzugen heiße, trockene Sommer und feuchte, aber frostfreie Winter. Demzufolge steht die Pflanze an einem sonnigen, den ganzen Tag über der Sonne ausgesetzten Platz. Die Pflanzen sind immergrün, sie brauchen daher im Winter einen hellen Standort. Korkeichen sind ideale Zimmerpflanzen. Am hellen Süd- oder Südwestfenster können sie das ganze Jahr über stehen, sie vertragen sogar die Heizungswärme im Winter.

Korkeichen bilden umfangreiche Wurzelballen aus. Sie können aber in einem großen Pflanzgefäß und bei Verwendung kalkfreien Wassers jahrelang darin bleiben. Das Substrat muß eine saure Reaktion aufweisen. Der Wurzelbereich sollte in den Sommermonaten nur mäßig feucht sein. Stehen die Pflanzen im Winter in einem geheizten Raum, muß diese Feuchtigkeit ebenfalls erhalten bleiben. Dauerregen vertragen die Korkeichen nicht, aber ein gelegentliches Gewitter in der Nacht schadet keinesfalls. Korkeichen vertragen kein kalkhaltiges Wasser. Auf keinen Fall darf Staunässe entstehen (die Pflanzen würden absterben), während gelegentliches Abtrocknen nicht nur vertragen wird, sondern ausgesprochen günstig ist, da der Wurzelbereich dabei wieder mit Sauerstoff versorgt wird. In der Wachstumszeit kann die Pflanze alle vier Wochen mit einem organischen Dünger versorgt werden, längstens bis Ende September, damit die Triebe ausreifen und die Blätter hart werden.

Korkeichen läßt man einfach wachsen, nur abstehende oder unschöne Triebe kann man das ganze Jahr entfernen. Wird der Neuaustrieb gekappt, treiben die Pflanzen aus Seitentrieben wieder aus.

Hohe relative Luftfeuchtigkeit ist ungünstig, die Blätter werden dann weich und sind für Schädlinge anfällig, während natürlich wachsende Pflanzen kaum von saugenden Insekten befallen werden.

Ernte und Verwendung

Die Korkbildung setzt bei den Pflanzen bereits vom zweiten bis zum vierten Jahr ein. Dabei handelt es sich aber um einen minderwertigen Kork, den sogenannten Jungfernkork. In manchen Gegenden wird er auch als männlicher Kork bezeichnet. Kork wird erst geerntet, wenn die Stämme einen Umfang von etwa 40 cm erreicht haben. Dies ist in der Regel bei einem Alter von 20 Jahren der Fall. Dieser Kork wird mit einem axtähnlichen Haumesser so vorsichtig abgehoben, daß die darunterliegende, braune Rinde nicht verletzt wird. Diese Schicht ist dann in der Lage, alle 10 bis 15 Jahre ein verwertbares Produkt zu produzieren, das mit einer Dicke zwischen 5 und 10 cm zur Korkherstellung verwendet wird. Der Baum erleidet also durch das Abschälen des Korkes keinen Schaden, er kann bis zu einem Alter von etwa 150 Jahren beerntet werden. Der Kork wird getrocknet und mit Heißwasser geschmeidig gemacht, um ihn bearbeiten zu können. Das Hauptprodukt sind Flaschenkorken. Anfallende Abfälle werden gepreßt und zu Korkplatten, Tapeten, Bodenbelägen und ähnlichem verarbeitet.

Beschaffung

Jungpflanzen werden im speziellen Fachhandel angeboten. Da die Pflanzen ausschließlich durch Samen vermehrt werden, die ihre Keimfähigkeit lange behalten, kann man sich welche aus dem Urlaub mitbringen.

Eucalyptus-Arten
Eukalyptusbäume

Heimat

Alle Arten sind bis auf zwei Ausnahmen in Australien heimisch. Die Gattung ist sehr umfangreich, es gibt über 500, zum Teil nur für den Botaniker unterscheidbare Arten. Eukalyptusbäume werden heute weltweit in allen tropischen und subtropischen Zonen und bis hinein in die Randgebiete der gemäßigten Klimazonen angepflanzt.

Die Pflanze

Es handelt sich größtenteils um stattliche Bäume, deren mächtigste Vertreter 150 m Höhe erreichen können. Eukalyptusbäume wachsen sehr rasch und wechseln ihr Laub während des ganzen Jahres. Die sehr gerade gewachsenen Stämme sind im Alter im unteren Teil unbeastet und zeigen eine schön ausgefärbte Rinde. Eukalyptusholz gehört zu den widerstandsfähigsten Hölzern überhaupt. Die Blätter unterscheiden sich im Alter von der Jugendform. Diese stellt sich mehr eirund dar, und die Blätter sitzen mit der Basis dem Stengel auf. Im Alter sind die Blätter eher sichelförmig und lederartig hart. Durch ein Gelenk am Stiel sind sie in der Lage, sich mit der Schmalseite zum Licht zu drehen. Die Blattfärbung variiert zwischen Blaugrün, Silbergrau und Graugrün.

Die dekorativen Blüten besitzen zahlreiche, schön gefärbte Staubblätter, während Blütenblätter ganz fehlen. Die Kelchblätter werden vor dem Aufblühen als Ganzes abgeworfen. Die Blüten können intensiv gelb sein. Die Farbpalette reicht bis zu den prachtvollen, leuchtendroten Staubgefäßen von *Eucalyptus ficifolia.* Die Früchte enthalten zahlreiche, kleine Samen.

Pflege

Manche Arten, wie den sehr raschwüchsigen *Eucalyptus globulus* können wir einige Jahre lang pflegen. Diese Art läßt sich, entgegen den Angaben in vielen Pflanzenbüchern, zurückschneiden, da die Pflanze aus schlafenden Knospen wieder austreibt. Zu den langsamer wachsenden Arten zählt *Eucalyptus citriodora,* der etwas empfindlicher ist, uns aber viele Jahre mit dem intensiven Zitronenduft der Blätter erfreut und vielleicht sogar zum Blühen kommt.

Manche Arten können vom frühen Frühjahr an im Freien stehen, aber immer an einer vollsonnigen Stelle. Unter Glas benötigen Eukalypten in den heißen Mittagsstunden leichte Beschattung. Bereits zum Sommerende wird jede Beschattung unterlassen, da die Pflanzen ihre Blätter von sich aus senkrecht zum Licht drehen. Eukalypten sind immergrün, daher benötigen sie auch im Winter soviel Licht wie möglich.

Eukalyptuspflanzen vertragen keinen Frost, aber sie tolerieren Temperaturen bis nahe 0 °C. Das gilt besonders für den weit verbreiteten *Eucalyptus globulus,* während der empfindlichere *Eucalyptus citriodora* gar nicht erst ins Freie gestellt werden sollte.

Der Pflanzkübel sollte immer so groß wie möglich gewählt werden, er wird in kurzer Zeit vom Ballen ausgefüllt. Alle Eukalyptuspflanzen benötigen viel, manche im Sommer sehr viel Wasser, das wie das Substrat kalkfrei sein sollte. Nur die tropischen Arten gedeihen besser bei relativen Luftfeuchtigkeitswerten über 60 Prozent, die übrigen Arten gedeihen noch bei Werten, die unter dieser Marke liegen. Mit Düngergaben sollte man vorsichtig sein, sonst gibt es ein explosionsartiges Wachstum und die Pflanzen erreichen unter Umständen Jahreszuwächse von 1 m.

Beschaffung

Fast regelmäßig findet man im normalen Pflanzenhandel *Eucalyptus globulus,* den Blaugummibaum. Andere Arten zieht man zweckmäßigerweise aus Samen auf, die man über Anzeigen der entsprechenden Firmen in Gartenzeitschriften findet.

Pflanzen mit stärkehaltigen Teilen

Dioscorea bulbifera
Bulbenyams

Heimat

Die Pflanzengattung *Dioscorea* ist mit etwa 600 Arten in allen Gebieten mit tropischem Klima zu Hause. Einige Arten werden auch noch in den Subtropen und in Gebieten mit einer ausgeprägten Trokkenzeit angebaut, da diese Pflanzen ein starkes Wasseranziehungsvermögen aufweisen, das sie noch frisch erhält, wenn andere Pflanzen schon welken.

Die Pflanze

Als Kletterpflanze entwickelt der Bulbenyams mehrere Meter lange, krautige und biegsame Ranken, die einem unterirdischen Rhizom entspringen. Die beschriebene Art bildet in den Blattachseln Knollen aus, die unseren Kartoffeln in bezug auf Färbung und Größe ähneln. Die etwa handgroßen Blätter weisen einen herzförmigen Grund mit ausgeprägter, pfeilförmiger Träufelspitze auf. Im Austrieb sind die Blätter rötlich, sie färben in ein helles Grün um, bei hellem Stand ist die gesamte Nervatur rötlich eingefärbt (Abbildung Seite 144).

Yams wächst ein- oder zweihäusig, bei einhäusigen Exemplaren sind die Blütenstände stets auf mehrere Achsen verteilt. Die vielblütigen Blütenstände mit kleinen, weißgrünen Blüten hängen herab. Aus Früchten, die bei der Vermehrung keine Rolle spielen, entstehen dreikantige und dreifächrige Kapseln.

Die im Boden wachsenden Knollen, das eigentliche nutzbare Produkt, erreichen je nach Art und Alter der Pflanzen und je Bodenbeschaffenheit eine unterschiedliche Gestalt, häufig sind sie walzenförmig. Die dünne Rinde ist dunkelbraun, das Innere je nach Art, weiß, gelblich, rötlich oder violett gefärbt. In den Anbaugebieten liefern einjährige Pflanzen Knollen von einem Gewicht um 1 bis 1,5 kg, mehrjährige Pflanzen sollen unter günstigen Verhältnissen Knollen mit einem Gewicht von bis zu 10 kg liefern. Einige *Dioscorea*-Arten enthalten in ihren Knollen das giftige Alkaloid Dioscorin, das beim Kochen zerstört wird, aber ins Kochwasser übergeht. Das Kochwasser muß also nach der Zubereitung unbedingt weggeschüttet werden.

Pflege

Die Yamspflanze ist nicht selbstklimmend, sie braucht eine Stütze, an der sie sich festklammern kann. Yams kann sowohl im Wintergarten wie auch als lebende Gardine an einem hellen Fenster im Zimmer gepflegt werden. Mit Yams lassen sich auch hübsche Ampelpflanzen gestalten, da sich die Triebe nach Belieben leiten lassen. Für einen Aufenthalt im Freien eignet sich Yams, mit Ausnahme von *Dioscorea alata*, nicht.

Die Pflanzgefäße brauchen nicht besonders groß zu sein, da die Pflanzen jedes Jahr neu gezogen werden und sich überzählige Boden- oder Achselknollen anderweitig verwenden lassen, zum Beispiel für die Vermehrung des Bestandes. Dazu werden nur die größten Knollen verwendet.

In unserem Klimabereich wächst die Pflanze einjährig. Die Knollen, aber auch die Achselknollen, werden im zeitigen Frühjahr in ein luftiges, sandig-lehmiges Substrat gelegt und nur leicht bedeckt. Auch humose Erden sind brauchbar, sofern der pH-Wert nicht unter 5 fällt. Bei zeitiger Anzucht, etwa im Februar, muß die Temperatur im Substrat 20 °C betragen, sonst erfolgt kein Austrieb und die gelegten Knollen faulen. Etwa vier Wochen nach dem Stecken der Knollen werden die ersten Triebe sichtbar. Die Temperaturen sollten das ganze Jahr möglichst 20 °C nicht unterschreiten, was im Sommer kaum Probleme bereitet. Yams verlangt viel Licht und bei hohen Außentemperaturen auch viel Wasser. Leitungswasser kann verwendet werden, da der Kalkgehalt keine Rolle spielt. Die Pflanzen sterben ohnehin im Spätherbst ab.

Die unscheinbaren Blüten erscheinen bereits nach einigen Monaten Kultur, aber der Pfleger ist nicht auf die Samen angewiesen. In unserem Klima rechnet man mit einer Gesamtkulturdauer von etwa neun bis elf Monaten. Die beginnende Reife wird durch ein Gelbwerden der Blätter angezeigt. Die Achselknollen bleiben auch nach dem Absterben der Triebe an ihrem Platz und fallen nicht ab. In diesem Stadium werden die Triebe entfernt. Die Achselknollen und die Rhizome bewahrt man trocken, dunkel und warm bei Temperaturen nicht unter 15 °C auf. Im Frühjahr wird neu gesteckt. Man kann die Knollen auch bis zum Frühjahr in ihrem Pflanzgefäß belassen, das Substrat bleibt in dieser Zeit völlig trocken.

Yams wird kaum von Schädlingen befallen.

Ernte und Verwendung

Die verschiedenen Arten von Yams werden seit langer Zeit vom Menschen als Nahrungsmittel angebaut. Bereits die afrikanische Urbevölkerung zog verschiedene Arten von Yams wegen ihrer stärkehaltigen Knollen heran. Auch in heutiger Zeit produziert Afrika die weitaus größte Menge an Yams. So leitet sich das Wort »Yams« aus dem westafrikanischen Wort »niam« ab. Die dem Boden entnommenen Knollen werden gereinigt und geschält. Nach dem Kochen werden sie gestampft, so daß ein weißer Brei entsteht. Dieser wird mit allerlei Zutaten wie Fleisch oder Soßen gewürzt und bildet in einigen Gegenden Afrikas die Hauptnahrung. In Scheiben geschnittener Yams kann auch geröstet oder in Fett gebacken werden, aus getrockneten Knollen läßt sich Mehl bereiten. Verschiedene *Dioscorea*-Arten enthalten ein Saponin, das Dioscin, das für medizinische Zwecke eingesetzt wird.

Beschaffung

Yamsknollen oder Pflanzen kommen selten in den Handel, aber botanische Gärten ernten stets mehr Achselknollen von *Dioscorea bulbifera*, als sie zur Wiederanzucht benötigen. In sehr gut sortierten Märkten, wie dem Münchner Viktualienmarkt, werden sporadisch Yamsknollen angeboten.

Ipomoea batatas
Batate, Süßkartoffel

Heimat

Bataten stammen aus einem Gebiet, das sich vom nördlichen Peru bis nach Mexiko erstreckt. Von Ausgrabungen ist bekannt, daß die Pflanzen bereits seit Jahrtausenden in Südamerika kultiviert wurden, wie sich aus dem Indianerwort Batata ableiten läßt. Die Batate kam nach 1500 noch vor der Kartoffel nach England. Dort wurde ihr der verballhornte Name »potato« gegeben, der später auf die Kartoffel übertragen wurde. Heute gibt es Tausende von Sorten, die Batate wird weltweit, sowohl in den Tropen als auch in subtropischen Klimabereichen angebaut. Selbst in den begünstigten Gebieten des gemäßigten Klimas werden Bataten kultiviert.

Die Pflanze

Bataten sind kriechende, einjährige Kräuter. Die frischgrünen Blätter haben je nach Sorte verschiedene Formen. Es gibt herzförmige Blattformen, aber die meisten Sorten bilden efeuartige Blattformen. Auch in der Größe ähneln Batatenblätter dem handelsüblichen Efeu (Abbildung Seite 144).

Blüten werden selten gebildet, sie weisen eine starke Ähnlichkeit mit den Blüten unserer einheimischen Windengewächse auf. Als ausgesprochene Kurztagspflanze blüht die Batate in den Tropen in weißen, blauen oder rötlichen Farben. Aus dem Fruchtknoten gehen Kapselfrüchte mit drei schwarzen Samen hervor. Die Samenbildung hat nur für Neuzüchtungen Belang, da die Batate ausschließlich vegetativ vermehrt wird. Die Wurzelknollen, das eigentliche Produkt der Pflanzen, sind spindelförmig, länglich, mit einer gelben, gelbweißen, roten oder rotgescheckten, dünnen Schale. Bei manchen Sorten können die Knollen nahezu 1 m Länge erreichen.

Pflege

Bataten können sowohl im Zimmer als auch unter Glas gezogen werden. Sie lassen sich als hübsche Ampelpflanzen oder zum Bedecken von Wandflächen und auch als grüne Gardine verwenden. Da sie im Spätherbst absterben, beanspruchen sie im Winter keinen wertvollen Platz. Die Knollen werden vollständig trocken in ih-

rem Pflanzsubstrat im alten Gefäß überwintert und erst im Frühjahr wieder neu gepflanzt. Für eine Haltung im Freien sind Bataten nicht geeignet, da die oberirdischen Teile bereits bei Temperaturen unter 10 °C ihr Wachstum einstellen und sogar absterben können. Nach dem Triebbeginn im zeitigen Frühjahr brauchen die Bataten Temperaturen nicht unter 20 °C, im Sommer sind nach oben keine Grenzen gesetzt. Bereits ab dem Triebbeginn verlangen die Bataten volles Licht bis in den Herbst. Sie gedeihen sowohl bei hohen wie auch bei normalen Luftfeuchtigkeitswerten. Liegen diese allerdings sehr niedrig, werden die Bataten mit ihren weichen Blättern fast mit Sicherheit von Spinnmilben befallen. Dem sollte man mit einem täglichen Übersprühen vorbeugen, denn hat sich der Schädling einmal eingestellt, nützt das Besprühen nur noch wenig.

Das Substrat sollte eine leicht saure Reaktion aufweisen. Ob es nun mehr Torfbestandteile oder mehr lehmiges Material aufweist, ist gleichgültig, aber niemals darf das Substrat verdichten oder zur Staunässe neigen. Vor allem im Sommer verbrauchen die Pflanzen viel Wasser, das einmal wöchentlich in Form einer Düngerlösung gegeben werden kann. Der Sinn dieser Maßnahme liegt darin, daß einmal durchdringend gegossen wird. Mit dem nächsten Gießen sollte dann solange gewartet werden, bis die Oberfläche des Substrats abgetrocknet ist, was bei Normaltemperaturen und einem nicht zu kleinen Gefäß schon eine Woche dauern kann. Dauernässe oder gar Staunässe vertragen Bataten überhaupt nicht, die fleischigen Knollen würden sofort faulen. Haben die Pflanzen die Möglichkeit, am Boden über humoses Material zu kriechen, treiben aus den Blattknoten Wurzeln. An diesen Punkten entwickeln sich im Substrat Tochterknollen, die selbst wiederum austreiben.

Stecklinge kann man aus jedem Teil des Sprosses gewinnen. Sie müssen im Sommer von der Mutterpflanze genommen werden. Die Stecklinge werden separat gesteckt und im Winter warm und hell kultiviert. Im Spätherbst beginnen die Blätter zu vergilben, dann ist der Zeitpunkt gekommen, die Ranken zu lüften, die gebildeten Knollen zu entfernen und die Mutterpflanze wegzuwerfen.

Ernte und Verwendung

Reife Knollen sind dadurch kenntlich, daß beim Zerschneiden die Schnittfläche in kurzer Zeit abtrocknet. Zur Überwinterung, bis man im Frühjahr neu auslegt, eignen sich nur unverletzte, reife Knollen, alle anderen verderben. Sie werden vollkommen trocken, warm und dunkel aufbewahrt, am besten in Torf eingelegt. Bataten gehören in den meisten Anbaugebieten zu den Grundnahrungsmitteln. Sie weisen neben ihrem hohen Stärkegehalt bis zu 5 Prozent Zucker auf, weshalb sie etwas süßlich schmecken. Die Knollen, die bereits Eingang in die deutsche Küche gefunden haben, können gekocht, geröstet oder wie Bratkartoffeln zubereitet werden. Mit scharfen Soßen bilden sie in den Anbaugebieten oft die Hauptmahlzeit. Aus den getrockneten Knollen werden in industrieller Aufbereitung Mehl und Stärke hergestellt. Sogar alkoholische Getränke werden in Südamerika aus Bataten hergestellt. Auszüge des Zuckergehaltes eignen sich zur Herstellung eines Sirups. Die jungen Blätter können wie Spinat zubereitet werden. Sie weisen einen hohen Eiweißgehalt auf, der Nährwert insgesamt entspricht etwa der Kartoffel.

Beschaffung

Bataten sind kaum im Handel zu finden, aber gut sortierte Märkte, vor allem in größeren Städten, bieten Batatenknollen fast regelmäßig an. In München zum Bei-spiel werden Bataten fast ganzjährig als Gemüse angeboten, diese Knollen treiben mit Sicherheit aus.

Colocasia esculenta
Taro

Heimat

Die Heimat des Taro kann infolge seiner jahrtausendealten Kultur nur vermutet werden, sie liegt vermutlich im Gebiet des Sunda-Archipels oder überhaupt im ganzen südostasiatischen Raum. Es sind nahezu tausend Sorten bekannt, die heute in den Tropen der ganzen Welt angebaut werden. Außerhalb der tropischen Klimagebiete gedeiht der Taro nicht mehr.

Die Pflanze

Die Pflanzen treiben aus einem unterirdischen, knolligen Rhizom mehrere mächtige, schildförmige Blätter, die an einem etwa 1 m langen Stiel sitzen. Es gibt aber auch Sorten, die eine Stiellänge bis zu 2 m aufweisen. Die Blattspreiten von schild- bis herzförmiger Form erreichen Längen bis zu 1 m bei einer Breite von über 50 cm. Die Blattspitze läuft als Träufelspitze aus. Die Blätter sind auf der Oberseite samtig dunkelgrün gefärbt, aufgrund einer Wachsschicht sind sie auf dieser Seite nicht benetzbar. Die Blattunterseite ist graugrün (Abbildung Seite 144).

Die selten ausgebildeten Blütenstände ähneln der Blüte des Aaronstabes, sowohl in der Farbe als auch in der Größe. Früchte, sprich Beeren, und Samen werden kaum gebildet, aber die Pflanze ist auf die Verbreitung durch Samen nicht angewiesen, da das Rhizom Ausläufer bildet. Dieses kann im Lauf einer Vegetationsperiode ein Gewicht von 3 kg und mehr erreichen.

Pflege

Taro wird als Kübelpflanze seiner dekorativen Blätter wegen gezogen. Dabei ist nicht unbedingt ein Wintergarten vonnöten, an einem hellen großen Fenster gedeiht Taro mit etwas Fingerspitzengefühl. Die Pflanze benötigt tropisches Klima und feuchte Böden. Sie kann sowohl direkt als Sumpfpflanze im Wasser kultiviert werden als auch im normalen Pflanzkübel. Da die Blätter senkrecht an den Stielen stehen, ist auf freien Stand zu achten, auch soll das Pflanzgefäß breit und tief genug sein, um unbedingt standfest zu bleiben. Kippt die Pflanze einmal um, geht das in der Regel nicht ohne Beschädigung der Blätter und Blattstiele ab und die besondere dekorative Schönheit der Pflanze ist für ein Jahr zerstört.

Eine Vegetationsperiode umfaßt in unserem Klima einen Zeitraum von etwa 9 Monaten. Die Pflanzen werden bei steigenden Lichtmengen im zeitigen Frühjahr aus etwa pflaumengroßen Tochterknollen in leicht sauer reagierendem Substrat bei Temperaturen, nicht unter 20 °C angetrieben. Man sollte dem nicht zuviel Torf beimengen, ein Viertel des Gesamtvolumens genügt. Die Taropflanze benötigt sehr viel Wasser, das kalkfrei sein muß, ebenso wie das Substrat, in dem die Taropflanze steht. Alle drei Wochen kann organisch gedüngt werden, etwa bis Anfang August, dann sollte man der Pflanze Zeit zum Ausreifen lassen.

Je nach Lichtverhältnissen und Wärme ziehen die Pflanzen im Spätherbst ein. Das Substrat muß ab jetzt trocken und bei Temperaturen nicht unter 15 °C gehalten werden. Die Knollen bleiben darin und werden erst im zeitigen Frühjahr in neues Substrat gesetzt und angetrieben.

Die Pflanze wird bei trockener Umgebungsluft gern von Spinnmilben befallen.

Ernte und Verwendung

Die Taroknollen werden gekocht oder geröstet wie Kartoffeln genossen. In Afrika bereitet man sie häufig in Form eines Breies zu. Aufgrund der Sortenvielfalt schmecken die Knollen mild oder scharf mit allen Übergangen. Bei der Verwertung ist darauf zu achten, daß die Kalziumoxalatkristalle, die im Taro enthalten sind, durch genügend langes Kochen zerstört werden. Bei der Zubereitung scharfer Taroknollen empfiehlt es sich, das Kochwasser einmal zu wechseln. Getrocknete Knollen können zu Mehl verarbeitet werden.

Beschaffung

Taro ist als Knolle selten im Fachhandel zu finden, manchmal werden Pflanzen angeboten, aber an den Gemüseständen auf größeren Märkten werden Taroknollen zum Verkauf angeboten.

Manihot esculenta
Maniok, Tapioka

Heimat

Die eigentliche Heimat des Maniok ist Südamerika und dort wahrscheinlich das tropische Brasilien. Indios haben die Pflanze seit Jahrtausenden angebaut. Die weltweite Verbreitung setzte nach der Entdeckung Amerikas ein. Maniok kommt in Tausenden von Sorten in aller Welt vor und bildet mit seinen stärkehaltigen Wurzelknollen in vielen Gegenden die Ernährungsgrundlage, da er hohe Erträge bei einfacher Kultur erbringt.

Die Pflanze

Maniok ist ein Halbstrauch, der eine Höhe bis zu 3 m erreichen kann. An der Stammbasis bildet die Pflanze spindelförmige Wurzelknollen, die 50 cm lang werden können. Dabei erreichen sie ein Gewicht von 5 kg und mehr. Der Hauptstamm ist etwas zickzackförmig gebogen und mit einem weichen Mark gefüllt. Die weichen Blätter sitzen an langen Stielen, sie sind drei bis siebenfach gefingert, es kommen aber auch neunfach gefingerte Formen vor. Während des Wachstums werden die unteren Blätter abgeworfen, sie hinterlassen dabei wulstige Narben an den Zweigen.

Die Blüten stehen in endständigen Rispen, wobei die männlichen Blüten an der Spitze sitzen, die weiblichen Blüten darunter. Diese blühen etwa eine Woche vor den männlichen Blüten, so daß eine Befruchtung innerhalb des eigenen Blütenstandes nicht möglich ist. Die Frucht stellt eine holzige Kapsel dar, die mit kleinen, dunkel gefärbten, eiförmigen Samen gefüllt ist. Bei der Reife platzen die Kapseln mit einem hörbaren Knall auf, dabei werden die Samen in der Umgebung der Pflanze verstreut.

Pflege

Maniok braucht zumindest subtropische Temperaturverhältnisse. Ein Dreivierteljahr lang müssen unbedingt höhere Temperaturen als 20 °C herrschen. Bereits bei 10 °C treten in der Wachstumsperiode Schädigungen auf, zumindest steht nach diesen tieferen Temperaturen das Wachstum zunächst still. Deshalb ist es nicht ratsam, Maniok auch im Sommer ins Freie zu stellen. Die Temperaturen können im Winter bis auf 15 °C zurückgehen, alles darunter wäre schädlich für das optimale Gedeihen. Als Zimmerpflanze an einem hellen Südfenster oder in einem Wintergarten gehalten, wächst sich der Maniok

zu einem dekorativen Busch aus. In unseren Klimaverhältnissen wächst der Maniok mehrjährig, er benötigt also ganzjährig einen hellen Standplatz. Maniok gedeiht bei Luftfeuchtigkeitswerten ab 60 Prozent, aber auch bei hohen Werten gedeihen die Pflanzen gut.

Voll erwachsene Pflanzen kommen mit Pflanzgefäßen von etwa 30 cm Durchmesser gut zurecht. Das Substrat sollte nährstoffreich und durchlässig sein, dabei eine leicht saure Reaktion aufweisen. Ebenso wie das Gießwasser sollte das Substrat keine Kalkanteile enthalten. Auf eine gute Dränage ist zu achten, bei Staunässe faulen die fleischigen Knollen. Maniok verlangt ganzjährig einen mäßig feuchten Wurzelbereich, im Winter läßt man vor dem erneuten Gießen die Substratoberfläche abtrocknen. Organischen Dünger gibt man alle drei Wochen vom Frühjahr an bis in den September hinein, dies ergibt kompakte Pflanzen.

Die Pflanzen sterben ab, nachdem eine ausreichende Zahl von Wurzelknollen, die man zur erneuten Anzucht verwendet, ausreifen konnte. Sofern Wurzelkrankheiten ausgeschlossen werden können, ist dies nach Ausbildung der Blütenstände der Fall, im weiteren Verlauf färben sich die Blätter gelb und fallen ab. Je nach Sorte und Umweltbedingungen reifen die Knollen in einem Zeitraum zwischen einem halben und zwei Jahren.

Die weichen Triebe und Blätter werden von saugenden Insekten gern befallen.

Ernte und Verwendung

Alle Teile der Pflanzen, auch das eigentliche Produkt, die Wurzelknollen, enthalten das Glykosid Linamarin, ein bitter schmeckendes Blausäuregift. Durch den Zubereitungsprozeß – Kochen oder Rösten – werden die Giftstoffe zerstört. Es gibt sogenannte süße und bittere Sorten, je nach dem Gehalt an Linamarin. Durch das

Kochen wird das glukosidspaltende Enzym zerstört, nicht aber das Glukosid selbst. Wenn also erneut das Enzym hinzutritt, wird wieder Blausäure abgegeben. Maniok sollte beim Zubereiten immer geschält werden, da die Schale in der Regel mehr Giftstoffe als das Knolleninnere enthält.

Reife Knollen werden einfach dadurch gelagert, indem man sie in der Erde läßt, sie halten sich dort sehr lange. Weichgekochte Knollen werden zu einem Brei verarbeitet, man kann sie dann mit verschiedenen Soßen essen oder zu Fladenbrei verbacken. Um das Produkt haltbarer zu machen, werden zerriebene Knollen zuerst in der Sonne und dann über Feuer getrocknet. Dieser Prozeß ergibt das sogenannte Farinhamehl, das in Südamerika häufig verwertet wird. Reine Stärke läßt sich durch Auswaschen der zerkleinerten Masse gewinnen, diesem Vorgang folgt dann eine Trocknung an der Sonne.

Beschaffung

Maniokpflanzen werden im allgemeinen nicht gehandelt, auf Gemüsemärkten werden manchmal Wurzelknollen angeboten.

Literaturverzeichnis

Bärtels, A.: Farbatlas Tropenpflanzen. Zier- und Nutzpflanzen. Verlag Eugen Ulmer, 2. Aufl., Stuttgart 1990.

Blanckenburg, v. P. und Cremer, H. D. (Hrsg.): Handbuch der Landwirtschaft und Ernährung in den Entwicklungsländern. Bd. 4: Spezieller Pflanzenbau in den Tropen und Substropen. Hrsg. von Rehm, S. Verlag Eugen Ulmer, 2. Aufl., Stuttgart 1986.

Franke, W.: Nutzpflanzenkunde. Nutzbare Gewächse der gemäßigten Breiten, Subtropen und Tropen. Georg Thieme Verlag, Stuttgart 1976.

Rehm, S. und Espig, G.: Die Kulturpflanzen der Tropen und Subtropen. Verlag Eugen Ulmer, 2. Aufl., Stuttgart 1984.

Schmidt, M.: Handbuch der tropischen und subtropischen Landwirtschaft, Band 1 und 2. Verlag Mittler, Berlin o. J.

Bezugsquellen

Renate Bucher
   Wingertsweg 6
   6104 Seeheim-Jungenheim
   Wintergartenpflanzen, Obstgehölze,
   auch Samen

Ibero-Import
   Wolfgang Schreiber
   Bahnhofstraße 12
   3433 Neu-Eichenberg
   Wintergartenpflanzen, Spezialität:
   Palmen

Peter Klock
   Stutsmoor 42
   2000 Hamburg 52
   Tropische und subtropische Pflanzen,
   besonders Obstgehölze

Der Palmengarten
   Tropische Nutz- und Zierpflanzen
   Fritz-Niewald-Weg 27
   4902 Bad Salzuflen 5

Max Schleipfer
   Kakteen, Stauden,
   subtropische Obstpflanzen,
   kein Versand
   Sedelweg
   8901 Neusäß

Register

Sternchen* verweisen auf Abbildungen

Bildquellen

Fotos

Felbinger, A., Leinfelden-Echterdingen: Seite 96 links.

Kawollek, W., Kassel: Titelfoto.

Laux, H. E., Biberach: Seite 52(4), 57, 61, 64(2), 85, 89, 93, 113 links, 116 rechts, 117 rechts, 121 rechts, 125(2), 132, 133, 136 links, 140(2), 141 links, 144(3).

Lehmann, I., Kippenheim: Seite 81 rechts, Titelrückseite.

Pirc, H., Wien: Seite 49(2), 53, 113 rechts, 117 links, 136 rechts, 137, 141 rechts, 144 rechts.

Schrempp, H., Breisach-Oberrimsingen: Seite 96 rechts.

Wothe, K., München: Seite 81 links, 116 links, 121 links, 129.

Zeichnungen

Die Zeichnungen fertigte Almke Sickert, Nürnberg, nach Vorlagen des Verfassers.

Besondere Obstarten

Vom Reichtum seltener, südländischer und wildwachsender Früchte. Von Karl Stoll und Ulrich Gremminger. 160 Seiten mit 25 Farbfotos und 80 Zeichnungen. Kartoniert DM 44,–. Ob Kaki, Japanische Ölweide oder Arktische Brombeere, alle in diesem Buch behandelten Arten sind in den Weinberglagen Mitteleuropas anbaubar.

Farbatlas Tropenpflanzen

Zier- und Nutzpflanzen. Von Andreas Bärtels. 2. verbesserte Auflage. 320 Seiten mit 308 Farbfotos. Kartoniert DM 44,–. Ein wertvoller Führer durch die tropische Pflanzenwelt. Rund 300 Gattungen der wichtigsten tropischen und subtropischen Pflanzen sind hier abgebildet und beschrieben.

Kaffee, Tee und Kardamom

Tropische Genußmittel und Gewürze. Geschichte, Verbreitung, Anbau, Ernte, Aufbereitung. Von Rudolf Schröder. 255 Seiten mit 70 Farbfotos, 51 Zeichnungen und 18 Tabellen. Pappband DM 58,–. Dieses Buch gibt eingehend und ausführlich Auskunft zu Fragen nach der Herkunft, Kultur oder Aufbereitung der Pflanzen und ihrer Früchte.

Kiwi

Von Magda Bauckmann. 2. Auflage. 128 Seiten mit 52 Farbfotos und 12 Zeichnungen. (Ulmer Tb, 32) Kartoniert DM 16,80. Wer Kiwi anbauen will, benötigt eine Reihe von Informationen zu den Besonderheiten bei der Blüte, Befruchtung und Fruchtentwicklung. Darüber hinaus gibt dieses Buch konkrete Empfehlungen zu Kultur, Ernte und Lagerung.

Avocado bis Zuckerrohr

Tropische Nutzpflanzen selber ziehen. Von Heinz Jenuwein. 2. verbesserte Auflage. 127 Seiten mit 82 Farbfotos. (Ulmer Tb, 28) Kartoniert DM 16,80. Der Autor dieses Buches hat mit tropischen und subtropischen Pflanzen im Laufe der Jahre viele Erfahrungen sammeln können, auf welchen seine Angaben und Hinweise beruhen. Die Auswahl der rund 70 beschriebenen Nutzpflanzen beschränkt sich ausschließlich auf Arten, die der Autor schon selbst gepflegt hat.

Erhältlich in Ihrer Buch(Fach)handlung oder beim Verlag Eugen Ulmer, Postfach 70 05 61, 7000 Stuttgart 70

E.U.
VERLAG
EUGEN
ULMER